장애인을 위한

직업개발과 배치

| 이달엽 저 |

학지사

2판 머리말

우리나라 대학에 직업재활학과가 만들어진 지 23년이 지났다. 그동안 세계는 놀라울 정도의 변화를 겪었고 장애인 직업재활 분야도 많이 바뀌었다. 최근에는 많은 서구의 국가들이 재정위기를 경험하면서 무분별하고 의존조장적인 복지에서 근로참여로 방향 전환을 시도하고 있다.

우리나라도 최근에 보편적 복지와 무상급식이나 복지라고 하는 이슈들로 떠들썩하다. 국가 재정이라는 현실과 인간 본성의 측면에서 심사숙고하지 않고 논의되는 각종 제도들은 국민의식을 왜곡시킬 수 있다. 직업은 인간의 심리와 밀접한 관계를 가진다. 특히 관습이나 유사성, 권위자가 의존하던 과거와는 달리 Durkheim의 예측과 지적처럼 분화되고 발전된 직업집단에 의존하는 현대에 있어서 직업은 한 개인의 지적 상태, 사회 신분, 기술력, 경제수준을 나타내는 지표가 된다. 이렇게 볼 때 실직이나 실업 상태에 놓인 사람들은 사회적 배제감, 죄책감, 불안, 자아존중감의 저하를 맛보게 되고 중증의 장애를 가진 시민들도 마찬가지다.

장애를 지닌 시민들도 국가 무기여 연금이나 공적 급여보다도 일차적으로는 직업활동과 의미 있는 사회적 상호작용에 참여할 수 있어야 한다. 이들에게 직업은 기본 인권의 문제이고 인간 존엄성의 일부인 것이다. 따라서 가급적 시설이 아니라 지역사회 노동시장에 편입되어야 한다. 이 책은 이런 노력의 하나로 관심 있는 사람들이 읽기를 바란다. 2판을 내기까지 배려해 주신 학지사 사장님 이하 모든 분께 감사드린다.

2011년 8월
하양캠퍼스에서

1판 머리말

우리나라 대학에서 장애인 직업재활 교육이 시작된 지 벌써 15년을 넘어서고 있다. 짧지 않은 세월이 흘러가면서 이 분야에는 많은 변화와 발전이 있어 왔다. 초기에 의료적인 처치 수준에 머물러 있던 재활이 점점 그 영역과 질적인 차원을 증대시켜 그동안 사회에서 소외받던 중증장애인들의 직업적 욕구에까지 관심이 넓어졌다.

특히 어떤 유형의 장애든, 또 얼마나 장애 정도가 심하든지 간에 장애를 지닌 시민들은 자신이 원하는 일자리를 가질 수 있다는 희망을 키우고 있다. 이러한 믿음과 꿈을 실현하기 위해서 필요한 것이 직업재활 서비스다. 이는 구체적으로 직업상담, 직업평가, 직업배치, 직업적응훈련, 사후지도 등과 같은 일련의 과정이 서로 밀접하게 연계되어 장애를 지닌 시민에게 가능한 한 스스로 원하는 직업을 구하고 유지할 수 있도록 원조하는 서비스다. 재활에 관한 서적들이 날로 늘어나고는 있지만 아쉽게도 직업개발과 배치에 대한 관련 서적은 찾아보기가 어렵다. 이는 아직도 재활분야에서 해야 할 일이 많다는 것을 시사하고 있으며, 이 책이 그 작업 중 하나라고 생각된다. 이 책은 2000년 일본 정부 초청으로 일본 국립츠쿠바대학에서 연구년을 보낸 성과의 결과다.

재활현장에 몸담고 있는 전문가들과 직업재활을 공부하는 학부학생과 대학원생들, 그리고 재활에 관심이 있는 사람들에게 미흡하나마 도움이 되길 바라며, 잘못된 부분이 있다면 저자의 학문적 미숙에 대한 기탄없는 지적을 바란다.

이 책을 쓰기까지 많은 자극을 제공한 학생들에게 감사하고 책의 교정과 편집, 그리고 목차 순서를 바로 잡아 준 대구대학교 대학원 직업재활 박사후 연구원 노임대 선생과 학부생 김진아에게 감사의 마음을 표현한다.

2004. 6.

대구 대명동 연구실에서

차 례

제1장

직업개발의 필요성과 의의

직업개발은 구체적 직업(일자리)과 고용기회 등을 확보하는 것을 말한다. 즉, 유용한 직업에 관한 정보를 내담자에게 제공하기 위하여 취업원을 개발하는 전문적이고 종합적인 활동이라 할 수 있다. 이 정보를 모으는 첫 번째 수단은 고용주 접촉과 고용주의 고용 스타일의 이해다. 아마도 성공적인 재활의 가장 결정적인 요소는 여러 가지 직업의 조건들에 대한 이해보다도 어느 직업이 열려 있는지에 대해 이용할 수 있는 정보의 확장일 것이다.

1. 직업개발의 필요성과 개념

1) 직업서비스

직업은 자율과 자립을 가능하게 하는 독립생활에 있어서 통합적인 부분으로, 대부분의 사람은 자신이 하고 있는 일과 자신의 가치를 동등한 것으로 여긴다. 이것이 재활의 전반적 과정에서 직업서비스가 매우 중요한 이유다. 전통적으로 장애와 관련한 부정적 시각들은 장애인의 직업생활을 상상하기 어렵게 만들어 왔다. 일례로, 장애와 질병은 종종 신의 불쾌한 정서적 표현이며 그로 인한 차별이 장애를 유발시켰다는 해석이 있다(Obermann, 1965). 또한 스파르타 사람들은 장애아동들을 체계적으로 제거하였는데 이것은 종교적 동기라기보다는 자신의 종족을 향상시키기 위한 하나의 합리적 이유에서였다(Obermann, 1965). 또 다른 예로 하지장애를 의미하는 cripple은 튜튼족에서 기원한 것으로 발소리를 죽여서 걷는, 느리고 발을 저는 것을 의미한다(Obermann, 1965).

다양한 정도의 장애를 지닌 내담자가 그들의 직업적 목적을 수립하고 수행하도록 할 때는 개개인의 능력과 흥미를 고려하는 개별화된 접근방식이 중요하다. 특히, 새로운 직업을 받아들이기 위해서는 적절한 직업적 가치의 발견이 중요하다. 동시에 직업시장의 조사, 구직, 취직, 직업유지 기술 들에 대한 훈련과 긍정적 직업관련 태도와 행동개발을 위해서는 구조화된 직업활동이 요구된다. 이와 관련한 직업적 서비스로는 다음과 같은 것이 있다.

① 직업상담: 직업과 관련된 정보를 수집하고 내담자와 환경에 대한 이해를 높이는 과정
② 직업평가: 직업목적의 설정과 실현, 그리고 계획수립에 필요한 기본자료를 얻기 위한 과정
③ 직업수정: 내담자의 필요와 욕구에 알맞게 직업과정이나 직업의 내용을 변경하는 과정
④ 직무분석: 직무를 하위 단위로 세분하여 구체적 정보를 획득하는 과정
⑤ 구직 및 직업유지 기술 훈련: 일자리를 찾고 취업 후 직업을 지속하는 데 필요한 기술들을 가르치는 과정
⑥ 직업개발과 배치: 직업적 준비가 완료된 내담자들을 위해 필요한 직업을 개발하고 취업하도록 하는 과정

⑦ 직업적응: 취업 후 해당 직업을 유지하고 만족을 얻는 과정

⑧ 노동시장 조사: 일자리를 제공하는 노동시장의 특성을 파악하고 체계적으로 정리하는 과정

2) 직업재활의 두 요소

직업재활에 있어서 '장애'와 '직업'은 두 가지 핵심적인 요소다. 장애라는 조건이 인간생활의 중심이 되는 직업을 발견하고 유지하는 일에 방해가 된다면 개인의 가장 중요한 사회적 활동에의 참여가 제한되고 사회적 · 심리적 · 경제적 곤란이 초래된다. 따라서 장애인을 고용으로부터 분리시키는 이러한 장벽들의 제거에 필요한 기술과 행동들이 직업재활의 기술과 행동들이 되는 것이다(Obermann, 1965). 휠체어를 이용하는 법관 · 교수 · 의사 등의 전문직 점유자를 중증장애인이라고 간주하지 않는 것처럼 장애는 상대적 개념이다.

먹이가 부족한 동물세계에서는 종종 부적절하거나, 약하거나 장애를 지닌 동족들이 제거되거나 추방된다. 따라서 그 사회에서 부담이 되는 동족들은 종족의 보존을 위해 제거하는 것이 필수적이다. 건강하고 젊은 동족은 궁극적으로 그 집단의 존속을 가능하게 할 것이므로 의존이 허락된다. 재활은 학교의 장에서 사회의 장으로, 병원에서 직장으로 이동하는 것과 같이 그 성격에 있어서 전환적이다. 따라서 이러한 의존상태의 구성원들의 기능 수준을 최대한 높이도록 원조하는 노력이 필요하게 된다.

초기의 인간사회는 관습, 유사성 그리고 노인들의 권위에 의해서 유지되었지만 복잡한 현대사회는 고도로 전문화되고 분화된 직업집단들의 상호의존에 의해 유지된다. 따라서 직업적 명칭은 개인의 지적 능력, 개인적 재능과 수용성의 지표가 되며, 일에 대한 급여를 통해 물질의 배분이 이루어지는 현대사회에서 직업은 의식주, 안전의 욕구를 충족시키는 것이 가능하도록 한다(Obermann, 1965). 때문에 직업이 없는 장애인의 가장 심각한 부담 중에

하나가 사회적 역할과 참여로부터의 배제인 것이다.

호머에서부터 호킹에 이르기까지 시사하는 점은, 손상(impairment)은 핸디캡(handicap)과 같지 않다는 것이다. 장애인에게 많은 기대와 용인을 허용하지 않는 것은 일반적인 사회의 태도와 풍습(mores)이다. 때문에 많은 경우, 장애인의 고용문제는 부적절한 능력이나 적성보다는 관련된 사람들의 호의적인 태도 결여에서 기인한다.

직업은 배제감을 없애고 고용으로부터 거부된 사람들에게 발생하는 자기가치감의 결핍을 해소시킨다. 또한 인간은 만족스러운 개인적 적응에 필요한 일을 통해서 정신건강과 사회적 관계, 그리고 궁극적으로 자기충족감을 추구하는 가장 유용하고 일상적인 방법을 갖게 된다. 그러나 직업은 자동적으로 그 개인에게 긍정적인 심리적 결과를 가져다주지는 않는다. 모든 직업이 모든 사람에게 똑같이 즐거운 것이고 바람직한 것일 수는 없다. 적성과 직업적 요구조건들의 불일치, 직업에서 오는 좌절감, 동료나 상사와의 불만족스런 관계로 인해 야기되는 불안감과 거부감은 직업에서 얻을 수 있는 가치들을 파괴시키거나 희석시킬 수 있다. 이러한 증거는 많은 심리학자들이 산업이나 고용서비스와 관련된 일에 종사하고 있는 것만 보아도 알 수 있다(Obermann, 1965).

3) 직업개발

직업개발이란 이전에는 기회가 없었던 직업 내지 취업면접으로 이어질 수 있는 취업원을 개발하는 것을 말한다. 여기에는 다양한 접근법이 사용될 수 있다. 잠재적 직업기회는 이전의 내담자, 이전의 고용주, 고용안정사무소, 상공회의소, 서비스 기관, 노동조합 등을 통하여 찾을 수 있다. 미국의 미네아폴리스 주의 Multi-Resource 센터에서는 재활종사자를 위한 직업개발 교수 프로그램을 개발하였다. 재활종사자의 직업개발은 내담자가 직업탐색기술을 갖춘 후에야 실현될 수 있다. 그 내용으로는 고용주와 접촉하는 법, 고용주가 내담자에게 관심을 갖게 하는 법, 지원자의 자질을 설명하는 법, 결함을 처리하는 법, 면접하는 법 등이 있다.

재활대상자를 돕기 위한 다른 접근법으로써 1977년 Ugland가 기술한 방법이 있는데, 이것은 고용주 접촉으로 구성되어 있다. Ugland는 이 과정을 '직업탐색자의 보조술' 이라고 하였다. 이 방법은 산업목록, 산업지도, 직업탐색자 안내서, 피드백 시스템으로 되어 있으며, 직업탐색을 촉진하는 유용한 정보를 도식화하는 체계적인 절차를 말한다. 지역산업목록은 실업단체, 상공회의소, 인명록, 전화번호부의 직업별 목록 등에서 수집된 정보로 편집되어 있다. 이는 번호가 붙은 핀으로 대중교통 노선이 있는 지도에서 각 회사를 찾도록 되어 있으며 각 카드마다 특정 산업 고용주와의 접촉 결과를 기록하는 난이 있다. 그러한 피드백 정보는 내담자에 대한 심도 있는 지도와 고용유형의 기록으로써 유용하다. Ugland는 이러한 접근법이 고용주와의 접촉을 150%까지, 지원수락을 200%까지, 그리고 일자리 포착을 300%까지 증가시켰다고 밝혔다.

4) 직업배치의 중요성

직업배치는 직업지식의 증가, 직업책무 수행에 필요한 기술, 높은 수준의 직업만족, 강력하고 보다 적극적인 관계, 개인의 기회와 전문성을 위한 협력에 의해 영향력 있는 행동과 상호 대면적인 방법으로 이루어진다. 자기 자신에 대한 개념, 안전과 자기확신감, 수용감, 가치감, 바람직한 신분의 부여는 종종 자신의 직업이나 어디에서 일하고 있느냐와 밀접한 관계를 가진다. 따라서 직업재활에 있어서 재활된 사람의 가장 큰 가치 중 하나는 이러한 보상들이다. 효과적인 사회적 존재로서 스스로를 설정하는 데 성공하기 위해서는 장애인 자신뿐만 아니라 가족, 친구, 이웃과 같은 내담자와 상호작용하는 다른 사람들의 태도가 중요하다.

어떠한 직업에 배치가 될 것인가에 따라서 장애인의 재활과정은 달라질 수 있다. 장애인들은 어떠한 기능을 습득하는 데 있어서 일반 표집군들보다 습득시간이 지연될 수 있으므로 재활과정에서의 훈련을 통한 적절한 직업배치는 그곳에서의 적응을 빠르게 할 뿐 아니라, 작업능률에 따른 동료들의 인식도 달라질 수 있으며, 경제적인 문제에서도 나은 대우를 받을 수 있어 사회통합이 훨씬 빠르고 성공적으로 이루어진다. 그러나 만약 직업배치가 적당하지 못하다면, 일의 능률이나 다른 작업을 습득하는 데 드는 시간적 손실이 일반 표집군들보다 크다. 또한 현실을 고려하지 않은 직종이나 직업에 배치가 이루어진다면 사회적 소외도 더 클 것이며, 장래성 또한 중요한 부적응 사유가 될 것이다.

재활상담사와 같은 전문직의 출현은 지식과 기술체계의 개발, 임상규칙들(rules of practice)과 같이 기능에서부터 구조로 발전한다. 사회적 관습, 태도, 법률, 기구, 규칙과 규율 등의 현상을 장애인, 그들의 희망, 요구, 좌절, 증오, 성취, 개인적 경험과 연결짓는 데 실패한다면, 장애문제 접근에 실패하는 것이다.

2. 직업개발전문가의 행동과정과 책임

1924년 미국 연방 직업교육 이사회의 직업재활과 직원인 John A. Kratz의 지휘 아래 6,097명의 지체장애인이 재활한 후 고용된 직업들을 분석한 결과 장애인들이 광범위한 직업들을 적절히 수행할 수 있다는 것이 확인되었다. 뒤이은 1927년 6,391명의 장애인들에 대한 Tracy Copy의 조사에서도 지체장애가 고용의 결함이나 잠재력에 영향을 미치지 않았다. 사실 특별한 장애를 지닌 사람은 장애를 지니지 않은 사람들에 비해 동일한 직무를 수행하는 데에도 더 많은 훈련과 동기, 자원이 필요하지만, 그럼에도 불구하고 그 직무를 수행할 수 있다는 것이다(Obermann, 1965).

직업재활과 관련한 중증장애인의 개념(Bellamy, O' Conner, & Karan, 1979)

은 다음과 같은 사람들로 정의된다.

① 고용이 가능한 목표로 간주될 수 없을 만큼 직업재활서비스에서 배제되어 온 사람들
② 기본적 생활욕구 충족을 위해 사회복지 혜택에 전적으로 의존하는 사람들
③ 종종 부수적 장애와 함께 심하게 지체되었다고 진단되는 사람들
④ 독립생활이나 경쟁고용의 정상적인 요구조건들과 비교하여 심각한 기능결손을 보이는 사람들
⑤ 사회복지서비스 기관들과 직업환경 등에 관련하여 사용된 중재방법들에 반응을 잘 보이지 않는 사람들

그러나 부정적 이미지를 지닌 이러한 사람들이라고 해서 학습잠재력이 전적으로 결여되어 있다고 추론해서는 안 된다.

개인의 가치는 종종 사회에 대한 공헌에 의해서 판단된다. 그리고 고용은 이 가치의 평가 중에서 주된 요인이 되는 것으로 발전된다. 전통적인 직업훈련과 서비스 모형들도 장애인들에게 중요한 직업을 준비하도록 하기 위해 요구되는 서비스들을 제공하는 데 초점을 둔다. 여기서는,

① 가능하면 고용기회를 높이고,
② 직무상으로 학생 또는 내담자를 사정하고,
③ 개별화된 서비스과정을 설계하고,
④ 개인과 잠재적 고용주의 능력과 요구에 관해서 필요한 훈련경험과 직업배치 서비스를 선택하고,
⑤ 고용주와 감독자에게 만족스러운 모든 직업과제와 책임들을 성공적으로 수행하기 위해 장애인에게 효과적으로 가르칠 충분한 방법과 절차

를 사용한다.

나아가 전통적인 보호고용에서부터 경쟁노동시장에 존재하는 직업으로의 이동을 촉진하기 위한 구체적 훈련 활동들을 지원하기 위한 실행모형들을 채택한다.

직업배치 목표 내담자의 고용상태를 결정해 주는 중요한 활동으로 구체적인 목표를 달성하기 위해서는 다음과 같은 요소들을 고려해야 한다.

- 사무원, 자료입력원 등 바람직하게 고려되는 현실적 직업목표들의 순위 결정
- 직업탐색에 필요한 지역경제 파악과 조건 설정
- 급여에 대한 현실적 기대

전문가 책임들 직업개발 전문가들의 책임은 직업배치의 목표설정에 그치는 것이 아니라 다음과 같은 역할과 기능을 수행해야 한다.

- 구직기술들에 관한 훈련 제공
- 구직자들의 욕구 및 능력에 적절한 취업 원조
- 구직자들에게 긍정적인 직업방향 제공
- 필요시 직업개발 계획의 점검과 수정

구직자 책임들 전문가들은 나아가 내담자들의 동기를 부여하고 직업개발에 대한 적극적 참여를 촉진시키기 위해 다음과 같은 책임을 이행하여야 한다.

- 직업조사, 구직, 면접, 사후지도 등 구직활동에 충분히 참여
- 직업개발 전문가와 주기적으로 접촉하고 구직과정에 대해 토의
- 각 면접 후 즉각적으로 직업개발 전문가와 접촉
- 의료적 문제, 교통문제, 직업목표의 변경 등 구직활동에 충분히 참여하

는 능력에 영향을 미칠 수 있는 생활 상황의 어떠한 변화에 대해 즉각적으로 직업개발 전문가에게 알림
- 매주 고용주 접촉 횟수에 동의

구직자에게 부과될 수 있는 구체적 과제들 보다 세부적이고 전문적으로 구직자에게 부과될 수 있는 과제들을 구체적으로 살펴보면 다음과 같다.

- 매일 구인을 원하는 고용주 3명을 접촉하고 직업개발 전문가에게 알리기
- 구직자가 관심을 보이는 유형의 직업에 관계되는 세 가지 기관의 이름을 탐구하여 가져오기
- 표적 사업장에 한나절 자원봉사자로서 일하기
- 신문상에 나타나는, 구직자가 할 수 있고 하고 싶은 모든 직업에 동그라미 표시하기
- 가족구성원들이나 친구들이 근무하는 회사 이름, 감독자 이름 3개 써서 가져오기
- 직업개발 전문가가 검토해야 할 구직일지 기록하기
- 구직신청서를 집으로 가져가서 완성하여 되가져오기

3. 전문 세일즈 방식

전문적 재활교육의 전달에 필요한 새로운 수단과 방법이 개발되어야 한다. 즉, 직업재활 전문가들이 지역사회와 장애인의 삶에 긍정적인 영향과 변화를 미칠 수 있도록 하는 데 필요한 기술과 가치를 어떻게 교육시킬 수 있을까 하는 것이 문제다. 재활교육자들의 책무성은 현장에서 필요한 기술들을 교육하고 교육자 서로 간의 경험과 정보를 공유하는 일이다.

직업개발에 있어 Payne(1984)의 전문 세일즈 방식은 다음과 같다.

① 친숙: 친숙(acquisition)은 그들의 제품에 관한 모든 정보를 제공하는 것으로 여기서는 관계설정이 중요하다.

② 수요자 파악: 잠재적 수요자에게 그 제품을 나타내는 가장 효과적인 방식을 배운다.

③ 판매방식 습득: 수요자에게 제품을 판매하는 방식을 배우게 되는데, 세일즈 방식을 통해서 접근할 수 있는 유형은 다음과 같다.

- 자신이 세일하는 상품에 대해서 모든 정보와 사전적 지식을 갖추는 것
- 자신의 상품을 잠재적 구매자에게 가장 효과적으로 제시하는 것
- 소비자에게 상품을 판매하는 방법을 교육하는 것

이러한 세 가지 접근 방식은 계열성 있게 진행될 수도 있고 그렇지 않을 수도 있다.

4. 고용주

1) 고용주의 유형

직업개발 전문가는 자기 자신의 경험과 지식을 토대로 하여 직관적으로 고용주에게 접근하고 이들을 관리할 수도 있지만, 수많은 고용주를 효과적으로 관리하기 위해 이들을 단순한 방식으로 범주화한다.

직업개발 시 분류하는 세 가지 유형의 고용주는 다음과 같다.

① 준법형 고용주: 자신의 소유물들을 가장 보수적으로 운영하는 가족형 고용주로 규칙, 법규들의 가치를 존중하고 회사의 가이드라인과 정책들에 따라 독선적으로 경영을 하며, 때때로 그 가이드라인과 정책들을 회사 내에 고시한다. 출퇴근 체크를 명확히 하고 융통성이 없으며, 정의

감과 사회적 책임은 강하지만 때때로 장애인에 대해 그렇게 동정적이 지 못하다.

② 물질주의형 고용주: 인과형 고용주로 계산적이고 조정적인 사람으로 보이기 쉽다. 차트, 도표 등을 자주 이용하며, 생산지향적이고 매우 성공적인 사람이다. 자신들의 중요한 역할을 강조한다. 사람을 전적으로 사업 측면에서 분석하고 행동한다.

③ 사회주의형 고용주: 가까운 친척들이나 부모들로부터 회사를 물려받은 사람으로 생산지향적이기보다는 인간지향적이다. 따라서 인생의 진정한 목적은 금전의 획득이나 큰 기업을 경영하는 것이 아니라 우정과 인간관계를 발전시키고 서로 사랑하는 것이라 믿는다. 사업경영 방침은 피고용자 중심이고 가족적 분위기를 중시한다. 기업의 성공에 있어 종사자들의 인화와 화합에 초점을 두기 때문에 단측 방향의 의사결정은 잘 이루어지지 않는다.

이러한 유형의 분류방식을 마음에 두는 것에서 나아가 고용주들에게 접근하기 이전에 재활상담사나 혹은 직업배치 전문가는 고용주로부터 필요한 참여 유형을 고려해야 한다. 이와 관련하여 고용주는 적어도 다음의 다섯 가지 방식을 통해 직업준비 프로그램에 참여할 수 있다.

① 특정한 직무에 일자리 제공
② 근로자에 대한 훈련 제공
③ 직업준비 프로그램의 기술적 측면과 관련한 자문
④ 다른 고용주들이 프로그램에 참여하도록 권유
⑤ 홍보 노력의 원조

가치체계 발달이론은 모든 사람의 욕구, 가치체계는 동기화가 다른 일련의 심리적 발달 수준을 거치며, 따라서 환경에 다르게 반응한다고 전제한다.

표 1-1 ➡ 3단계 접근(Payne, 1984, p. 90)

<table>
<tr><th rowspan="2">고용주 유형
단계</th><th colspan="2">준법형</th><th colspan="2">물질주의형</th><th colspan="2">사회주의형</th></tr>
<tr><th colspan="6">대화 주제</th></tr>
<tr><td>친숙</td><td>군복무
가족관계
사회봉사단체
교회활동
지방자치단체
정책들</td><td>발표 요약문
작성,
단조로운
명함</td><td>사회봉사단체
자녀의 학업
특정 의복과
신발
패션과 유행
스포츠</td><td>그래픽, 차트와
같이 인상적인
발표, 화려하고
사치스런 명함</td><td>생태학과
에너지 문제
항해, 여행
야외활동
인구성장률</td><td>진지한 발표,
자유스러운
복장
재생용지의
사용</td></tr>
<tr><td>발달</td><td colspan="2">지지, 중요성의 계속적 강조,
보고</td><td colspan="2">출석, 생산율 등을 차트나
그래픽으로 제시하고
진보를 보여 줌</td><td colspan="2">발견
문제해결과정에 관여
선도적 질문</td></tr>
<tr><td>유지</td><td>지속적
연락</td><td>연하장
발송</td><td>지속적
연락</td><td>강연회
초청</td><td>연락 유지</td><td>사교모임
참가</td></tr>
</table>

앞의 세 가지 유형의 고용주들에 대한 3단계 접근방법은 〈표 1-1〉과 같이 요약할 수 있다.

여기서 직업개발 전문가가 직업배치 상담에 심각한 장벽이 되는 상황들을 개선하기 위해 사용할 수 있는 접근방법은 다음과 같다.

① 직업개발 전문가는 장애인의 고용자원으로서 존재하고 있는 일자리들의 이용을 극대화하기 위해서 지역사회 고용구조 내에서 능동적으로 참여할 수 있다.

② 장애인이 고용에 진입할 때 고용주와 함께 지지서비스를 제공할 수 있다.

③ 존재하는 일자리를 장애인들로 채울 수 있게 고용주들에게 알려 주도록 요청할 수 있다.

이처럼 직업개발은 내담자 개개인의 직업에 대한 열망과 자신의 직업개발 능력에 많은 초점을 두고 내담자 중심 직업개발, 미쉬간 모델에서처럼 고용주 중심 직업개발, 그리고 선별적 직업배치의 형태를 띠는 상담사 중심 직업개발 형태를 띨 수 있다.

2) 직업개발과 고용주 참여방식

직업배치를 논의함에 있어서는 자신의 관심분야 직업을 성공적으로 준비, 획득, 유지하도록 도와주는 '직업준비', '직업배치', '직업유지'의 세 가지 요인이 주목을 받는다. 어떤 기관들은 전문적으로 고용준비만을, 혹은 심지어 준비 중에서 물리치료와 같이 특정 측면만을 중점적으로 다룰 수 있다. 다른 한편의 프로그램은 직업배치를 지원하기 위해 구성될 수도 있다.

일반적으로 세 가지 과정들은 동일한 재활요원이 서비스를 제공하여 모두 서로 조화롭게 이루어져야 한다. 재활기관의 관점에 따라 포괄적인 프로그램이 있을 수도 있고, 그렇지 않을 수도 있으나, 이상적인 직업배치프로그램은 직업능력 개발을 통해 얻은 잠재적인 생산성을 실제적으로 신장시키는 것이다. 능력개발을 통해 얻은 기능들은 노동시장에서 활용할 수 있는 실제적인 직업선택 범위를 넓혀 줄 것이다. 따라서 직업배치는 개인의 잠재적인 생산성과 직업탐색 기간 동안 노동시장과의 접촉을 늘리는 일과 관련된다.

실제적인 직업배치과정은 재활과정의 초기 단계에서 분리되어서는 안 되며, 노동시장에서의 경쟁력을 준비하는 방향으로 유도되어야 한다. 효과적이고 포괄적인 직업배치프로그램에서 내담자와 고용주의 욕구와 과정이 일치한다면 전문가의 역할과 서비스가 이론적이지 않고 보다 조직적인 관점에서 보게 된다. 만일 배치에 대한 독특한 욕구가 확인되었다면, 재활서비스 및 활동들은 그것을 충족시키기 위해 이루어질 수 있다. 훈련생들의 다양성은 훈련을 시키거나 직업배치 결정을 하기에 앞서 평가할 필요가 있다.

직업적 기술뿐만 아니라 신체적 · 감각적 능력들의 성공적인 경험들을 위한 고려점들로 신체적 · 시각적 · 청각적 · 의사소통 장애에 대한 실제적인 문제들은 직업배치과정에서 초기에 발견할 수 있다. 잠재적 고용기회들을 확인하기 위한 방법론은 만일 사람들의 신체적 · 감성적 능력들이 제한되어 있다면 직무에서 채택하는 도구 또는 공학기술을 사용하기 위한 가능성을 평가해야 한다. 즉, 장애인의 직업적 기술들이 작업시행 또는 직업배치에서 고려되어야 한다는 것이다.

직업적 기술에는 특별한 작업업무 기술, 작업관련 행동, 그리고 주어진 작업책임감을 수행하고 직업력을 활용하여 성공적으로 통합하는 사회적 기능들이 포함된다. 작업경험들에 앞서, 이전의 직업훈련 프로그램들 속에서 수집되었거나 초기평가한 개인에 대한 자료는 현재 직업능력 목록에 대한 통찰력을 제공한다. 이런 다양성을 평가하기 위한 전략은 훈련욕구 영역들을 충족시키기에 앞서 직업선택을 도울 것이다. 그러나 그들 스스로 고용가능성 또는 직업적 잠재력을 결정할 수는 없다. 즉, 개인의 기술, 능력, 욕구에 대한 자료를 체계적으로 수집한 결과로부터 선택을 명확히 할 수 있고 나중에 훈련시간을 최소화할 수 있는 것이다. 지도를 위한 적절한 환경과 자료를 모으는 것은 작업시행에 있어 독특한 고려점들이다.

기술의 일반화를 최대화하는 것, 즉 훈련사이트들은 주의 깊게 확인되고 자연스러운 작업조건들을 반영하도록 선택되어야 한다. 자료와 도구는 인위적으로 제작되거나 가상화되지 않고 실제적인 것이어야 한다. 내담자들의 다양성은 선별배치가 지리적 접근, 보수와 보장제도, 그리고 작업시간을 고려했을 때 특별한 주의를 요구한다. 배치효과는 만일 사업체가 장애인에게 합리적이고 물리적인 거리 내에 있지 않거나 교통이 용이하지 않다면 가치롭지 않다. 이동문제는 많은 고용기회와 선택을 제약할 수 있는 요인들이므로 주의 깊은 고려가 필요한 독특한 문제다. 장애수당을 포함하는 사회복지제도는 종종 장애인이 적절한 고용을 획득하는 것에 방해하는 작용을 한다. 직업배치에 우선하여 고용급여와 사회복지 제도의 명확한 평가는 직업배치훈련에 대한 효과를 촉진시킬 것이다.

장래의 작업시간과 계획은 장애인이 필요한 작업조건을 얻을 수 있는 중요한 것들이다. 종종 주말직업, 야간작업, 계절고용은 장애인을 위한 선택들로 가능하지 않고 가족결핍, 지원옹호, 직업한계의 결과로써 야기될 수 있다. 요약하면, 개인의 욕구와 고용주의 실제적인 경험은 성공적인 고용경험을 촉진시키는 것으로 조화롭게 이루어져야 한다.

대부분의 피훈련생은 지역사회중심의 직업훈련장에서 훈련을 받는다. 훈련을 위해 선택된 기술과 제공받은 기술의 배경은 피훈련생의 과거 경험중심, 흥미, 기술과 관련하여 주의 깊게 정의되어야 한다. 이 선택은 직업훈련, 직업배치 훈련과 직업배치 현장에서 사용할 수 있다. 훈련을 위해 선택된 지역사회중심 훈련장은 작업형태 또는 미래의 고용기회를 위해 훈련을 받는 피훈련생의 수와 같은 형태를 표현하기 위해 현명하게 선택되어야 한다.

장애인의 모집과 채용 그리고 직업의 유지에 관한 고용주의 태도에 재활상담사가 반응할 수 있도록 지도되어야 한다. 상담사는 고용주의 관심을 탐색하고 반응하기 위하여 그들의 준거기준을 확인하는 일이 필요하다. 또한 고용주가 장애인의 고용을 기피하거나 형식적인 수준에서 고용을 유지하기 위하여 사용하고 있는 절차를 이해하는 것이 중요하다.

반대로 재활상담사는 재활시스템이 장애인의 불리한 점을 감추기 위하여 사용하는 절차에 대해서도 인식하고 있어야 한다.

직업배치 임무는 재활상담사가 내담자에 대해 직접적인 노력을 수행할 때 이루어진다. 재활전문가는 직업배치 업무를 수행하기 위해 통상적으로 고용주를 방문하기 때문에 직업개발 기법과 직업배치 기술을 필요로 하고, 또 이에 대해 기대한다.

3) 고용주 지지의 개발과 유지

내담자가 구체적 직장에 배치될 수 있도록 고용주에 대한 효과적인 지지를 개발 · 유지하는 전문가의 책임은 재활과정에서 매우 중요한 과제다. 이러한 과제를 효과적으로 수행하기 위해 필요한 고려점은 다음과 같다.

① 장애인이 일할 기회를 제공하도록 허락하는 정도의 관계 설정 후 장애인의 훈련과 관리에 대한 관심증대가 요구된다. 따라서 초기에는 가장 성공 가능성이 높은 내담자를 직업배치하려는 전략이 필요하다. 나아가 끊임없이 내담자에 대한 고용주 역할의 중요성을 강조한다.

② 개별 내담자의 능력과 제한점이 잘 파악되어야 하고 고용주의 욕구 또한 측정되어야 한다.

③ 고용주 훈련기술들의 개발을 위해 내담자의 직업행동을 정확하고 서술적인 행동용어로 기술하게 하며, 객관적인 방식으로 행동을 관찰하게 한다.

④ 문제행동의 식별, 빈도, 해결방법의 추구, 평가를 진행하도록 한다. 그리고 시간표, 동기부여, 중재방식 등을 점검하도록 한다.

⑤ 재활상담사는 고용주에 대해 강화자로서의 역할을 하며, 내담자의 행동변화를 인식하도록 하고 강화시킨다.

⑥ 고용주 지지의 유지에 있어 중요한 것은 고용주의 흥미와 기술의 개발을 촉진시켜 어떠한 문제가 있고 그것이 얼마나 심각하며, 어떻게 해결될 수 있는지를 결정할 수 있게 하는 것이다.

⑦ 고용주들, 지도감독자들, 재활상담사 혹은 직업배치사들이 적어도 한 달에 한 번 모이는 고용주 회의에 참석하도록 한다. 그러나 이것이 재활전문가의 개별 고용주 접촉이나 슈퍼비전을 대신해서는 안 된다. 여기서 보다 적절한 내담자 직업배치, 고용주, 새로운 고용장소 발견, 훈련 및 직업배치의 함의점, 일반적인 고용주 이해, 의사소통과 내담자

평가를 촉진시킨다.

⑧ 고용주는 내담자 직업배치 상황을 개선하기 위해 직무과제나 의무를 변화시키고 내담자 개별욕구에 대응할 수 있다.

⑨ 고용주들은 일반적으로 그들이 제공하는 직업들과 사람들에 관해 다른 누구보다도 잘 알고 있지만, 직장에서 재활내담자들의 실패와 구체적 문제들을 효과적으로 의사소통하는 능력에 제한이 있다.

⑩ 재활전문가와 고용주 사이의 의사소통과정을 촉진시키기 위해 〈표 1-2〉와 같은 다양한 평가양식을 사용할 수 있다.

표 1-2 ➡ 의사소통 양식

내담자 성명:	일자:			
	매우좋음	좋음	보통	부족
ⓐ 지시이행 능력	_____	_____	_____	_____
ⓑ 교정을 수행하는 능력	_____	_____	_____	_____
ⓒ 반복적인 직업수행	_____	_____	_____	_____
ⓓ 다른 사람들과 잘 지내는 능력	_____	_____	_____	_____
ⓔ 직업에 대한 관심과 흥미	_____	_____	_____	_____
ⓕ 정시에 작업을 끝내는 능력	_____	_____	_____	_____
ⓖ 출근	_____	_____	_____	_____
ⓗ 시간 준수	_____	_____	_____	_____
ⓘ 감독받지 않고 작업하는 능력	_____	_____	_____	_____
ⓙ 초과근무 시의 협조 능력	_____	_____	_____	_____
ⓚ 회사에 대한 책임감	_____	_____	_____	_____
ⓛ 장비 및 소품관리	_____	_____	_____	_____
ⓜ 외모	_____	_____	_____	_____
ⓝ 작업안정성	_____	_____	_____	_____
ⓞ 작업점검 능력	_____	_____	_____	_____
ⓟ 전반적인 진보	_____	_____	_____	_____
ⓠ 자신감	_____	_____	_____	_____
ⓡ 비평수용 능력	_____	_____	_____	_____

5. 장애인 고용 관련 이슈

종종 장애인의 고용과 관련하여 수많은 오해와 선입견이 필요 이상으로 부각되고 있다. 그러나 이런 오해와 이슈는 사실에 근거한 것이라기보다는 특수한 사례로부터 일반화된 것들이거나 실제 상황과는 거리가 있는 것들이다. 장애인 고용 관련 이슈를 보다 구체적으로 살펴 보면 다음과 같다.

① 생산성: 장애인이 지닌 장애로 인해 생산성에 지장을 초래할 것이라는 오해가 있으나 조사연구 결과 사실이 아닌 것으로 나타났다.

② 결근율: 결근율 역시 장애로 인해 높아진다는 오해가 있으나 몇몇 장애의 경우를 제외하면 오히려 낮게 나타난다.

③ 산업재해율: 산업재해율 역시 장애근로자는 일반근로자에 비해 차이가 없거나 낮게 나타난다.

④ 이직률: 고용주들은 신뢰롭고 동기부여된 근로자를 원하고 일단 근로자를 채용하고 필요한 투자를 하고 나면 계속 고용을 유지하기를 원한다.

⑤ 추가비용: 앞의 특성들을 감안할 때 직업장 개조 등에 소요되는 비용은 사업상 크게 나쁘지 않다. 대부분의 연구 결과는 장애인 근로자들이 비장애인 근로자들과 별로 다르지 않다는 것을 보여 준다. 감독비용, 보건 관련 추가비용, 의료보험, 산업재해보험, 실업보험 등에 있어서도 마찬가지다.

직업개발 전문가는 세일즈맨으로서 자신에게 장애인 근로자가 필요한지 알지 못하거나 장애인 근로자를 원하지 않는 고용주에게 하나의 생산물을 판매하는 일을 하는 사람이다. 훌륭한 직업개발 전문가는 현존하는 고용주의 구인욕구에 따라 미리 준비된 일자리에 자격 있는 장애인을 잘 배치할 뿐만 아니라 새로운 일자리들을 개발한다. 만약 고용주가 이전에 장애인 근로자들을 채용한 경험이 없거나 특정 장애인 근로자들에 대해 부정적인 견해를 가지고 있다면 직업개발 전문가의 역할은 그 고용주에게 장애인 근로자의 고용에 대한 개념과 장애인 근로자들을 채용함으로써 회사가 이익을 얻을 수 있다는 확신을 제공하는 일이다. 뿐만 아니라, 이미 개발된 회사의 고용주들과 지속적인 관계를 설정할 필요가 있다(Geist, 1987).

개별 회사뿐만 아니라 실업계의 많은 사람의 관심을 끌 필요가 있다고 느끼는 직업개발 전문가는 로터리클럽, 라이온스클럽, 상공회의소, 경제인 연합회 등의 회의에 참석하여 강연을 할 수 있다. 그리고 규모가 큰 회사의 인사담당자들과의 관계를 발전시킴으로써 회사를 방문할 수 있고, 이에 따라 다양한 장애인들이 수행할 수 있는 직업들을 제안할 수 있다.

회사와 훌륭한 관계를 맺은 직업개발 전문가라 할지라도 그 회사에 장애인을 직업배치함으로써 임무가 종료되지는 않는다. 장애인 근로자가 배치되었을 때는 회사와 관련 재활기관의 책임이 모두 명료하게 설정되어야 한다. 이때 현장에 있는 동료 근로자나 감독자들을 후견인으로 설정하는 것도 보호와 소속감을 부여하는 측면에서 훌륭한 전략이 될 수 있다(Geist, 1987).

장애인 근로자가 회사에 배치된 이후 직업개발 전문가가 수행해야 할 역할은 다음의 세 가지로 요약할 수 있다.

① 직무지도: 종종 직업개발 전문가와 직업배치 전문가들은 직업코치의 역할을 수행한다. 직업코치는 새롭게 직업배치된 장애인 근로자 측면에서 어떻게 직무를 수행하는지를 보여 준다. 첫째 날은 집중적으로 내담자 옆에서 작업하고 둘째 날은 반나절 동안, 그리고 2주의 마지막 날에는 몇 시간 정도만 작업하여 최종적으로 직업코치는 매주 혹은 매달에 한 번씩만 지도하게 된다.

② 직무시도: 만약 어떤 회사가 특별한 근로자를 채용하기 꺼려하면 직무시도가 실행될 수 있다. 직업코치는 장애인 근로자와 몇 가지 상이한 방식들로 그 직업을 수행하도록 며칠 동안 함께 일을 한 수 있다. 그 직무가

수행되는 논리적 방식들이 성공할 때 그 근로자에게는 6개월 정도 일할 수 있는 기회가 허락될 것이다. 만약 이것이 성공하는 데 한 달이 소요되었다고 하더라도 직업코치는 비상시에 연락이 될 수 있도록 조치하여야 한다. 직업코치는 종종 장애인 근로자의 욕구에 적합하도록 해당 직무를 수정할 필요가 있고 그 필요가 광범위하다면 재활공학자, 산업공학자와 같은 다른 전문가의 도움을 요청해야 한다.

③ 직무순서: 때때로 회사는 직무순서 체계를 설정하고 직업개발 전문가가 그 요구에 적절히 대응하지 못할 때 장애인 근로자를 고용하지 않게 된다. 따라서 직업개발 전문가는 민간기관과 정부기관을 통틀어 장애인에게 서비스를 제공하는 기관들과 긴밀한 관계를 설정할 필요가 있다. 뿐만 아니라 각 기관의 내부에 직업배치가 가능한 내담자의 목록을 갖추고 있어야 한다.

6. 노동시장과 직업세계

장애인의 직업재활에 관여하는 사람들은 누구나 장차 고용에 준비된 내담자들의 직업개발과 선별적 직업배치에 관심을 갖게 된다. 직업개발과 직업배치에 유능하지 못한 직업재활 전문가들은 중증장애 내담자의 평가와 계획을 효과적으로 수행할 수 있는 책무성을 갖추었다고 볼 수 없다. 이러한 평가, 계획, 직업배치의 중요한 세 영역에서 효과적으로 기능하려면 지역사회의 노동시장과 직업세계에 익숙해야 한다(Roesser & Rubin, 1979). 결국 직업세계에 대한 지식이 장애인의 효과적 평가, 계획 및 직업배치의 기초가 된다고 볼 수 있다(Roesser & Rubin, 1979).

단순히 직업사전과 책자들을 펴본다든가 구인광고들을 뒤적이는 것만으로는 지역사회 직업시장에 정통할 수 없다. 여기에 대한 정보는 때때로 고용주와 접촉하거나 직업현장을 직접 방문함으로써 얻을 수 있다. 지역사회 직업시장 정보에는 직업유형, 직업에 요구되는 기술들, 봉급체계, 지도감독자의 특성, 직업의 위치, 직장에의 접근성 등이 포함되기 때문이다(Roesser & Rubin, 1979).

최근 직업세계에서 발생하는 극적인 변화는 전 세계적으로 모든 나라에서 일어나는 것은 아니다. 이는 그 변화가 일어나는 곳의 문화, 사회, 경제적 요소에 달려 있다. 여기서 고용을 원하는 장애인과 그들의 고용과 관련된 정책, 프로그램, 서비스에 대한 관계를 알아 보아야 한다. 예를 들면, 세계화, 기술변화, 다양한 경제성장률은 정책 수준에 있어 순위를 바꾸어 놓았으며, 많은 직업들은 통합되거나 사라졌다. 이러한 것들은 장애인의 고용에 있어서도 실업을 증가시키고 지속시키며 다른 한편으로는 고용상태에 있는 장애인들을 포함한 경쟁력이 약한 집단의 사회적 배제를 초래한다. 대표적인 예로, 중국과 같이 중앙계획경제에서 시장경제로 이행한 많은 나라에서는 고용기회에 근본적 변화가 일어났다.

장애인에게 영향을 미치는 노동시장의 변화양상은 다음과 같이 요약해 볼 수 있다.

1) 세계화

점점 더 많은 나라들이 세계화의 경향을 나타내고 있다. 세계화는 시장의 변화를 가져와 노동운동을 감소시키고 국제 경쟁력을 강화시켜 경제적 효율성이 강조되게 되었다. 개발도상국의 경쟁은 전체 고용 수준에 영향을 미쳐 고임금이 아닌 저임금 노동자들의 실업상태를 야기하였다. 개발국가들은 저기술 노동집약적 생산품들을 개발국으로부터 수입하여 질적으로 낮은 노동자들인 장애인들이 점점 실업상태가 되어 가고 있다.

2) 기술적 발달과 직업의 자동화

사무자동화에 따라 장애인들은 불리해질 수밖에 없다. 이에 대한 대안으로 최근 장애인들의 고용을 촉진시키고 이동성, 의사소통을 향상시킬 수 있는 보조장비들이 급속히 증가하고 있다. 이것은 작업과제 수행과 직접적으로 관련되며, 정보공학의 장점과 연결된다. 여기에는 기능적인 가옥, 개량차, 좁고 가벼운 휠체어 등이 포함될 수 있다. 그러나 이런 장비들은 각각의 작업환경에 최상으로 맞추어져야 하는 것이므로 매우 소량 생산될 수밖에 없다. 아무리 정교한 디자인의 휠체어라도 아직은 턱이 낮아야 하고 문이 넓어야 하며, 리프트를 필요로 한다. 또 아무리 새로운 보조장비가 잘 개발되었다 하더라도 비싼 가격으로 인해 대다수가 그 이점을 향유할 수 없다.

3) 고실업률

국가에서 모든 사람이 이익을 얻는 것은 아니다. 기술력 있는 직업인들은 긍정적이지만 기술이 없는 사람들은 점점 가난해진다. 국민복지에 필요한 정부예산과 국가비용이 점점 더 증가됨에 따라 복지국가 내용을 재점검하려는 경향이 일반적이다. 사회보장적 접근이 국가중심의 접근법에서 개인 책임중심으로 이동하는 체계들의 변화는 서방세계의 고실업률을 야기하고 있으며, 이에 서방세계는 예전의 군사적 충돌의 위험이 아닌, 고실업률 상태로 위협받고 있다. 최근 들어 ILO의 보고서는 서부 유럽 국가들의 실업률이 몇 년간 두 자릿수를 유지하고 있다는 것을 나타내고 있다.

최근에는 여러 가지 장애인 고용 프로그램이나 직업재활 관련 이슈들이 제기되고 해결책이 설명되고 있다. 주로 유보고용, 계획고용, 고용주 설득, 임금보조, 구내매점 사용권, 사회보험 구조, 공중인식 개선 캠페인, 작업장 개선 보조금, 자영업 격려, 소기업 창업보조금이나 대출, 장애인 기업가의 훈련이나 교육, 직업코치 서비스, 운송허가와 보조금, 사적 보조임금, 보호작업장 등이 강조된다.

4) 정보탐색

Sink 등이 1979년에 실시한 직업재활 상담사들을 대상으로 하는 광범위한 연구에서 재활상담사가 지녀야 할 역량 중 중요한 것으로 내담자의 진로개발, 고용 가능 행동, 직업배치 저해요인, 직업정보 원천, 직업수정과 재구조화, 직무분석, 특별한 직업들에 요구되는 훈련과 교육 등을 들었다. 결국 재활상담사의 중요한 기능이 직업세계와 관련된다는 것을 알 수 있다. 재활상담사는 중증장애인에게 적합한 일을 발견해야 할 뿐만 아니라 지역사회의 직업세계에 관해 우선 익숙해야 한다.

직업배치 전 경제적 정보탐색은 중요한 자료가 되며, 산업, 노동시장의 정보는 다양한 부분에서 활용할 수 있다. 정보탐색을 통한 이점으로는, 첫째 직업배치 전 훈련에서 이들 정보를 통하여 훈련을 한다면 재훈련에 들어가는 시간낭비를 없앨 수 있다. 둘째, 직업배치 후에도 경제적 흐름, 즉 변화에 미리 대비할 수 있다. 셋째, 정보교환을 통한 새로운 관계를 형성할 수 있다는 점을 들 수 있다.

구체적 활용은 우선 통신이나 직접적인 정보수집을 통하여 자료를 분석하고 자료에 따라 직업배치에 대한 리스트를 작성하고 구체적 내용 또한 메모하는 것이다. 자료의 정리를 통하여 적정 시에 자료를 탐색하고, 장애인들이 직업배치를 원할 때나 사후지도 시, 이를 이용하여 정보를 제공함으로써 경제 흐름 변화에 대응할 수 있게 한다. 특히, 수없이 만들어지고 유통되는 인터넷상의 정보를 현명하게 선별하고 이용하는 능력이 요구된다.

연습문제

1. 다음 중 Payne의 직업배치 전문가의 전문세일즈 방식에 속하지 않는 것은? (   )
   ① 판매방식 습득
   ② 노동시장 조사
   ③ 친숙
   ④ 수요자 파악

2. 다음 중 세 가지 주요한 고용주 유형에 속하지 않는 것은? (   )
   ① 자본주의형
   ② 준법형
   ③ 사회주의형
   ④ 물질주의형

3. 다음 중 중요한 장애인 고용관련 이슈들로 보기 어려운 것은? (   )
   ① 추가비용들
   ② 재활전문가의 태도와 지식
   ③ 생산성
   ④ 이직률
   ⑤ 산업재해율

토론문제

1. 노동시장에 적응할 때 생산품의 질이 매우 다양할 경우 필요한 정보탐색은?

2. 생산품의 질이 표준화되었을 때 필요한 정보탐색은?

3. 신차 시장에서 소비자가 추구하는 정보탐색은?

4. 중고차 시장에서 소비자가 추구하는 정보탐색은?

5. 개인구직자가 다른 사람들과의 접촉을 통해 얻은 정보의 비용-편익상 두 가지 특징을 서술하시오.

6. 고용주 사이에 뿌리 깊은 편견으로부터 기인한 차별에 가장 효과적이라고 고려되는 전략은?

7. 직업개발 기법으로 적절한 두 가지 과업분석 방법은?

8. 고용주들은 잠재적 근로자들에 대한 가장 신뢰로운 정보가 어디에서 획득된다고 보는가?

제2장

직업배치의 개념과 의의

직업배치란 직업준비된 내담자들을 적절한 직업에 선별적으로 배치하는 전문활동을 의미하며, Job Ready Scale을 사용하는 등 궁극적으로 한 개인의 직업적 욕구와 능력들이 특정 직업의 요구조건들과 일치하는 경우에 이루어진다. 즉, 다양한 변인에 기초한 직업평가 활동을 통해 얻은 직무분석과 직업정보를 토대로 분석된 결과들을 실제의 직업과 연결하는 노력이 핵심을 이루는 것이다.

직업배치의 문제에 대한 부분적인 해결책은 이러한 직업배치 관계를 촉진할 수 있다. 반면에 이를 위해서는 직업배치의 지식과 기술을 평가해야 한다.

1. 직업배치의 개념과 의의

재활과정에서 02-06 코드상태는 내담자의 배경정보와 기술, 욕구, 흥미,

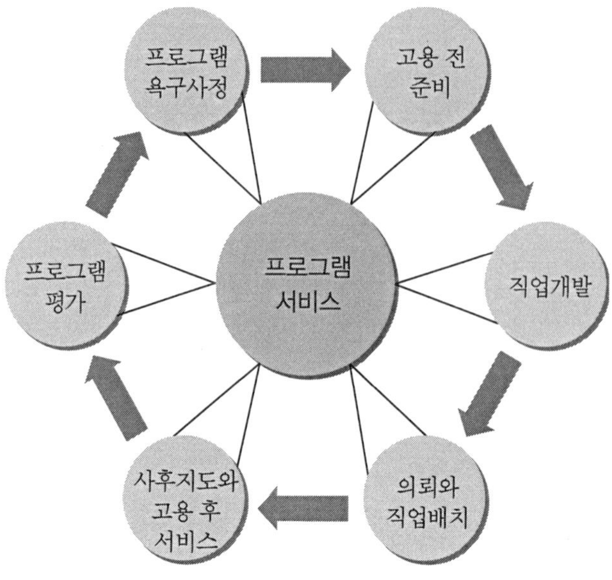

[그림 2-1] 직업배치 서비스 프로그램의 요소

그리고 직업습관과 같은 영역들을 사정하고 평가하는 것이다. 코드상태 10에서는 내담자의 개별재활 계획서(Individualized Employment Plan: IEP)가 수립되고 12-18코드 상태에서는 내담자가 직업을 가질 준비를 갖추는 데 있어서 필요한 조건과 치료적 서비스들을 제공받게 된다.

이러한 일련의 과정을 거쳐 준비된 내담자는 적절히 선별된 직업에 배치되어 직업적 안정을 찾을 때까지 평가되고 사후지도로서 내담자에 대한 상담과 직업지도는 이 모든 재활과정 전체에 걸쳐 제공된다. 물론 이러한 과정은 재활상담사 한 사람에 의해 수행될 수도 없고 그럴 필요도 없다. 그러나 내담자의 직업배치와 직접적으로 관련되는 전문가는 직업의 세계에 대한 폭넓은 지식과 이해를 지닌 직업평가, 재활상담, 그리고 직업배치 영역에서 훈련을 받은 사람들과 공유된 정보를 토대로 하여 팀 접근을 통해 일해야 한다.

직업배치는 내담자를 적절한 직업에 선별적으로 배치하는 전문활동으로 흔히 직업개발과 함께 사용된다. 직업개발은 가능한 구체적인 일반 근로자들과 똑같은 직업배치를 성취시키는 과정으로 고용주 접촉과 고용주의 근로자 채용방식에 대한 정보를 축적함으로써 이루어진다. 따라서 직업개발은 성공적인 재활에 있어서 가장 결정적인 요인이 되는 유용한 직업에 관한 정보를 내담자에게 제공하는 활동이며, 직업배치의 가장 중요한 기능 중의 하나다.

직업배치는 사람과 직무를 연결하는 노력이지만 많은 경우 장애 내담자의 특정한 제한점들 때문에 직업배치에 지장이 초래된다. 따라서 고용주에게는 완전한 생산성을 보장하는 방법으로 내담자의 직업적 필요들을 구체적으로 충족시키기 위해 직무의 변경이나 창조를 하는 직무공학(job engineering)이 요구된다. 이러한 방법에는 직무의 수정(job modification)과 직무 재구조화의 과정이 많이 사용된다(Gannaway & Wattenbarger, 1979).

구체적 직업에 고용될 수 있도록 중증장애인에게 효과적인 원조를 제공하는 재활전문가의 책임은 재활과정에 있어서 가장 어려운 과제의 하나다. 직업배치는 내담자의 사회적, 언어적, 지적 그리고 대인관계 기술들이 안정되어 고용을 획득하고 유지할 수준에 이르렀을 때 이루어지며, 고용주를 설득하는 노력도 요구된다. 많은 경우 가능한 직업배치는 잠재적 근로자의 특별한 제한으로 인해 방해된다. 이와 같은 경우 이런 제한들은 직업을 이전부터 가지고 있었던 사람, 혹은 새로운 직장을 얻는 사람, 전직 또는 고용주에게 아직도 생산성의 이득을 줄 수 있는 사람의 성공적이고 만족스런 배치를 방해할 것이다. 특별한 인가(accreditation)의 요구와 조립이나 조정의 작업에 의한 과정은 대략적으로 직무공학을 말하고 직무수정에는 직업구조의 변화라는 일반적인 개념이 포함된다.

전통적 직업재활과정에는 면접, 평가, 계획 그리고 상담과정에 이어 직업배치가 이루어진다. 따라서 효과적인 직업배치과정이야말로 내담자의 고용상태를 결정해 주는 결정적인 재활단계인 것이다. 대부분의 재활전문가들은 직업배치 서비스들이 직업재활 상담사들의 중요한 활동이며, 내담자의 직업재활 성취를 극대화하는 중요한 역할을 한다는 데 동의한다(Roessler &

Rubin, 1982).

진로발달은 사람들의 직업생활 동안 일어나는 보상을 사회로부터 받기 위한 하나의 과정으로 생산성 강화, 생산성 실현, 그리고 진로 강화의 3단계로 이루어진다. 직업배치는 직업재활의 중요한 과정으로 내담자가 적절한 진로 강화 기회들을 획득할 수 있는 직업을 수용했다는 것을 가리킨다. 적절한 직업배치는 직업재활과 여타의 많은 재활활동의 목적이 된다.

2. 직업배치에서 전문가 개입

많은 상담사들은 직업배치 서비스 제공에 냉소적인 입장을 보이고 있는데 직업배치가 좋은 성과를 쉽게 얻을 수 없는 힘든 일이라서 피하고, 상담사 역할의 다른 부문에 더 많은 노력을 기울이고 있다. 직업배치 문제에서 직면하게 되는 두 가지 어려움은, 첫째 중증장애인에 대해 호의적이지 못한 노동시장에서 경험하는 좌절감, 둘째 역할변화의 첫 단계에서 전문적인 인사관리에 익숙하지 않다는 점이다. 전문가가 간여하는 직업배치과정은 다음의 그림들과 같이 내담자의 특별한 욕구를 충족시키는 수레바퀴에 비교할 수 있다(Twomey, 1975, pp. 9-16).

1) 중심축

모든 재활활동의 중심축이나 핵심은 내담자다. 재활과정을 시작하는 모든 내담자는 불균형적인 바퀴형태를 보이지만 각각은 그 자신의 고유한 강점과 약점의 프로파일을 가진다. 그래서 내담자 개개인에게 필요한 적절한 고려를 받도록 보증하기 위해 각각의 요소나 바퀴살에 세심한 주의를 기울이는 것이 필수적이다. 이런 방식으로 내담자의 고유한 개인 바퀴가 균형을 이룰 수 있다.

이것은 내담자가 전체적으로 고려되어야 한다는 의미로 내담자 욕구들은 정확하게 사정되고 적절한 재활서비스가 개별화된 가운데 제공되어야 한다는 것이다. 장애 내담자 개개인의 독특한 욕구와 특성을 인식함으로써 개별화된 재활서비스를 제공할 수 있다. 일반인의 부정적 태도와 장애인의 태도 변화를 직업재활과 관련하여 전개해 보면, 직업적 성공은 다음과 같은 함수로 나타낼 수 있다.

$$O = f(P + Op + S) - D) \times DI$$

$$\text{예)}\ A = [0.3(0.8 + 0.2 + 0.5) - 0.9] \times 0.3 = 0.04$$

- P: 준비(preparation)를 나타내며, 보수가 주어지는 고용에 들어가기 이전에 시간이 제한된 훈련이 필요할지도 모른다는 것을 가리킨다.
- Op: 기회(opportunity)로 환경적 기회가 유용해야 한다는 것을 나타낸다.
- S: 지원(support system)으로 정서적 지원, 직무지도, 시민의 옹호 등이 매우 중요함을 나타낸다.
- D: 역기능 요소들(disinsentive)로 고용에 있어서 많은 장벽들로 인해 직업시장에 뛰어드는 것이나 성공적인 고용을 방해하는 부정적 행동을 의미한다.
- DI: 강도(degree of intensity)를 말하며, 이전의 모든 변인이 투입될 때, 그 노력의 수준을 곱하는 것을 의미한다.

2) 외 륜

상담사는 내담자와 직업세계 사이에서 상호작용하는 점에서 외륜이다. 상담사는 불균형적인 요소들을 사정하고 바퀴를 균형잡기 위해 필수적인 서비스가 무엇인지를 결정한다. 각 내담자에게 제공되어야 하는 서비스나 바퀴살에는 많은 다양성과 차이점이 있다.

상담관계는 모든 요소의 균형을 유지하는 바퀴 외륜이며, 내담자와 상담사의 상호작용을 증진시키기 위해 측정 가능한 목표에 따른 내담자를 위한 주의 깊은 계획, 내담자 권리와 의무에 대한 보다 높은 관심, 그리고 상담사의 책무성이 요구된다. 상담사는 내담자의 지식, 기술, 태도를 평가하고 필요한 서비스 요소에 토대를 두고 결정하며 필요한 부가적인 훈련유형을 계획한다.

3) 바퀴살

바퀴의 살은 필요한 각각의 서비스, 즉 직업배치과정에서의 의뢰, 진단, 훈련과 같은 내담자에게 전달되는 재활서비스다. 재활과정에서 균형을 유지하기 위해 상담사는 개별화된 재활프로그램에 따라 현명하게 서비스를 이용해야 한다. 각 상담사는 각기 다른 방식으로 서비스를 제공할 수 있고 바람직한 결과를 성취하기 위한 정해진 방법은 없다. 필수적인 서비스라는 것도 규정할 수 없고 노동시장으로 내담자가 성공적인 진입을 할 수 있도록 기여하는 어떠한 필수적인 서비스 목록을 정하는 일도 쉽지 않다.

바퀴 모양은 이러한 요소들의 상호작용에 따라, 다음과 같이 여러 가지 형태로 나타날 수 있다.

균형잡힌 바퀴 균형잡힌 바퀴는 하나의 내담자를 다른 내담자에게 일반화시킬 수 없다는 것과 의뢰에서 종결까지의 전 과정에 걸쳐 개별화된 서비스를 필요로 한다는 것을 가리킨다. 여기서는 다양한 서비스들의 효과적인 배열과 내담자와 상담사 사이의 균형이 유지되어 있다([그림 2-2]).

중심축의 감소 지나치게 상담사의 관여가 커지고 상담사는 내담자를 위한 중요한 의사결정을 독점함으로써 내담자를 위해 가장 바람직한 것들을 독단적으로 결정한다([그림 2-3]).

[그림 2-2] 균형 관계

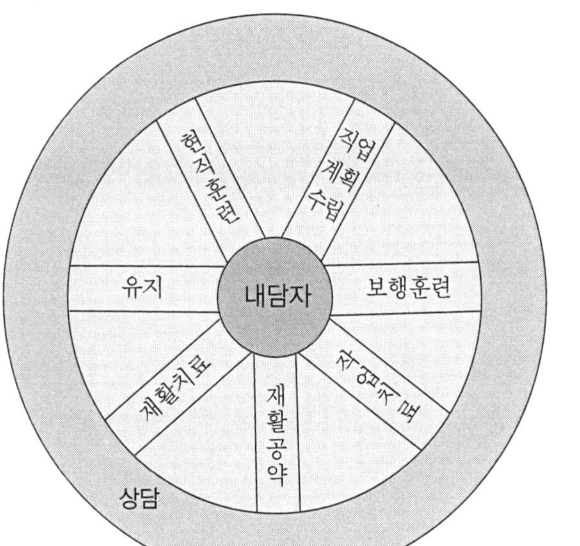

[그림 2-3] 불균형 관계 1

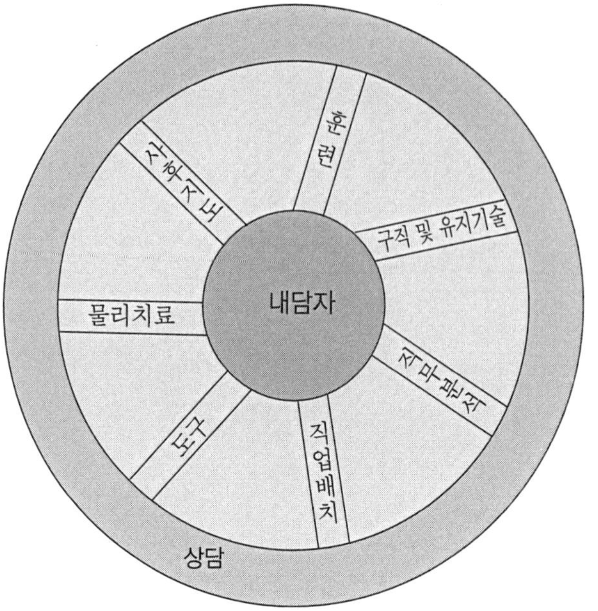

[그림 2-4] 불균형 관계 2

중심축의 확대 상담사는 극히 작은 책임부분을 담당하게 되고 내담자가 전적으로 중요한 의사결정을 하고 전문적 개입은 최소화된다. 이 경우 내담자는 지나친 스트레스로 인한 문제에 직면할 수 있다([그림 2-4]).

울퉁불퉁한 바퀴살 이것은 내담자의 욕구를 충족시키기 위한 부적절한 계획의 결과로 초래될 수 있다. 예를 들어, 훈련을 너무 강조하고 구직기술을 고려하지 않아 잘 훈련되었음에도 불구하고 초기 구직면접을 통해 직업을 얻을 수 없는 경우, 직업을 얻기 위한 능력과 직무기술들을 소유하고 있지만 직업을 유지하기 위한 중요한 기술들을 가지고 있지 못한 경우를 들 수 있다([그림 2-5], [그림 2-6]).

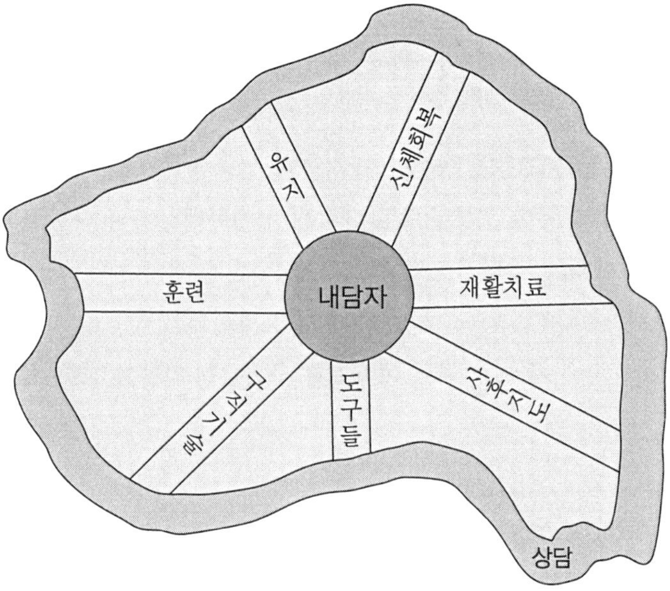

[그림 2-5] 불균형 관계 3

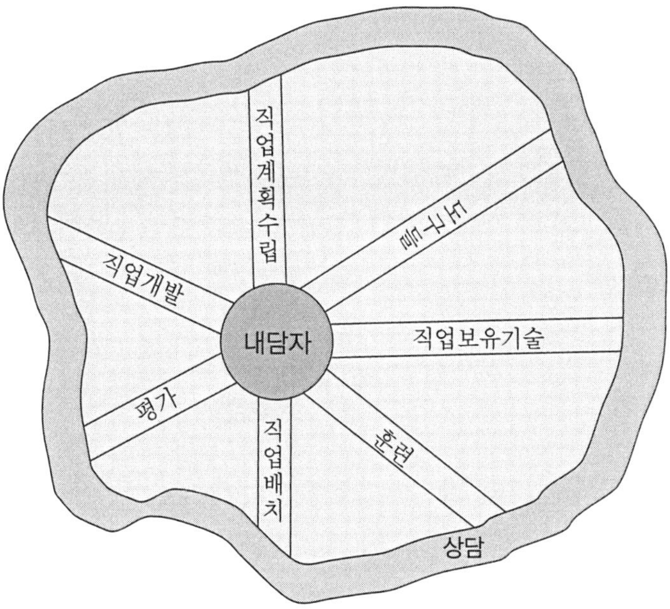

[그림 2-6] 불균형 관계 4

3. 직업배치에서의 기본 역할

미국에서 재활은 고용을 향한 목표지향적 프로그램이다. 따라서 직업배치는 전 재활과정의 통합된 부분으로 간주되며 재활대상자의 직업목적을 정하는 것에서 시작된다. 그다음으로 직업평가, 서비스 전달(상담, 치료, 훈련), 고용기회 탐색과 같은 고용성과에 대한 고려가 지속된다.

직업배치에 있어서 각 주체의 역할들을 살펴보면 다음과 같다.

1) 사용자 및 기업의 역할

기업은 장애인에 대한 편견을 버리고 생산성과 업무능력이 있는 장애인을 고용해야 한다. 이윤을 추구하는 기업이 장애인의 생산성과 업무능력도 고려하지 않고 장애인을 그대로 채용할 수 없다는 것은 당연한 일이다. 그러나 장애인 채용의 경험도 없이 편견을 가지고 고용을 기피하는 것은 생산성과 업무능력이 있는 장애인 근로자들만 고용하여 번창하는 기업의 사례를 볼 때, 이윤추구를 목적으로 하는 기업정신에도 어긋난다고 할 수 있다.

또한 기업은 고용된 장애인에 대한 노무관리의 합리화와 과학화가 이룩되도록 해야 한다. 뿐만 아니라 기업은 사업장의 여건을 조성하여 생산성 향상을 도모해야 한다.

2) 정부의 역할

국가와 지방자치단체는 장애인 고용에 있어 모범을 보여야 한다. 정부는 장애인 취업제고를 위한 민간기관의 활성화를 유도하여야 하며, 장애인 재활사업 및 예산지원에 있어서도 과감해야 한다. 또한 정부는 장애인의 취업촉진을 위해서 사회와의 연결통로 역할을 하는 교통이나 이동의 자유를 확장시켜야 한다.

3) 장애인 근로자의 노력

취업을 위해서는 장애인 근로자들의 보다 적극적인 취업도전의식과 노력이 필요하다. 의무고용제가 시행되어 장애인의 기대감은 팽배해 있으나 능력의 부족을 이유로 취업 자체에 소극적인 장애인도 적지 않다. 그러나 기업 측에서는 오히려 성실이라는 덕목을 능력 이상으로 채용의 주요 기준으로 삼고 있음을 상기해야 한다.

4) 관련 기관의 역할

장애인 고용의 훌륭한 사례발굴과 홍보가 필요하며, 각종 자료와 정보의 보급을 위한 재활기관의 역할이 강조되어야 한다.

직업배치에 있어서 각각의 역할을 분석하고 대안들을 마련하면, 더욱 성공적인 직업배치가 이루어질 것이다. 즉, 장애인들이 직업 후 적응할 수 있는 능력의 향상과 기능적 · 경제적 부분에서의 발전과 자연적인 장애인식 개선 · 노력이 필요하다. 또한 이런 대안들은 우선 가장 경제적이고 손쉬운 대안들을 고려하고 차후 사회 · 경제적 실정이나 현실을 감안하여 선택해야 한다.

4. 직업배치의 단계와 고려할 점

1) 평가와 계획단계

평가와 계획단계에서 상담사는 다양한 직업생활들의 유형에 대한 내담자의 가능성에 관한 의문들에 초점을 둔다. 따라서 지역사회의 직업기회들에 대한 지식은 내담자를 어느 직업영역(또한 직업적 대안들)에 초점을 두고 평가해야 할 것인가를 말해 준다. 이러한 평가와 가능성 문제들을 해결하기 위해 상담사는 많은 지역사회 직업들의 환경적 특성과 직업의 요구조건들이 내담자의 능력과 여하히 상응할 것인가를 판단하도록 요구된다.

2) 직업적 목적들의 수립

구직에 필요한 서비스들, 전략, 흥미, 신체기능, 지적 기능, 심리사회적 기능 등 평가자료에 의해 지지되는 목적들을 수립한다. 직업적 목적들이 적합한가를 내담자 기능에 토대하여 판단한다.

3) 내담자 직업배치서비스 욕구

장애인 직업배치 방법은 많이 있으며 각각의 직업배치 전문가는 성공에 이르는 자신만의 독특한 스타일을 개발할 것이다. 배치방법의 몇 가지 예를 들면 신문의 구직광고를 구독하여 직업을 파악하는 것, 직업안정사무소와의 접촉, 고용주와의 서신 연락, 전화 및 방문, 직업재활대상자 스스로 직업탐색이 가능하도록 준비하는 것, 시험고용이나 직무분석, 그리고 직업개발과 같은 고용주와의 공동노력 전개 등이 있다. 이러한 직업배치 단계에서 특히 고려해야 할 서비스 욕구들은 다음과 같이 상이한 수준에서 파악된다.

① 고용주의 직접 개입
② 구직기술훈련
③ 직업배치 보조가 필요치 않음

4) 전문가의 준비

재활대상자를 성공적으로 배치하는 것은 수많은 영역의 구체적인 지식이 필요한 일이다. 직업배치 전문가는 재활대상자에 대한 깊은 지식은 물론이고 그 지방 노동시장, 노조, 산재보상법, 임금 · 근로시간 법규 등에 관한 전문적인 지식이 있어야 한다(Newman, 1973).

재활상담사는 특정한 내담자/직업조정 문제에 대한 관리 수행, 단체의 역할, 근로자 보상법규, 긍정적인 활동규정, 고용인 지원 프로그램 기술, 직업개발과 구직전략, 직업평가, 장애의 직업적 관련, 직업준비도, 노동시장 분석, 고용주와 융통성 있는 대화를 하는 능력 등을 지녀야 한다.

전문가들은 먼저 그들 자신의 부정적인 행동과 생각을 바꾸도록 교육받아야 한다. 그리고 직업적 결정에 있어서의 분석정보를 사용하고 다양한 장애를 가진 내담자를 위한 훈련 프로그램의 적응성과 역할활동을 통해 직업배치 목적에 상호 간 동의되도록 단계적 행동목표를 수행해야 한다.

재활상담사는 그들 자신이 직업개발 행동의 훌륭한 모델로 보여야 하며, 직업배치에 참여하는 지역사회 고용주에게도 그런 행동을 보임으로써 역할활동에 참여해야 한다.

5) 직업기회 분석

직업배치에 따르는 효과적인 상담은 내담자의 욕구와 능력 및 그 개인을 위해 가능한 직업적 목적 사이에 직면하여야 하는 요구조건의 본질을 정확히 평가한 내용에 기초를 두어야 한다. 이러한 측면에서 직업평가는 내담자의 직업적 잠재력을 진술하고 실제로 유용한 권고를 도출할 수 있는 실질적 직업기회의 수요구조에 의존한다(Gannaway & Wattenbarger, 1979).

6) 보조적 노력

재활상담사는 내담자가 자신의 생각, 계획과 목표를 표현할 수 있도록 허용하고 이 말들을 경청하고 적당한 질문들을 해야 한다. 동료들 사이에서 리더십을 발휘할 수 있는 기회의 제공뿐만 아니라 전문성을 더욱 개발하고 직업을 설계하도록 지도해야 한다.

성공적인 지도를 위하여, 정보와 피드백의 제공 시에 격려해 주고 지원해 주는 환경을 만들어 주어야 한다. 지도가 효과적이기 위해서는 작업환경에서 기대되는 것들을 이해해야 할 뿐만 아니라, 기대되는 것을 행할 수 있는 기회 또한 주어져야 한다. 내담자에 대한 믿음과 기꺼움은 직업에서 성장을 돕는 데 필수적이다.

두 사람 사이의 비교적 민주적이고 협력하고 대화하는 관계처럼 상담사 훈련에 적용할 수 있는 행동지침을 사용한다. 재활팀의 구성원들은 장애인들에게 경제적 이익을 제공할 크고 높은 가치목표의 심상에 기여할 수 있는 목적지향적인 행동을 인식한다. 성공적인 고용을 통해 내담자의 생활실현에 관련한 가장 중요한 요소들에 대해 강조함으로써 전 재활과정을 훈련시킬 수 있다.

직업배치의 문제에 대한 부분적인 해결책으로 관계를 촉진시킬 수 있는 반면에 직업배치의 지식과 기술을 평가해야 한다. 재활상담사가 내담자를 대신하여 능동적으로 직업배치과정에 개입해야 하느냐 아니면 장애내담자 스스로의 자기-직업배치 기술들을 원조하는 정도로 그쳐야 하느냐 하는 논란이 있긴 하지만, 주어진 상황하에서의 적절한 직업배치전략이나 방법은 크게 내담자의 측면에서 직업관련 행동의 개발 수준에 달려 있다. 예를 들면, 자기 확신과 상당한 정도로 동기부여가 되어 있고, 목적지향적인 내담자들과는 전혀 다른 종류의 직업배치 원조활동이 근로자로서의 빈약한 자기개념, 낮은 직업적 동기화, 그리고 진로목표를 지니지 않은 내담자에게 요구된다.

즉, 직업배치에 있어서 내담자를 대신하여 고용주들과 빈번한 접촉을 가져야 한다고 믿는 상담사가 있는 반면, 또 다른 사람들은 상담사의 직업배치는 내담자가 구직과정에서 독립적인 기능을 하도록 강화하는 정도의 역할만 수행해야 한다고 주장한다. 그들은 이러한 보조적 기능이 중증장애인들이 고용될 수 있는 기회를 제공하는 데는 제한적이지만, 내담자의 독립적 구직기술과 동기는 증대시킨다고 믿는다. 그러나 대부분의 질적인 고용이 개인적 추천에 의해 이루어지고 있다는 점을 감안한다면 적절한 구직기술과 고용에 대한 강한 내담자의 욕구가 반드시 적절한 고용으로 귀결된다고 볼 수는 없다. 특히 전직을 계획하고 있는 내담자들이 새로운 직업을 발견하는 데에 이전의 직업적 접촉이나 네트워크는 별 도움이 되지 않는다.

7) 인식개선의 노력

장애인 시설을 혐오시설로 보고 주민들이 건축반대를 주장하는 많은 사례에서 볼 수 있듯이 성공적인 직업재활에 있어서 가장 미묘한 장벽은 장애와 관련한 보편적인 일반대중과 지역사회의 태도다. 장애를 지닌 사람들의 능력에 대한 몰이해, 동정, 그리고 부정적인 태도는 직업배치를 아주 곤란하게 만든다. 따라서 직업배치의 주관기관에서는 지역사회 주민의 인식개선과 태도변화를 위해 다양한 방법의 홍보활동을 해야 하며, 대중교육 및 기타 기술들을 사용하여 적극 노력해야 한다. 마찬가지로 지역사회 기업체의 고용주 및 내담자의 잠재적 직장상사들에 대한 변화노력도 필수적이다.

연습문제

1. 다음 괄호에 가장 알맞은 답을 보기에서 골라 그 번호를 적어 넣으시오.

직업적 성공 $O=f((P+Op+S)-D)\times DI$일 때 P는 (1.), Op는 (2.), 그리고 S는 (3.)이다.

보기

① 유용한 직업 ② 환경적 기회
③ 준비 ④ 지원
⑤ 직업능력

토론문제

1. 직업의 세계가 직업재활에서 중요한 이유는 무엇인가? 다음의 빈칸을 채워 넣어라.

① 우리 사회에서 가장 좋다고 생각되는 직업 다섯 가지(이유)	② 개인이 직업을 가지는 데 있어서 중요한 것 다섯 가지(이유)	③ 개인이 원하는 직업이 요구하는 조건 다섯 가지(이유)	④ 원하는 직업을 얻기 위해 갖추어야 할 조건 다섯 가지(이유)

2. 집단 각 성원의 직업선택(만족)에 영향을 미치는 욕구들에는 어떤 것들이 있는가?

3. 그룹활동이 주는 중요한 의미는?

4. 자신의 직업적 경험(부정적 측면, 긍정적 측면)을 진술하시오.

5. 직업재활 상담사의 전문직 정체성에 직면되는 부정적 이미지를 상쇄하는 두 가지 방식은?

6. 사회 속에서 새로이 나타난 전문직의 정체성을 설정하기 위한 세 가지 노력은?

7. 직업재활 상담사를 성가시게 하는 가장 전문적인 것이 아니라고 생각하는 역할은?

8. 경제학과 사회학에서 강조하는 정보의 질을 보장할 수 있는 방안은?

9. 직업배치 전문가들의 주된 기능을 어떻게 조망할 수 있는가?

제3장 직업배치과정

직업배치가 재활과정에 있는 장애인의 사회통합에 중요한 이유는 장애인이 낮은 실업상태에 놓여 있는 것이 차별, 낮은 기대감, 빈약한 기술, 공공정책 우선순위에서의 배제 때문이라는 데 있다. 따라서 직업배치는 장애인의 재활에 있어서 핵심적이고 중요한 과정으로 다양하고 깊이 있는 노력을 필요로 한다.

준비기술과 직업인성에 관련된 문제들을 해결한 내담자는 직업선택을 위해 직업목적을 수립하고 구체화하려는 노력을 실천에 옮긴다. 내담자의 전반적인 직업선택에 일치되는 직업적 정보 및 노동시장 정보, 지역사회 자원들의 유용화가 이루어지고 내담자의 독립생활, 자기경영, 직업성취, 사회적 기술과 이동 등 기술과 욕구들이 평가되고 훈련 및 서비스 기회를 탐구하고 상담한다. 직업배치활동에서 산업, 노동시장 정보가 유용화될 수 있는 방안들과 관련하여 많은 경우 장애인의 고용에 대한 고용주의 낮은 인식과 지각 그리고 장애 구직자의 낮은 의욕이 직업배치의 큰 장벽이 된다.

1. 헐센슨의 모형

진로개발(career development)은 사람들의 직업생활 전 과정을 거쳐 바람직한 경제적 및 기타 보상을 사회로부터 받기 위한 하나의 과정으로 생산성 강화, 생산성 실현, 그리고 진로 강화의 3단계로 이루어진다. 전체적인 진로개발과정은 우선적으로 3단계, 향상, 실현, 강화로 나누어 볼 수 있다.

① 향상: 장애를 입음으로써 시작하여 그 장애를 가진 상태에서 노동시장에 들어가야 하는 데 따르는 노동시장 진입 및 재진입을 위한 선택의 과정 및 자신의 진로에 대한 조직화를 이루는 과정이 포함된다.

② 실현: 실질적으로 목표와 목적을 조직화하며 생산성 향상과 현실 서비스에 참여하고, 거기서 공식적인 직업탐색을 시작한 후에 진로개발 기회에 대한 직업제안의 수용을 통해 초기 직무에 적응을 하게 되고 선택, 모방, 직업변화에의 적응 및 진로에 대한 방향을 선택, 변경하는 과정을 거치게 된다.

③ 강화: 실현과정에서 새로운 직업에 적응한 후, 노동자 자신의 조직화, 노동력에 대한 애착, 진로방향, 선택모방, 적응, 직업변화에 따른 새로운 지식과 기술의 획득, 진로와 직업의 변화욕구와 직업적응을 위한 전반적인 과정을 거치게 된다.

진로개발은 개인의 생애과정에서 개발되는 직업, 가치를 결정하는 직업적 주체성, 기회에 관한 배움으로써 업무, 직업 그리고 지위의 연속에서의 공동주제 또 책임에서의 확고한 발달, 수입, 지위 그리고 개인적 만족을 다룬다. 많은 진로개발의 경우 성장모형을 따른다. 어떤 사람들을 위해 진로개발은 안정도, 직업 또는 고용상황과 관련된 것에서의 개인적 성장과 개발의 과정이며, 직업적 진보에 의한 것이라도 공통적인 맥락은 성취과정이다.

헐센슨(Hershenson, 1979)은 에너지의 흐름에 착안하여 내담자의 직업적 개발에 요구되는 일련의 과정을 다음 다섯 가지 단계로 요약하였다(p. 61).

① 사회적 방어막: 인식을 위해 사용되는 에너지로, '내가?'라는 질문에 관련된다.

② 자기차별화: 통제를 위해 사용되는 에너지로, '나는 누구인가?'와 같은 질문에 관련된다.

③ 유능감: 방향성을 결정하는 에너지로, '나는 무엇을 할 수 있나?'와 관련된다.

④ 독립: 목적지향을 가능하게 하는 에너지로, '나는 무엇을 할 것인가?'와 관련된다.

⑤ 헌신: 투자되는 에너지로, '내가 하는 것이 나에게 어떤 의미를 부여하는가?'와 관련된다.

이러한 다섯 단계는 결과적으로 ① 사회화, ② 자기개념, 태도 및 가치, ③ 능력, ④ 흥미, 그리고 ⑤ 만족감의 다른 구조로 측정할 수 있다. 그러나 순수하게 심리내적 방식으로, 비교적 용이하게 측정 가능한 영역은 앞의 다섯 가지 중 ② 자기차별화, ③ 유능감, 그리고 ④ 독립이다. 연속선상의 이런 과정들을 거쳐 올라가는 데에는 각기 다른 방식의 상담중재가 요구되며, 개입의 강도는 다를 수밖에 없다. 자기차별화에서 유능감으로 전이하는 데에는 정보투입이 요구되고 유능감에서 독립으로의 전이에는 정보처리가 요구되며, 독립에서 헌신으로의 전이에는 정보유용화가 요구된다.

앞에서 사용된 헐센슨의 개념에서 자기차별화는 직업인성으로, 유능감은 직업적 능력으로, 그리고 독립은 직업선택으로 나중에 용어가 바뀌었다. 이러한 헐센슨(Hershenson, 1979)의 직업배치 모형에 필요한 내담자 직업행동 개발 단계는 〈표 3-1〉과 같이 요약할 수 있다(pp. 64-66).

표 3-1 ➡ 내담자 개발

단 계	명 칭	상담 중재	심리내적 요소들	상담전략
I	배치전 탐색 (자기인식) 자기차별화 (헐센슨)	정보 투입	직업인성 직업능력들 • 근로자로서의 자기개념 • 직업동기화 • 직업습관(시간준수) • 직업기술들(기능적 능력들) • 직장에서의 대인관계 기술들	가치 명료화 치료적 워크숍 직업적 훈련 장점의 탐구
II	직업배치의 이해 (직업인식) 유능감 (헐센슨)	정보 처리	직업선택의 심리내적 요소 직업에 대한 내담자 지식의 외적 요소 • 내담자의 직업목적들의 적절성 • 직업목적들의 구체화 • 직업목적들을 성취하기 위한 직업들의 유용성	비지시적 기법 진로지도 직업정보의 사용 전이 혹은 조건부 고용
III	직업배치 행동 (구직 기술들) 독립 (헐센슨)	정보 유용화	적절한 직업의 발견 직업의 획득 • 구직 기술들 • 업획득 기술들	이력서 작성 직업개발 구직면접과 응시 선별적 직업배치

1) 1단계: 배치 전 탐색

내담자의 직업인성에 대한 평가가 이루어지면 상담사에 의해 전개될 촉진적 원조과정을 결정한다. 직업능력 및 직업인성과 관련된 문제들이 충분히 해결되지 않았을 때는 다음 단계로 나아가는 것을 자제하고 각종 교정적 방법들을 강구해야 한다. 그러나 교정, 훈련과 같은 치료적 조치들은 일반적으로 직업배치에 앞서 취해지지만 지나친 이러한 조치들의 강조는 오히려 목적과 수단을 도치시킬 수 있고 직업적 능력의 획득이 반드시 고용을 보장하는 것도 아니다.

직업에 대한 노출부족은 개인적 능력들이 어떻게 직업적 요구조건들과 관계되는지에 대한 내담자의 이해능력을 제한하고 선천적 장애는 흔히 개인의 직업적 발달을 저해하는 부모와 지역사회의 과보호를 발생시킨다(Roessler & Rubin, 1982).

2) 2단계: 직업배치의 이해

직업능력 및 직업인성과 관련된 문제들을 적절히 해결한 내담자는 직업선택을 위한 적절한 직업목적들의 수립과 구체화 노력을 실천에 옮기게 된다. 자신의 직업적 능력과 직업인성에 적합한 결정이 이루어지면 사실상 직업배치과정에 있어서 내담자의 심리내적 부분은 종료된다. 이때부터 외적 현실과 직면하여 노동시장의 효과적인 이해와 구직활동에 필요한 과정에 착수하게 된다. 만약 이때에도 내담자가 직업에 대한 구체적 결정을 이루지 못하고 '가르치는 일자리' 와 '기계기술직' 등과 같은 모호한 직업적 욕구들을 지니고 있다면 상담사는 직업정보를 활용하거나 이 단계에서 적절한 다른 교정적 방법들을 권유할 수 있다. 내담자의 전반적인 직업선택에 일치되는 직업이 발견되었을 경우에만 다음 단계로 나아간다.

3) 3단계: 직업배치 행동

직업배치 행동은 구직 기술과 직업획득 기술의 개발과 관련된다. 구직활동의 기획이나 이력서 및 각종 양식의 작성과 같은 촉진적 과정을 활용함으로써 내담자는 직업배치에 있어서 보다 자기주장적인 태도를 견지할 수 있게 된다. 취직에 요구되는 기술들이 구직에 요구되는 기술들과 반드시 일치되는 것은 아니다.

2. EAS 모형

헐센슨의 모형과 별도로 직업재활에 있어서 마케팅 전략을 채택한 미국 아이오와 주의 데모인(Des Moines) 지역에서 계획되고 실행된 고용주 평가 체계(Employer Account System: EAS)는 〈표 3-2〉 속에 잘 요약되어 있다(Corthell & Boone, 1982, pp.130-142).

이 모형에서는 미국의 주 전역을 통틀어 주요 고용주들과 관계체계를 설정하고 있다. 고용주를 위한 별도의 계정이 마련되어 직업배치와 관련된 다양한 서비스들이 6개월에서 9개월간 완벽하게 제공된다. 따라서 직업개발 전문가들은 기업에서 요구하는 장기 구인계획을 충족시키기 위해 준비가 된 내담자들을 조심스럽게 연결해야 한다.

여기서는 모두 20개 직업평가 영역을 설정하고 있는데 몇 가지 예는 〈표 3-2〉와 같다.

표 3-2 ➡ EAS모형

1. 체계개발
   (1) 내담자 개인정보 양식 작성
   (2) 내담자 프로파일 요약카드 작성
   (3) 직업카드 작성 정리
   (4) 고용주 프로파일
2. 대상 고용주 선정
3. 대상 고용주 접촉
4. 고용주 평가와 의사교류
5. 지지체계
   (1) 직업배치 회의
   (2) 추수평가

① 신체능력: 신체능력은 근로자의 직업수행에 요구되는 능력인데 일반적으로 육체적 활동, 오르기/균형잡기, 기기/구부리기/웅크리기/무릎꿇기, 손의 이용, 말하기, 듣기, 보기의 일곱 가지 영역에서 다룬다.

② 환경조건: 환경조건은 작업장소, 저온 및 온도변화, 고온 및 온도변화, 습도, 소음/진동, 위험성 그리고 대기조건의 일곱 가지 영역에서 다룬다.

③ 성취도: 학업성취도는 직업을 수행하는 데 기본적으로 요구되는 읽기, 쓰기, 계산하기 등 기초적인 지식을 의미하며, 직업성취도는 특정한 직업의 수행에 요구되는 기초적인 기술과 태도를 의미한다.

④ 적성: 적성은 특정한 직무나 과제를 숙달할 수 있는 능력이나 잠재력, 혹은 어떤 일들을 수행하기 위해 배우는 개인의 준비성을 의미하며, 일반학습, 언어, 수리, 공간, 형태지각, 사무지각, 운동협응, 손가락 기민성, 손 기민성, 색 변별이라는 열 가지 영역에서 평가된다.

⑤ 흥미: 흥미는 어떠한 유형의 활동에 종사하고자 하는 경향이나 혹은 욕구를 의미한다. 이는 대상, 활동, 경험 등에 대해서 계속적으로 몰두하거나 그만두려고 하는 행동경향으로 우리나라는 사물/물건, 사람 접촉, 기계적 · 구조적 일, 사람들의 이익을 위하는 일, 명성과 존경을 받는 일, 사상의 전달, 과학기술, 추상적 · 창조적 일, 공정생산, 실제적 일이라는 모두 열 가지 영역으로 흥미를 구분하며, 미국에서는 예술적, 과학적, 동식물, 방호, 기계적, 산업적, 사무적, 판매적, 조정적, 인본주의적, 선도와 지휘적, 그리고 신체행위적 흥미라는 12가지 영역으로 흥미를 구분한다.

⑥ 학습: 야외활동에서 높은 점수를 얻은 사람은 경작, 자연자원의 보호에서도 높은 점수를 얻었다. 이러한 경향은 기계영역과 상관이 높았지만 과학영역과는 높은 상관을 보이지 않았고 대인관계 지향성과는 부정적인 상관을 보였다. 과학이나 기계적 척도의 점수는 대인관계 척도와는 부정적인 상관을 보였다.

3. 내담자중심 직업배치

1) 개 념

일리노이 대학의 직업재활팀은 직업배치에 있어서의 체계접근, 즉 내담자중심 접근을 제안하였다. 접근에서는 내담자를 독립적으로 간주하여 내담자를 위한 구직활동에 재활상담사가 보다 적게 관여하며, 선별적 직업배치 접근에서는 내담자의 장애가 심하기 때문에 스스로 직업을 발견할 수 없고, 따라서 내담자에게 적합한 직업의 발견은 재활상담사의 주된 책임이 된다. 때문에 일리노이 대학의 직업재활팀에서는 이러한 두 가지 모형을 조합한 형태의 직업배치에 대한 체계 접근을 강조하였는데 이를 소개하면 다음과 같다.

체계접근에서의 직업배치 방법은 지적 능력을 가진 사람에게 적합한 내담자중심 방법 및 지적 능력이 부족한 내담자에게 보다 효과적인 선별적 직업배치 방법의 장점을 모두 활용하는 포괄적 접근을 전제한다. 체계접근은 내담자 개인의 고용잠재력을 포괄적으로 평가하기 위해 내담자, 보건, 교육, 가족, 사회, 고용주, 직업배치 전문요원, 그리고 재정적 지원이라는 여덟 가지 하위 체계들의 구조를 유용화하고 인적 · 조직적 · 환경적 상호작용들을 통합하려는 노력을 한다. 여기서 앞의 하위체계들은 활동, 상호작용 그리고 태도의 수준에서 서로 상호보완적으로 균형을 이루어야 한다.

2) 내 · 외적 체계

내적 체계와 외적 체계, 폐쇄체계와 개방체계, 그리고 체계 간의 균형과 같은 개념을 중시하는 체계접근의 평가내용은 다음과 같이 요약될 수 있다.

① 내담자 하위체계: 자기보호, 독립생활기술, 주거, 개인위생, 의사소통기

술, 대인관계, 직업 적응 잠재력, 교통수단의 이용, 구직기술, 장애수용 등 내담자와 직접 관련된 요소들을 다루게 된다.

② 보건 하위체계: 보장구, 보조기, 신체검사, 의료, 가족, 정신과 보고서 등 건강과 보건 관련 요소들을 고려하여 직업배치에 임하게 된다.

③ 교육 하위체계: 학위취득, 교육프로그램, OJT 프로그램, 지원고용훈련 프로그램 등 내담자의 훈련이나 교육관련 사실들을 정리하여 직업배치 시 활용하게 된다.

④ 가족 하위체계: 가족에 대한 적응, 가족의 내담자 장애에 대한 적응, 가족 내 의사교류 촉진, 재정적 자원의 평가, 개인도우미의 결정 등 가족 기능은 직업배치에 있어서 순기능으로 작용하기도 하고 역기능으로 작용하기도 한다.

⑤ 사회적 하위체계: 언어문제, 문화적 장벽, 도덕적 장벽, 종교적 장벽, 지역사회에 대한 타인의 태도 등 사회적 요소 역시 내담자중심 직업배치에서 중요한 고려요소가 된다.

⑥ 고용주 하위체계: 건물구조의 장벽, 파트너십, 고용주 태도, 동료근로자, 노동조합의 협조, 물리적 환경, 건물장벽, 업무수정, 직무공학 및 분석, 직장의 조직문화 등 고용주가 관리 가능하거나 직접 관여되는 요소들을 중요하게 다룬다.

⑦ 직업배치 전문가 하위체계: 의뢰자원, 기관정책, 기관의 자원, 법규, 기술훈련, 내담자 조정자, 노동시장과 직무분석, 지식, 경험, 자격 등 직업배치 전문가의 지식과 경험범위는 직업배치의 성공을 좌우하게 된다.

⑧ 재정 하위체계: 기금, 지역사회 자원, 외부기관, 사회복지 기구, 고용지원 기금 등이 여기에 해당된다.

4. 진로개발

직업들의 요구와 다양한 고용주들의 기대에 대한 능력과 자격증, 강점, 약점, 기회, 두려움에 대한 분석을 수행한다.

1) 강점목록

내담자의 직업적 강점으로 부각되어야 할 조건들의 범주에는 ① 적절한 작업환경, ② 승진교육, ③ 최신 훈련, ④ 폭넓은 지식, ⑤ 의사소통기술과 같은 것들이 포함된다.

2) 약점목록

직업적 약점으로 훈련이나 행동수정을 통해서 다루어야 할 영역으로는 ① 실업 경험, ② 빈번한 전직이 포함된다.

3) 전략적 계획도구

진로개발에 필요한 전략적 계획도구들은 다음과 같다.

① 직업센터: 현재 또는 이전의 전문대학이나 대학교에 있는 직업센터
② 실험적 교육프로그램: 인턴십, 간단한 프로그램은 관련된 작업경험을 제공한다.
③ 데이터 베이스: 이력서를 관리하는 편리한 방법이다.
④ 직업명부: 새로운 직업활동, 구인광고 등이 포함된다.
⑤ 통신매체: 대중우편과 전화 캠페인 등을 의미한다.

4) 진로개발의 이슈

진로개발 계획이 직면하고 있는 것 중 선별된 현재의 여러 문제는 전문가가 이러한 새로운 수용에 적응할 수 있을 만한 적절한 시간을 갖지 못하고 있다는 것이며, 그러므로 특별한 주의를 필요로 한다. 만족할 만한 정보, 서비스, 그리고 직업배치는 진로계획자에게는 잘 보이지 않을 수 있다. 전문집단에 있는 지도자들이 변화를 받아들이는 것과 이러한 주제들이 일반 직업계획 절차에 의해서 해결될 수 있는 방안을 적극적으로 모색하려 하는 것은 별다른 문제다.

문제의 독특성을 인식하고, 특수한 요구를 전달하는 체제를 적용하려고 노력하며, 혁신을 하려고 자발적으로 나섬으로써 전문가는 적절한 해결책을 찾을 수 있다. 진로정보를 진로계획과정과 관련시켜 어떻게 습득, 평가, 유용화할 것인가를 이해시키고자 하는 것이다.

여러 나라의 교육시스템은 농업사회에서 현재의 복잡한 사회에 이르기까지 그 사회의 요구에 부합되도록 고안되었으며 문화의 다양한 요구에도 반드시 부합되어야 한다. 미국 교육목표의 공통적인 요소들의 하나인 인적 계발목표는 다음의 네 가지 주요한 영역에서 다루어지고 있다.

① 자아인식에 대한 목표
② 인간관계에 대한 목표
③ 경제적 효율성에 대한 목표
④ 시민 책임성에 대한 목표

직업정보에 중요한 형태는 취업에 대한 요구사항, 작업조건, 보수 그리고 수요와 공급의 경향을 포함하고 있으며, 또한 승진과 다른 정보자원들도 포함하고 있다.

① 취업에 대한 요구사항: 지원자의 개인적 성격, 준비도, 훈련 정도 그리고 경험과 배치방법 및 지위 획득방법에 관련된 요소들을 포함한다.

② 직업정보: 의무, 취업, 허가, 작업상태, 보수, 발전단계, 근로자의 공급과 수요에 대한 현재와 예측, 그리고 미래정보에 대한 자원을 포함한 직위, 일자리, 직업에 대한 유용하고 쓸모 있는 자료다.

③ 작업의 조건: 의무, 시간, 건강, 그리고 이 비슷한 것과 관련된다.

④ 보수: 단지 급료나 봉급만 포함하는 것이 아니라 효과적이라는 감정과 같은 보이지 않는 보상, 다른 이들에게 서비스를 제공하고 있다는 만족감, 그리고 협력에 대한 소속감 등을 포함한다.

⑤ 수요와 공급의 경향: 단기 미래 그리고 장기간에 걸쳐서 직업에 고용될 수 있는 기회를 담고 있다.

⑥ 승진: 특정 직업에 있어 근로자가 추가훈련 또는 경험을 통해 개선된 작업상태를 획득할 수 있는 일반적인 기회와 관련된다.

⑦ 교육정보: 교육과정과 관련 교육과정의 제공, 입학에 대한 요구사항 그리고 학생생활의 조건과 문제들을 포함한 모든 현재와 가능한 미래의 교육 또는 훈련기회와 요구사항에 대한 유용하고 쓸모 있는 자료다.

⑧ 가능한 미래의 기회에 대한 정보: 직업 그리고 기술학교, 도제 그리고 다른 직업에서의 훈련기회, 군대에서의 교육기회, 현장과 성인학급, 그리고 전문대학과 대학에 대한 자료가 포함된다. 삶의 활동에 대한 코스와 교육과정, 정보의 내용과 성질, 적성에 따른 입학 요구사항과 자격, 삶의 형태에 대한 실제적인 정보와 일상적인 문제들은 미래교육과 훈련을 고려함에 있어 반드시 포함되어야 하는 것들이다.

연습문제

※ 헐센슨의 내담자 직업행동 개발단계에 적절한 내용을 보기에서 찾아 넣으시오.

1. 사회적 방어막 (   )
2. 자기차별화 (   )
3. 유능감 (   )
4. 독립 (   )
5. 헌신 (   )

보기

① 인식을 위해 사용되는 에너지
② 투자되는 에너지
③ 통제를 위해 사용되는 에너지
④ 목적지향을 가능하게 하는 에너지
⑤ 방향성을 결정하는 에너지

토론문제

1. 내담자중심 직업배치의 전제를 내담자와 전문가 두 가지 측면에서 논의하시오.

2. 직업배치에 있어서 경험적 기법들을 개발하는 첫 번째 단계는?

3. 직업개발과 배치에서 경험중심 기법을 발전시킨 두 가지 접근방법은?

4. 앞의 두 가지 접근방법이 지닐 수 있는 정보오류의 위험은?

제4장

직업배치 계획

1. 직업배치 계획의 의의

개별화된 직업배치 계획서(Individualized Rehabilitation Placement Plan: IRPP)와 같은 전문적인 배치계획을 사용하면 고용이라고 하는 의미 있고 성공적인 재활종결에 이를 수 있다.

1) 직업배치 관련 요소

상담사들은 내담자 직업준비와 관련하여 미리 습득되었거나 준비되어 있는 영역의 기술을 가르치는 시간의 낭비를 원하지 않는다. 직업배치 계획은 장애에 관계없이 성공적인 직업에 이르는 개인의 직업잠재력을 풍부하게 보증하는 한 방법이 된다. 많은 사람들은 직업탐색 교육으로부터 이익을 얻는다.

표 4-1 ➡ 성공률을 높이는 직업배치 계획 관련 요소들

번 호	구직자를 위해 당신이 작성한 계획에서 일반적으로 기록된 요소들의 항목	응답 빈도
1	구직자와 상담사의 구체적 책임들의 할당	71
2	구직과정에서 일어날 수 있는 구직자들의 문제점	61
3	가능한 사후고용 지지나 필요한 직업적응 서비스들에 관한 진술	47
4	지원정리, 지시의 배열을 위한 표 작성 사후고용을 어떻게 진행할 것인가를 제시	14 20
5	특수 서비스와 구직자가 직업을 찾기 위해 요구되는 원조	52
재활 지향 중증 장애	보상 정도의 표시(내담자가 요구하는 보상 수준) 직업지도의 잠재적인 자원 직업탐구 기술에서의 훈련단계	27 38 45

중증장애인에게 증가되는 서비스 욕구는 직업배치 계획을 좀 더 신중하고 필수적이게 만든다. 중증장애인은 할 수 있는 직업의 범위뿐만 아니라, ① 증가된 고용주 장벽, ② 고용으로 인해 생겨나는 이익과 실제 소득 정도의 문제로 직업배치가 제한된다.

최근의 직업정보를 담고 있는 안정된 개별고용 계획서는 직업배치 성과에서 쉽게 나타난다.

2) 바람직한 계획수립의 요소

직업배치 계획의 목표는 공정한 임금을 보장하는 좋은 직업을 유지하는 것이다. 잠재적인 문제들을 해결하고, 장점을 가르치고, 장벽들을 제거하고, 스트레스를 효과적인 방법으로 다루는 방법, 다른 자원과 직업배치를 통해서 잠재적인 고용자들을 결정하는 일을 할 수 있어야 한다. 기본적인 요소로는 다음과 같은 것을 제시할 수 있다.

① 구직기술 훈련욕구의 평가
② 임금과 개인의 생활기준을 유지하는 데 필요한 다른 보상과 실제적으로 감소된 이익의 보상
③ 가족과 친구 같은 비공식 자원의 실제적인 효과들을 자본화하고 직업지도의 잠재적인 성공 항목 고려
④ 개별 상담사의 임무와 구직자의 책임
⑤ 사후고용 서비스의 기대
⑥ 지원에 따라 직업배치 개시와 과정을 체크하기 위한 합리적인 도표 작성

직업배치 계획에서는 또한 구직과 관련한 주요 비용요인이 가장 중요하다. 만약 구직이 효과적이라면 교통비, 아이양육 시 필요한 것, 과거 여가생활, 의복비, 그 외의 다른 것들 중에서 기대되고 다룰 수 있는 많은 잠재적 비용이 있다. 상담사는 구직자의 이러한 비용 제한을 극복하기 위해 부가적인 자원을 찾을 수 있다. 구직자의 에너지 고갈과 비효율을 최소한으로 줄이기 위해 적절한 노동시장의 진보를 주의 깊게 확인한다.

내담자 직업배치를 위한 계획은 장애와 관련 없이 내담자들의 직업잠재력이 성공적인 진로로 실체화될 수 있도록 사전 강화를 보장하는 하나의 방법이 되며, 직업배치기술은 단순히 고용주에게 내담자의 능력을 판매하거나 하나의 직업에 하나의 근로자를 연결하는 활동 이상의 것이다(Zandy, 1979).

적절한 보수가 지급되는 좋은 직업을 확보하는 일이 중요한 목적이 되는 직업배치 계획은 상담사 측면에서는 많은 사례를 효과적으로 관리할 수 있도록 하고 직업배치에 따른 잠재적인 문제들이 발생하기 전에 이를 예견하고 해결할 수 있도록 하며, 내담자들이 자신의 직업적 기술을 효과적으로 진술할 수 있게 하는 동시에 취직에 필요한 효과적인 방법들을 권고함으로써 구직과 관련된 스트레스를 감소시킨다. 이때 직업담당자의 책임은 재활에 있어서 세일즈맨이 아닌 내담자의 구직활동과정을 준비하고 구직을 위한 자격과 준비를 갖추었는지 살피고 진보를 점검하는 일이다.

내담자의 직업배치를 위한 조심스런 계획은 나중에 특정의 내담자가 직면하는 문제들보다 복잡하지 않다. 계획에 따르는 기본적 요소들은 다음과 같다(Zandy, 1979, p. 76).

① 구직기술 훈련 필요성 사정
② 생계유지에 필요한 임금 및 기타 보상책
③ 가족과 친지 같은 비공식적 자원의 효과를 극대화할 수 있는 직업획득에 필요한 잠재적 자원들
④ 관계된 상담사 및 구직자 책임의 명료화
⑤ 고용후 서비스들
⑥ 구직신청과 진보를 확인할 수 있는 전 과정에 대한 합리적 추진일정표

추진일정표에서 제시되는 준거는 내담자가 수행해야 할 활동에 대비하도록 하고 현실적 기대와 적절한 속도를 유지할 수 있도록 한다. 특히 직업관련 특성들 외에 똑같이 중요한 요소들로는 외모, 추천 여부, 열정, 구직에 소요되는 비용, 교통비용, 가사문제, 여가, 피복비 등이 있다.

직업배치 계획은 내담자와 재활상담사 모두에게 직업배치에 필요한 시간의 절약과 과제의 구조화 등 많은 장점을 제공하며, 보다 효과적이고 성공적인 직업배치를 가능하게 해 준다. 많은 연구에서 직업배치 계획을 수립할 경우에 성공적인 내담자 재활률이 높아진다는 결과가 나타난다(Zandy, 1979, pp. 71-82). 내담자 직업배치 계획서의 예는 〈표 4-2〉와 같다.

표 4-2 ➡ 내담자 직업배치 계획서

내담자: ______________ 상담사: ______________ 날짜: ______________

지시문: 내담자가 코드 20이전 코드 12에 접근한 후에 직업배치 계획을 완성하고 IWEP를 검토해 주시오.
* 현재 내담자가 준비하고 있는 직업(직업사전상의 네 가지 정도): ______________________________
* 해당직업에서 기대하는 월급: __________________________천 원
* 구직기술을 가르칠 때 취한 조치: __________________________
* 교통, 육아 혹은 직업공학과 같은 특수한 문제를 개선시키기 위한 계획들:

____

* 내담자에게 일자리를 제공할 만한 고용주의 목록

이름: ______________ 주소: ______________ 전화번호: ______________________________

____

____

____

* 내담자의 지원을 위한 준비:

( ) 가족과 친구	( ) 업종별 기업안내(직업별 페이지)	( ) 노동조합
( ) 구직광고	( ) 이전의 고용주	( ) 고용서비스
( ) 학교나 훈련시설	( ) 개별고용기관	( ) 기타: 구체적으로 __________

* 직업배치사무소

( ) 재활협회	( ) 장애인고용촉진 공단	( ) 장애인 복지관
( ) 노동부 지방사무소	( ) 청음회관	( ) 기타: ______________

* 구직계획(6주)

1주: 상담사____

1주: 내담자____

2주: 상담사____

1주: 내담자____

3주: 상담사____

1주: 내담자____

4주: 상담사____

1주: 내담자____

5주: 상담사____

1주: 내담자____

6주: 상담사____

1주: 내담자____

내담자(이름:__________)는 구직계획을 발전시켜 나가는 데 동의하고 이 계획을 수행하는 방향으로 모든 노력을 아끼지 않겠습니다.

내담자 서명: ______________ 상담사 서명: ______________ 날짜: ______________

출처: Zandy(1979). pp. 80-81 재구성.

2. 직업배치와 관련된 변인

1) 장애 관련 요인

Darke, Kaplan과 Stone(1972)의 연구 결과에서, 조사응답한 고용주의 73.8%는 직업배치를 저해하는 가장 부정적인 요인으로 '의사전달기술의 부족' 을 지적했다. 또 다른 연구 결과는 '신체적인 외모' 를 유일한 부정적인 요인으로 지적했다. 고용주들은 작업경험이나 성적과 같은 ① 객관적인 요인보다 ② 지각적인 요인이 더 중요하다고 언급하였고, 지각적인 요인에는 지원자의 외모와 의사소통기술 그리고 개인의 태도가 모두 포함되었다.

또 다른 광범위한 요인들에 대한 연구 결과는 외모, 위생, 의복, 신체적 청결, 매력성, 작업에 대한 동기, 직업의 상향 이동에 대한 동기, 창의성에 관한 증거, 의사소통기술, 작업경험, 결혼상태, 구체적인 직업기술에 관한 정보, 군복무 등을 포함하고 있다.

직업배치과정에서 발생하는 주관적인 편견의 원인은 내담자가 일반적으로 나타내고 있는 행동에서 추정된 특성과 미래의 직무수행을 예측할 수 있는 과거와 현재의 행동을 대조함으로써 최소화할 수 있을 것이다.

척수장애인의 경우 일반적으로 마비된 부위가 상부일수록 재고용은 점점 더 어려워지고 재고용에 영향을 미치는 다른 요인에는 장애가 발생한 시점, 운전면허와 같은 이동문제, 교육을 받은 정도, 지역적인 위치 등이 포함되었다.

과거의 직업경력은 고용의 기회를 훨씬 용이하게 하는 것으로 나타났다. 고용주들은 장애발생 이전의 직업안정성이 성공적인 직업재활과 관련이 있는 변인이라고 보고 있어, 과거의 직업경력은 고용을 위한 긍정적인 지표가 된다. 성공적인 직업재활에 기여하는 다른 요인에는 높은 수준의 지능, 긍정적인 동기유발, 건강의 유지, 운전능력 등이 포함되어 있다.

경영상에서 피고용자에게 유용한 직업만족의 세 가지 핵심자원으로는 ① 자신의 일에 있어서의 의미 있는 경험, ② 자신의 노력 결과에 따른 책임수용, ③ 수행된 직무에서 드러난 장단점의 인식을 들 수 있다.

또 장애를 지닌 내담자의 성장과정에 성공적으로 기여할 수 있는 요소로는 ① 재활에서 피고용인에게 적당한 직무분석, ② 다른 동일시되는 지역에서 작업 시도, ③ 적극적이고 행동 지향주의적인 계획으로 수립된 지도활동의 방향 수립, ④ 적당한 책임 부여, ⑤ 획득된 결과에 있어서의 피드백 형성을 들 수 있다.

2) 재활전문가 관련 요인

상담사가 현장에서 보내는 구체적인 시간의 양은 성공적인 재활과 긍정적인 관계가 있는 것으로 보인다. 중증장애인과 함께 일하고 있는 상담사는 고용주와의 관계를 개선하는 데 그들의 시간과 정력을 더 많이 할애함으로써 직업배치율이 크게 증가됨을 입증할 수 있다. 직업재활 프로그램에서 재활상담사는 내담자의 직업배치에 대해 주된 책임을 가지는 것이다. 내담자의 욕구, 취업동기를 갖추었을 때 많은 직업배치 요인들은 재활상담사에게 있어서 주목된다.

재활전문가에게 필요한 책무성에는 다음과 같은 요소를 포함한다.

① 고용주들과의 연락
② 내담자의 직접적인 배치
③ 내담자의 고용가능성 촉진
④ 기록의 유지와 활동에 대한 보고서의 개발
⑤ 재활관련 프로그램과의 유효한 관계 유지
⑥ 지역사회에서 고용서비스를 즉시 이용할 수 있도록 정리
⑦ 충고하고 함께 의지할 수 있는 사람의 활용

⑧ 내담자를 직업준비시키려는 노력
⑨ 직업탐색기술의 개발
⑩ 직업배치의 효과를 결정해야 하는 내담자의 협력

기타 부가적인 의무로는 다음과 같은 항목이 포함된다.

① 내담자를 위한 현장훈련 기회 확인
② 내담자의 직업준비 결정
③ 재활상담사의 훈련
④ 배치 사례에 대한 계속적인 만족결정
⑤ 운영의 관리
⑥ 직업배치를 위한 옹호
⑦ 유망한 고용주의 면접

내담자의 적극적인 참여가 재활에 바람직한 것이라면, 상담사와 내담자 사이의 의사소통은 필수적인 것으로 생각된다. 중증장애인의 목표와는 현저하게 다른 목표들에 있어 직업배치에 관한 우선순위를 확인하는 것이 상담사와 내담자 사이에서 가끔 나타나는 의사소통의 차이를 해결해 줄 수 있을 것이다.

고용주와 장애인 사이의 부정적인 태도와 마찬가지로 재활전문가들 사이의 부정적인 태도는 결과적으로 물리적 · 정서적 · 지각적 측면에서 고용을 저해하는 심리적 풍토를 초래하게 된다.

3) 고용주와 환경 관련 요인

많은 연구자들은 직업배치와 관련하여 주로 중증장애인과 재활전문가에 관한 요인들을 조사해 왔지만 작업환경에 관한 문헌은 거의 찾아보기 힘들다. 장애인의 고용에 대한 고용주의 태도와 관련된 주요한 요인은 고용주의 과거경험이다. 또 이동성과 손 기술의 부족, 건축물의 장애, 장애인의 고정된 성격 특징, 장애에 대한 다른 사람의 반응 등이 고용을 제한하기 쉬운 부정적인 요소들이다.

고용을 저해하는 작업환경 내의 요인에 관한 대부분의 연구는 고용주가 중증장애인을 고용하지 않으려는 이유를 숨기기 위하여 이들을 비난하는 경향이 있음을 보여 주고 있다. 동기의 결여, 적응문제, 기술과 경험의 부족 등도 고용주들이 보여 주는 또 다른 태도다.

문제의 해결은 지각된 원인에 달려있으나 각자 원인적인 속성에 초점을 맞추어 문제를 해결해야 한다. 만약 원인이 개인의 특성에 있는 것으로 보인다면, 변화의 초점은 그 개인이 되지만 환경적인 것이라면, 환경의 조건을 변화시키는 방향으로 관심을 돌리게 된다.

집에서 직장까지의 거리, 개인의 대인적인 환경이 장애의 적응과 이후의 직업배치에 불리하게 영향을 미치게 된다. 또 고용문제가 발생했을 때, 가족의 지원이 지나치게 과잉 확대되지 않는다면, 고용을 촉진하게 될 것이다.

건축물 장벽, 이용가능한 의료적 보호, 장비보수를 위한 자원과 같은 환경적인 측면이 재활을 성공 혹은 실패하게 하는 원인이 된다. 전문가는 중증장애인의 재활과 관련된 사건들을 예측하고 배열하는 데 적합한 개념과 이론 그리고 원리의 실체를 발달시켜야 한다.

4) 환경선택의 고려할 점

작업경험을 위한 적당한 직업훈련 환경에 대한 확인을 위해서는 공동사회 안의 모든 특별한 개인적 서비스 중에 부가적인 공동체 평가와 동료적 계획이 필요하다. 그러나 조심스런 계획의 필요를 무시해서는 안 된다. 기술의 보편화는 종종 장애인의 차이점이다. 따라서 가능한 한 자연스러운 상황에서 수행되는 훈련의 중요성이 강조된다. 훈련장소는 사회성 평가과정 중에 고용주 면접 때 잠재적인 고용기회로서 사회성 범주 안에서 확인되는 직무스타일을 반영한다. 직업교육 환경, 지역사회 학교 그리고 적당한 편의설비와 함께 기술훈련을 위한 특별한 장소는 종종 몇 개의 유동성 있는 기술교수와 습득을 위한 임시 해결법을 제공한다. 그러나 그것은 훈련기회가 공동체의 목적에 앞서 어떤 장기 직업배치에 관한 결정을 끝내는 것 혹은 완전한 개별 훈련프로그램의 지속을 포함해서 증명되는 것으로 비판을 받는다.

직업개발 그리고 잠재적 훈련과 배치환경에 대한 확인과 같은 몇몇 중요한 주제는 긍정적인 작업관계를 책임지는 일에 대해 고용주와 동의함으로써 다룰 수 있다. 상담은 전문적 스텝과 노동자, 상이한 훈련교사 그리고 가족을 포함한다. 장소는 다음과 같은 특별한 주의와 협정을 필요로 한다.

① 시간훈련
② 얼마나 오랫동안 한 자리에서 일하는지
③ 교수장소는 제공되는지
④ 목적에 상응하는 세부목표와 피훈련생의 직업관 형성이 정상 직무와 얼마나 잘 어울리는지 알아볼 수 있는 기회의 제공
⑤ 훈련과 감독을 위한 개별적 기회
⑥ 고용주에 대해 요구되는 비용
⑦ 책임 혹은 적당한 계약, 약속을 위해 특별하고 상이한 주제에 대해 토의하는 것

직업경험 요구, 교수를 위한 목표기술, 그리고 교수환경이 고려된 이후 직무요구에 관계된 개별적 피훈련생에 대한 체계적인 평가와 더불어 교수가 시작된다. 특별한 평가과정으로서의 훈련과정은 훈련이 시작되기 전에 서술되고 피훈련생과 일치되는지 확인한다. 만일 직무분석이 평가를 위해 개발되었다면 이는 또한 훈련을 위해서도 사용될 수 있다.

직무분석은 개별적으로 훈련받는 사람들의 장단점, 학습의 비율 그리고

적응계획 혹은 목표 재교육의 필요에 있어 개별적으로 조정되며, 피훈련생의 교수만족도를 제공한다. 피훈련생이 어떻게 가르쳐지는가에 의해 각 교육과정을 확실히 하면 다음과 같다.

① 격려를 요구한다.
② 결과는 과정 수정을 위해 제공된다.
③ 훈련과정은 목표단계의 달성을 촉진하는 데 사용된다.
④ 훈련방법은 오류나 실수를 교정하는 데 사용된다.
⑤ 훈련과정은 기술의 유지를 조장하는 데 사용된다.
⑥ 훈련과정은 종종 실제 직무환경에 적응기술을 조장하는 데 사용된다.

5) 장애인에 대한 태도

장애인의 고용이 산업체의 의무가 아니라 기회가 되어야 한다는 사실에 초점을 둔 이 태도는 다음의 몇 가지 수준으로 나타날 수 있다.

① 고용주는 자신들의 요구를 충족시킬 수 있는 미지의 자원을 개발할 수 있다.
② 장애인에 대한 고용주의 태도가 변화될 수 있다.
③ 고용주에 대한 장애인과 상담사의 태도가 달라질 수 있다.

이러한 기회는 산업시스템과 재활시스템 사이의 상호관계를 촉진시킬 뿐만 아니라, 이전에는 고려의 대상이 되지 않았던 내담자들의 미래고용을 위한 조건을 확고히 할 수 있다. 양 시스템의 관심과 욕구에 대한 평가를 기초로 직업배치과정을 전개하는 데 필요한 몇 가지 고려사항은 다음과 같다.

① 장애는 어떤 사람에게 단지 불편할 뿐이지 고용에 방해가 되는 것이 아

니다.

② 장애는 직업잠재력을 제한하기도 하지만, 반대로 확대시킬 수도 있다.

③ 장애를 가진 근로자는 작업 이외의 다른 많은 생활영역에서도 성공적이 될 수 있다.

④ 장애의 존재 여부가 좋은 근로자 또는 미숙한 근로자를 의미하는 것은 아니다.

⑤ 모든 산업현장이 장애의 유무와 상관없이 모든 지원자에게 적절한 것은 아니다.

연습문제

※ 다음의 질문에 적절한 답을 보기에서 찾아 넣으시오.

질문: 중증장애인은 할 수 있는 직업의 범위뿐만 아니라 다음의 두 가지 요소에 의해 좌우된다.

(1.   )과 (2.   )

보기

① 환경적 요인
② 직업적 강화제
③ 증가된 고용주 장벽
④ 고용으로 인해 생겨나는 이익과 실제 소득

3. 다음 중 바람직한 직업배치 계획의 기본적 요소들로 보기 어려운 것은?

① 사후고용 서비스의 기대
② 구직기술훈련 욕구의 평가
③ 직업력
④ 임금과 실제적으로 감소된 이익의 보상
⑤ 개별 상담사의 임무와 구직자의 책임

토론문제

1. 학교 직업배치 전문가들의 선순위 직업개발 과업분석도구에서 D, E, C 가 의미하는 것은?

2. 직업정보가 의도된 사용목적과는 별개로 지녀야 하는 필수요건은?

제5장

직업배치 전략

1. 직업배치의 5단계 전략

1) 정보개발

정보개발은 내담자의 일반적 및 특수기술들의 질적 평가(직업준비도 평가)와 함께 시작된다. 초기 욕구평가와 더불어 내담자와 상담사는 수립된 의사결정과 전략으로 얻은 적절한 지식의 기초개발에 함께 참여해야 한다. 내담자중심 직업배치 접근은 상담사의 책임이 내담자가 자신의 직업을 발견하도록 돕는 데 일차적인 목적이 있다.

이 단계에서 직업적 정보 및 노동시장 정보, 지역사회 자원들의 유용화가 이루어지고 내담자의 독립생활, 자기관리, 직업성취, 사회적 기술과 이동 등에 관한 기술과 욕구들이 평가되고 훈련 및 서비스 기회가 탐구되어 상담이 이루어질 뿐 아니라 직업세계에 대한 정보를 다룬다. 직업배치 정보들의 목록을 흔히 '직업은행' 이라 하고 직업평가 정보들의 목록을 '기술은행' 이라 하며, 이러한 정보는 CD롬, 파일, 카드, 매뉴얼, 디스켓, 캐비닛 폴더, 마이크로 피쉬와 스캔의 형태로 보관되는데, 이를 직업정보 도서관이라고 한다. 직업적 정보는 특정한 직업의 급여체계, 승진기회와 구조, 근로자 혜택, 그리고 근로자들의 전망과 욕구 등을 포함하는 직업에 관한 모든 정보를 말한다(Ganaway & Wattenbarger, 1979).

재활서비스의 전달에 영향을 미치는 정보는 많다. 서비스 제공자와 수혜자가 직접적이고 즉시 이용가능한 정보를 필요로 할 때 보다 유용하고 서비스 의존적이 된다.

[그림 5-1]은 직업재활과정의 세 가지 기능 도식 사이에서 최적의 관계형성을 보여 준다. 직업정보는 개인에게 제공된 이용가능한 직접적이고 즉각적인 형태여야 한다. 직업정보 도서관(직업/기술은행)은 되도록이면 컴퓨터를 기본으로 하고, 모든 가능한 직업분석과 지역사회와 밀착된 일에 대한 정보를 포함하여 시작되고 유지되어야 한다.

고용과정에는 종종 입사지원서 작성, 구직 인터뷰, 그리고 공석을 관리하기 위해 책임감 있는 사람을 최종적으로 배치하고, 결원이 있는 부서에의 지

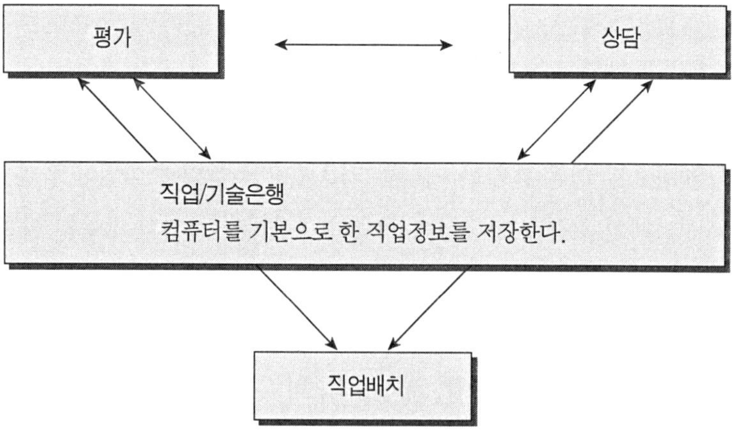

[그림 5-1] 직업재활과정 기능과 공유영역의 세 가지 유형의 도식화

원자를 조사하거나 고용주가 고용유지 결정을 내리는 일이 포함된다. 구직기술 준비에서는 각자에게 알맞은 능력을 설명하고, 직업에 대한 열의를 전달하고, 장애가 생산력을 방해하지 않을 것이라고 설명할 수 있게 도울 수 있다. 실제 직업에서는 시간을 낭비하기 전에 미리 생산성 향상을 저해하는 요소를 확인한다.

또 구직자는 개인의 특징과 가치를 스스로 잘 말할 수 있어야 하고 실패에도 불구하고 계속적으로 구직할 수 있는 자극이 필요하다.

2) 생산성 강화를 위한 전략개발

이 단계에서는 생산성 강화활동의 방향을 제시하기 위한 동의된 결정(informed decision)이 이루어지고 노동시장에 내담자를 준비시키는 활동이 이루어진다. 전략개발은 내담자의 욕구와 잠재적 기술을 직업적 요구 및 노동시장의 요구와 조건에 일치시키는 목표수립과 함께 시작한다.

3) 생산성 강화를 위한 전략수행

이 단계에서 내담자는 생산성 강화와 증대를 위해 노력한다. 여기서는 내담자와 상담사 모두의 책임과 기대가 명확해지도록 전략계획이 적절히 정비되고 중간 결과들이 미리 기술되어야 한다. 또한 내담자 정보가 조심스럽게 평가되고 계획수정 노력이 충분히 고려되어야 한다. 현직훈련(On the Job Training: OJT)을 통해 고용주 또한 내담자 진보에 기여할 수 있고 고용주가 장애인을 고용할 수 있도록 기술적 및 건축물 수정을 권할 수도 있다.

4) 의사교류 전략

마케팅 접근방식의 중요한 요소 중의 하나는 고용주 서비스 프로그램이며, 재활전문가는 이를 통해 고용주의 제반 욕구파악, 자료와 정보제공, 채용전략과 보수체계의 논의, 재활전문가의 역할과 한계 등을 이해하게끔 한다. 재활기관과 재활전문가는 내담자와 고용주 쌍방의 서비스 공급자로서 필요한 정보와 의사교류, 직무 재구조화 자문, 재정적 유인, 상담, 지지, 보험, 비용관계, 법률적 조언 등을 제공할 수 있어야 하며, 개방된 태도로 합리적인 의사교류 방식을 채택하고 유지해야 한다.

직업재활에 대한 고용주의 지각과 태도도 하나의 중요한 요소가 되므로 재활전문가는 세미나 등의 교육과 가능한 다양한 정보제공의 노력을 통해 장애인 고용의 합리적 목표를 가지고 이들의 채용기회를 높이도록 해야 한다.

이외에도 의사교류를 촉진하기 위한 각종 전략은 다양한 장애인 직업재활의 마케팅 미디어, 홍보물, 정부간행물, 자료집, 노동계 및 실업계 관계자에 대한 교육홍보, 회원조직, 각종 지역사회기구, 전문기구, 정부기구, 고용주 모임 등을 통해 이루어질 수 있다(Corthell & Boone, 1982).

① 구직전략 개발: 구직활동에 영향을 미치는 요인들의 발견, 구직활동을 위한 노동시장 정보의 적절한 원천 발견, 직업개발 및 소재를 포함한 노동시장 접근

② 진로강화: 진로강화에 영향을 미치는 일반적 요인들, 사후지도, 직업유지 활동들

5) 생산성 실현

직업배치과정의 생산성 강화단계에서는 노동시장에서 경쟁할 수 있는 개인의 능력에 대한 투자가 이루어진다. 상담사는 이 과정에 관계함으로써 지역사회 자원, 기관, 친구, 가족과 같은 많은 사람들과 장애를 지닌 개인과 함께 투자를 하게 된다. 이 단계의 목적은 이러한 투자로부터 개인과 사회에 환원되는 것이 극대화되도록 하는 데 있다. 이것은 결국 취직이 되고, 취직에

의해 가능해진 내담자 진로강화에 의해 시작된다.

이 단계는 적절한 직업배치를 이끄는 활동들을 포함하며, 다음과 같은 질문들을 다룬다.

① 구직노력을 어떻게 촉진할 것인가
② 내담자의 재정적 장벽요소는 무엇인가?
③ 어떤 전략을 내담자가 채택할 것인가?
④ 상담사의 역할은 무엇인가?
⑤ 장애인에 대한 고용주의 태도는 어떠한가?
⑥ 구직기술들은 얼마나 중요한가?
⑦ 고용주의 채용과 선발 기준은 무엇인가?

그러나 생산성 강화와 실현을 구별하는 데 사용되는 개념적 모형이 항상 명확하지는 않다. 예를 들면, OJT 프로그램에서는 두 단계가 동시에 이루어진다. 생산성 실현은 구직자가 직업을 수용할 때 완성되는 하나의 과정으로 그 자체가 다음과 같은 구직개발 전략활동들로 구성된다.

① 개인의 구직 동기에 영향을 미치는 요인들의 발견
② 구직활동들을 위한 적절한 노동시장 정보 원천의 발견
③ 발견된 노동시장에 접근하여 직업을 개발하고 발견하는 일

이러한 활동들을 통해 획득된 정보의 적절한 통합은 생산성 강화 투자에 대한 진로과정을 시작하는 직업을 수용하도록 할 것이며, [그림 5-2]를 참조할 수 있다. 이러한 요인과 활동들은 사실상 상담과정에 있어서 개인이 직면하는 독특한 환경에 의존된다.

재활시스템과 산업시스템 간의 어려운 문제는 전통적으로 서로 욕구가 다르고 서로를 완전하게 이해하고 있지 못하다는 데 있다. 재활시스템에 있어

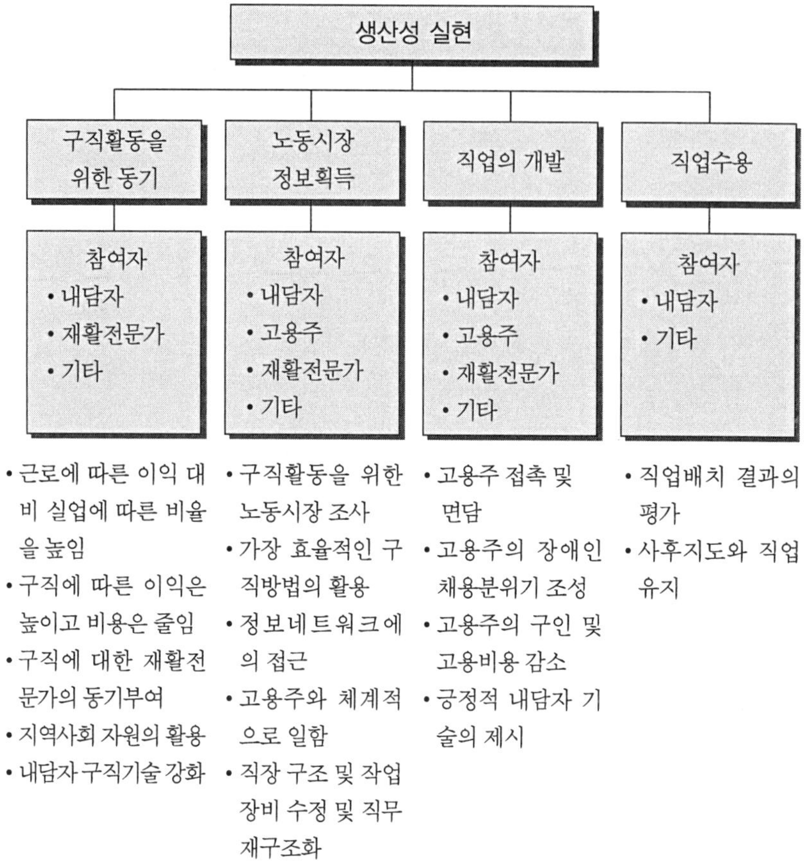

[그림 5-2] 생산성 실현에 있어서의 주요과정 개괄

서 중요한 점은 많은 산업체들이 그들의 사명을 수용하는 방향으로 가고 있다는 가정을 피하고, 산업체는 장애인 근로자의 고용을 극대화하도록 장려해야 한다는 것이다. 장애인의 고용문제를 고려함에 있어서, 산업체는 극복해야 할 악역이 아니라 오히려 장려하여야 할 자원으로 묘사되어야 한다. 따라서 장애인 근로자의 성공적인 직업배치는 작업자의 기술과 수준, 재활상담사의 능력과 자원, 고용주의 수용성, 욕구 그리고 과거의 경험을 바탕으로 이루어진다.

장애인의 모집과 채용 그리고 직업의 유지에 관한 고용주의 태도에 재활상담사가 반응할 수 있도록 지도해야 한다. 상담사는 고용주의 관심을 탐색하고 반응하기 위하여 그들의 준거기준을 확인하는 것이 필요하다. 또한 상담사는 고용주가 장애인의 고용을 피하거나 형식적인 수준에서 고용을 유지하기 위하여 사용하고 있는 절차를 이해하는 것이 중요하다.

반대로 재활상담사는 재활시스템이 장애인의 불리한 점을 감추기 위하여 사용되는 절차에 대해서도 인식하고 있어야 한다.

2. 포괄적 직업배치 전략

1) 구직기술훈련

취업을 위해 상담사가 직접적으로 고용주들에게 개입할 것을 요구하지 않더라도, 구직기술과 관련된 훈련을 받을 수 있다. 직업을 발견하고, 구직신청서를 작성하고, 그리고 취업을 위한 면접 등에 초점을 둔 집단훈련 접근법은 내담자 동기, 확신 그리고 열망을 증가시킨다. 구직기술훈련을 포함하는 취업준비활동은 다음과 같다.

① 직업을 발견하기 위한 장소와 개인이력서의 준비에 따른 교육
② 구직신청서들을 기입하는 연습
③ '장애인은 일할 수 있다.' 라는 주제에 대해 성공적으로 배치된 중증장애 근로자와의 대화
④ '고용주들이 장래의 피고용인들에게 기대하는 것과 개별 정책들' 에 대해 인사관리자와 함께하는 집단 대화
⑤ 실수와 적절한 예의에 대한 내담자들의 논평 후에 뒤따르는 재활과 직업배치 상담사에 의한 고용면접의 역할연기
⑥ 프로그램 효과에 대한 검토와 논의

뿐만 아니라, 친구들과 친척들이 성공적인 구직의 원천으로 가장 많이 이용되고 있기 때문에 이러한 자원을 활용하도록 격려해야 한다.

산업체 인사담당자의 이야기는 고용주들이 장래의 구인정보를 내담자에게 제공하는 효과적인 수단으로 나타난다. 내담자들은 대부분의 취업신청서 항목 유형을 기입하도록 교육받으면서 동시에 그 직업에 무관한 문제들에 대한 정보에 관심을 두는 것은 삼가야만 한다.

역할연기와 놀이를 통해서 면접의 시작과 끝맺음, 과거의 직업과 교육경험을 관련시킴으로써 고용주에게 자신의 기술을 설명하는 것, 자신의 장애를 설명하는 것, 면접관의 질문에 반응하고, 직업과제들, 회사방침들, 승진 가능성 등과 관련한 질문들을 하도록 배워야 한다. 전반적으로 무엇을 말하고, 어떻게 말하고, 그리고 언제 말할 것인지에 대한 최소한의 면접기술을 배워야 한다.

2) 기타 고려 사항

선별적 직업배치운동은 직무분석의 발전에서 비롯되었다. 제한점들보다 직무의 물리적이고 환경적인 측면들에 강조점을 지니는 직무분석은 장애인에게 직접적으로 이득이 된다. 이는 직무가 인간 존재의 모든 신체적이고 정신적인 능력을 요구하지는 않는다는 사실을 분명하게 함으로써 활용된다.

만약 직무조정이 타당한 것으로 나타나면, 재활상담사는 효과적이고 실제적인 직무 재구조화와 재설계를 제안할 수 있는 전문가에게 조언을 구할 필요가 있다. 직무조정이 근로자와 고용주 모두의 만족을 성공적으로 성취시켜 온 상황들이 많이 있다. 종종 기계식 밟는 브레이크와 수동식 호이스트 조절장치를 대체시켜 근로자가 직업으로 복귀하는 것을 가능하게 한다. 이와 관련하여 고용주들은 고용 후 서비스의 필요가 제기될 때, 재활상담사와 접촉하도록 격려를 받아야 한다.

3. 노동시장의 특성

1) 수요와 공급

경험적인 사실의 기술은 정책이든 이론이든 그것이 실제적으로 기여할 때에만 유용하다. 여기서는 내담자 분류보다 문제와 치료기술이 중요한 고려사항이 된다.

노동시장 분석에서 노동공급이 수요를 크게 초과하거나 수요에 상응하지 못하는 것들은 노동시장의 수요와 공급 사이의 전체적인 균형이 뚜렷하지 않다는 것을 말해 준다. 사실 노동시장 내의 불균형을 확인하는 문제점은 수요와 공급이 상호작용하는 동적인 성질과 함께 존재한다.

공급의 측면에서, 계획자는 교육과 훈련기구, 공공영역, 민간영역의 사실 모두를 이해해야 한다. 계획자는 관계 있는 정부의 새로운 법규 또는 법률과 관련된 정보에 접근할 각오가 있어야만 한다. 여기에는 노동시장 예측뿐만 아니라 노동시장에 있어서의 변화를 계획, 생산하는 데 필요한 시간의 평가도 요구된다.

공공 및 민간 영역의 조직에 영향을 미치고 있는 정부의 활동에 관한 정보의 흐름과 변화에 대한 인식은 고용이라는 상품과 서비스 수요의 증가나 감소에 초점을 맞출 때에 도움이 될 것이다. 공공영역은 공무원이나 공사에 종사하는 사람들을 의미하며, 민간영역은 일반 영리추구 기업들에 종사하는 사람들이 해당된다. 노동시장 정책을 개발할 경우에 고려하여야 하는 것은 교육, 훈련, 생산과 자금제공이 보조적 서비스 전달 기술에 의해 바뀌는 규칙, 법률, 허가 그리고 증명서다.

이러한 점에서 정보와 모니터링 시스템은 노동시장 정책의 재공식화에 대한 중요한 변화를 인식할 수 있는 하나의 도구로써 개발될 필요가 있다. 노동시장은 경험적 연구 하나만으로 다룰 수 없고 사람들이 필요로 하는 것, 그들이 만족할 수 있는가 하는 것을 통하여 다룰 수 있다.

서비스 부문에서 존재하는 노동상품은 생산하거나 추출하거나, 캐내거나, 심거나 경작하거나 수확하는 자연적 자원이 아니다. 이는 직업환경 사이에서 상호작용하는 개인들(고객과 인사서비스) 간의 서비스 생산에 존재하는 것이다. 서비스를 생산하는 노동시장은 서비스의 소비자와 개인적 상호작용의 거래를 포함한다.

2) 노동시장의 한계와 구성요소

노동시장의 한계는 발달장애에 대한 정책적 필요와 마찬가지로, 정치적 고려에 의해 정해진다. 공공부문에는 독점적 상황을 장려하는 것뿐만 아니라, 정치적 의사결정을 도입하는 큰 규모의 조직이 있다. 어떤 것은 매우 크고, 영향력이 있고, 매우 중요하며 노동시장을 지배하는 경향이 있다.

직업의 상호작용, 작업환경, 그리고 교육적이고 훈련적인 프로그램의 맥락에서 노동시장은 다양한 조직 사이에서 직업과 개인을 분류하는 할당적 장치로서 간주된다. 많은 사람들은 이 노동시장에의 참여를 통해 고용에 필수적인 지식과 기술을 전수받는다.

노동시장을 구성하는 기본적 요소들에는 직업환경, 교육훈련 프로그램들, 인력, 중개조직들이 있다. 노동수요와 공급에 영향을 끼치는 다양한 조직범주에는 정부와 사적인 기금조직, 옹호조직들, 전문가 조직, 면허와 허가증의 넓은 부문들, 고용 서비스를 제공하는 조직들, 자원봉사 조직들이 포함된다.

자연스럽고 다양하게 존재하는 중개조직들은 노동시장에 직접 관련된 모든 것이 아니라 다양한 목표를 추구하는 개별적 성격을 지닌다. 그들의 관심은 특별한 고객 집단의 인식에 반응하기 위해, 그들의 감독 아래 기관수를 확장하기 위해, 또는 제공된 서비스의 양을 증가시키기 위해 정치적 영향에 반응하게 될 것이다. 고용, 교육 그리고 훈련에 대한 자원들을 제공하는 이들은 제한된 정보와 이 노동시장에서 질을 높일 수 있는 목표들과 활동이 아니라 그들 자신의 목표를 추구할 것이다.

3) 노동시장의 성격

전체로서 노동시장의 개념들은 자원의 분배, 공공정책의 성격, 고객 수요의 구성, 직업구조, 그리고 활동의 규모를 포함한다. 공공정책의 성격은 노동시장에 영향을 미치는데, 공공정책은 자원의 몫을 갖고 있는 어느 조직에 대해 주요한 결정자다. 정책목표의 변환은 직업환경, 인사, 그리고 교육훈련 프로그램의 반응에 대한 생산능력에 의존한다.

고용조직이 스스로 인력의 재할당, 새로운 서비스 전달을 위해 인력을 제거하고, 조직 속으로 새로운 인력을 충원할 수 있다면 직업적 구조 안에서 부합하는 변화들이 일어날 것이다. 어떤 직업환경들은 매우 성공적이나 다른 것들은 그것에 저항하거나 조절적일 수 있다.

또 다른 노동시장의 중요한 속성은 활동의 규모와 다양성이다. 직업과 조직을 총괄하는 양과 질, 서비스의 양이 팽창함에 따라 보통 인력의 수가 증가한다. 많은 경우 직업규모의 팽창은 노동시장에서 관련된 조직들의 수적 팽창을 반영한다. 특별한 관심은 직업과 조직들의 다양성에 조화되는 변화에 있다. 만약 규모가 변화한다면, 단지 직업의 다른 형태의 수는 동일하게 남는다. 만약 많은 새로운 직업들이 추가된다면 수많은 조정을 필요로 한다. 공공정책, 직업구조, 그리고 생산능력은 노동시장의 할당기능에 영향을 미친다.

다음으로 생각해 보아야 할 것은 개인들의 필요와 욕구가 어떤 직업에서 훈련을 받는 개인들의 직업적 결정에 영향을 미치는가 하는 것이다. 이러한 고려는 노동시장의 직업적 구조뿐만 아니라 교육적이고 훈련적인 프로그램들에도 영향을 미친다. 교육훈련프로그램의 관리자들은 공공정책 형성, 서비스 전달, 직업적 구조 안에서 그들 자신이 활발히 참여하도록 하기 위한 필요와 욕구를 느낄지도 모른다. 개인은 자원분배, 고객 필요, 그리고 개인적 필요와 욕구의 존재에 의존하는 특정한 직업환경 사이에서 독특한 직업으로 배치된다.

노동시장의 여러 가지 요인이 되는 실재들을 밝히고 특징들을 나열함으로써 필요한 장애인 고용서비스를 개별적으로 제공하고, 나아가 사회적 · 경제적 노동시장의 주변환경을 파악하고 효과적인 고용서비스를 제공할 수 있다. 또한 정책의 계획을 통해 가까운 미래에 더 나은 고용을 창출할 수 있게 된다. 고객의 필요구성, 참여자의 필요와 욕구들, 그리고 노동시장의 규모와 다양성에 일치하지 않는 직업적 구조에 반응하기 위한 조직들의 생산능력에 영향받는 다양한 실재에 의해 제어되는 자원들에 초점을 두기 때문에 이는 일방적 서비스가 아니라 총체적 분석을 통한 효과적인 장애인 고용서비스를 제공할 수 있어야 한다.

연습문제

※ 다음의 질문에 적절한 답을 보기에서 찾아 넣으시오.

1. 직업평가 정보들의 목록 (　　　　　　　　)
2. 직업배치 정보들의 목록 (　　　　　　　　)

보기

① 정보처리	② 직업은행
③ 기술은행	④ 직업정보

토론문제

1. 직업배치의 표준접근적 시나리오를 서술하시오.

2. 경제계와 직업재활계 사이를 효과적으로 연결시킨 계기와 내용을 서술하시오.

3. 새로운 파트너십이란 무엇인가?

4. 뉴해번모형이란 무엇인가?

제6장

구직활동에 영향을 미치는 요인

구직활동에 영향을 미치는 요인들은 보통 생산성 실현의 단계에서 다루게 된다. 생산성 실현기에는 내담자가 노동시장에서 필요한 능력을 갖추기 위한 기능과 기술훈련을 포함한 다양한 서비스들이 관련된다. 이상적으로 고용강화를 통해 하나의 바람직한 피고용인 자격을 갖추게 되는 개인은 보다 많은 보수가 제공되는 일차 노동시장에서의 만족스러운 직업을 성공적으로 발견할 수 있다. 생산성 실현기 동안 획득된 노동시장의 여러 가지 이점들은 고용으로 인한 이익을 증대시키고 노동력에 참여하지 않음으로써 발생하는 비용을 감소시킨다.

상담사가 고용주에게 제공하는 정보는 전적으로 공평하지 않을 수도 있지만 상담사가 고용주와 늘 함께하도록 한다면 정확한 정보를 제공하기 위한 상담사의 관심은 항상 유지되어야 한다. 잘 훈련된 직업재활 상담사의 자질은 상담을 중심으로 하여 임상심리학, 동기부여, 특별히 장애를 지닌 사람의 심리적 문제를 다루는 대학 교육과정에 반영된다. 재활프로그램의 마지막 결과는 재활된 사람의 직업배치를 의미하므로 노동시장 안의 배치와 정보의 문제들을 논의하는 것이 필요하다.

경제학자들은 원칙적으로 노동을 시장에서의 생산자와 소비자로 구분한다. 따라서 높은 가격일수록 더 많이 생산하고 적게 소비한다. 이때 생산과 소비가 얼마인지를 알 수 있다면 공급과 소비의 상호작용에 대한 정보는 균형이 잡힌다. 노동자는 노동의 공급자이고 더 좋은 노동을 제공할수록 더 높은 임금을 받는다. 고용주는 노동의 수요자이고 지불요구가 낮을수록 더 많은 노동자를 사용한다. 고용주는 얼마만큼의 노동자를 고용하고 노동자가 주어진 일에 얼마만큼의 시간을 사용하는지를 조정할 수 있다. 그러나 노동시장에서 우리는 흔히 고용이 가능한 사람이 누구며, 고용할 사람을 찾는 것이 누구인가를 아는 일이 어렵다는 것을 깨닫는다.

고용주의 구매자 측면에서 일의 질은 결정하기 쉽다. 그러나 특정한 개개인이 제공하는 고용의 질을 결정하는 임금의 표준이론은 고용주로 하여금 최대한의 이익을 얻게 하고 노동자가 회사의 생산과 교환하는 정도의 생산성을 고려하여 개인의 임금을 세우려는 가정하에 있다.

노동시장의 정보문제에 대한 태도는 시장과정에서 나타나는 결함과 노동의 효과적인 할당을 방해하는 데 있다. 가장 중요한 요점은, 정보는 유료라는 것이다. 정보를 얻는 데에는 시간, 노력 또는 종종 돈이 필요하다. 정보를 요구한다면 소비자들은 정보로부터 비용을 초과할 만큼의 부가가치와 이익을 기대하여 집중적인 조사를 하게 된다.

고용주들은 신뢰하는 정보를 현재의 종업원들을 통해 보충적으로 얻고 있다. 재활내담자들을 위한 노동시장에서의 정보문제는 오히려 보통의 노동시장에서보다 더 복잡하다. 이들은 내담자 또는 구직자와 고용주의 요구나 기대 면에서 특별하고 뚜렷한 처우를 요한다.

1. 직업의 세계에 대한 상담사의 지식

고용주와 가지는 개인적 접촉은 재활상담사가 지역사회 노동시장에 존재하는 많은 직업의 특별한 속성들에 관해 배울 수 있는 기회를 제공한다. 따라서 재활상담사는 적어도 현재 사람을 고용하고 있는 연락가능한 몇몇 사업주들의 전화번호를 가지고 있어야 한다. 재활상담사가 이러한 지식을 소유하지 않고는 중증장애 내담자들에 대한 그들의 평가 및 계획책임들을 효과적으로 수행하기가 어렵다. 예를 들어, 평가와 계획의 재활과정 동안 직업의 세계에 대한 상담사의 지식은 문제가 되는 내담자의 조건과 지역사회의 특정 직업에서 요구되는 조건들과 환경적 특성 사이의 일치 정도를 결정하는 적격성을 효과적으로 다루기 위한 하나의 전제조건이 된다.

따라서 직업 세계에 대한 적절하고 충분한 지식은 상담사와 내담자 모두를 현명한 직업적 결정과 직업배치에 이르도록 하는 필수적인 조건이 되는 것이다. 필요한 직업의 세계에 대한 지식과 정보는 각종 노동관련 서적과 자료, 직업사전, 기타 정보지와 잡지 등으로부터 즉각적으로 획득할 수 있지만, 이는 구체적 직업장면에 있어서 요구되는 직업역할의 요구조건에 대한 부분적 통찰만을 가져다 줄 수 있다(Roessler & Rubin, 1982).

어떤 직업은 스테미너와 거대 동작운동을 요구할 수 있는 반면에 다른 직업은 단지 미세한 손 기능만 필요로 할 수도 있다. 종종 직업환경과 과제들은 직업이 이루어지는 장소에 따라 달라지기도 하기 때문에 적절하고 성공적인 내담자-직업의 연결을 예측하는 데에는 종종 앞의 원천으로부터 얻은 것 이상의 정보가 요구된다. 똑같은 직무라고 할지라도 서서 작업을 수행하는 경우도 있고 앉아서 작업을 수행하는 경우도 있으며, 심리적 · 신체적 스트레스 요인들도 직장의 환경에 따라 달라지는 것이 일반적이다.

결과적으로 지역사회 노동시장에 존재하는 특별한 직업의 특징들에 대한 보다 포괄적이고 정확한 정보의 획득에는 고용주와의 직접적 접촉과 직무현장에 대한 상세한 사전점검이 요구된다. 그렇게 함으로써 직업환경을 파악하고 이직률이 매우 높은 직업이나 근로자 충원이 곤란한 직무들을 발견할 수 있고 내담자 직업배치의 성공률을 높일 수 있다.

작업현장의 방문을 통해 지역사회의 구체적 직업에 관해 적절한 정보를 얻는 데에 직무분석에 대한 광범위한 지식이나 훈련이 반드시 필요한 것은 아니지만 대부분의 재활상담사들은 다음과 같은 다섯 가지 질문들에 답할 수 있어야 한다(Roessler & Rubin, 1982, p. 148).

① 근로자들은 어떠한 일을 하는가?
② 그 일은 어떻게 이루어지는가?
③ 그 일은 왜 필요한가?
④ 어떠한 기술들이 요구되는가?
⑤ 그 일을 행하는 대안적 방법은 있는가?

2. 환경적 요건

직업배치를 위해서는 직무분석과 더불어 환경적 영역에 대한 이해도 필수적이며, 다음과 같은 사항들이 고려되어야 한다.

① 물리적 조건: 작업대, 건물 접근성, 화장실, 출퇴근 수단 등 물리적 환경은 내담자의 장애조건이나 제한점들과 관련하여 고려해야 할 중요한 사항들이다.
② 심리적 환경: 동료 근로자들과의 접촉 정도, 지도감독의 유형과 범위, 직무로부터 오는 스트레스와 압력, 직무과정의 규칙성 등 내담자의 심리적 수준에 알맞는 환경이 아니면 환경수정이나 내담자 적응훈련을 고려해야 한다.

③ 사회적 환경: 내담자가 접촉하게 될 동료 근로자들의 유형, 대인관계 형태, 직무 내외에서 이루어지는 사회적 활동의 빈도와 범위 등 사회적 환경조건들 역시 직업배치 시 중요한 고려사항이 된다.

직업배치 서비스를 필요로 하는 많은 장애 내담자들은 고용가능성이나 노동시장의 요구조건들에 대해 매우 부족한 잠재력을 지녔고, 심지어는 기능직에의 훈련이 불가능하게 보일 경우도 많다. 따라서 재활상담사나 직업배치 전문가들에게는 내담자의 채용 잠재가능성이 있는 고용주에 대한 매우 공격적인 설득전략이 요구된다.

특정 직업이나 직업유형에 장애를 가진 특별한 노동자에게 적합한 질 높은 정보를 특정 고용주에게 전하는 적절한 방법은 무엇인가? 또 역설적으로 높은 이직률을 보이는 많은 직업은 중증장애내담자에게 이상적인 초기 직업배치 기회를 만든다. 고용주들은 인적 자원에 대한 정보를 가진 사람을 통해 개인을 고용하는 것을 전형적으로 더 선호하기 때문에 재활기관은 원칙적으로 이점을 가진다. 내담자에 대한 풍부한 정보는 고용주에게 유용하게 보일 수 있다. 이들은 특히 개인적인 접촉으로 직업을 얻은 장애인들의 상대적인 성공에 대한 정보를 필요로 한다.

장애인 노동자들은 또한 노동시장에서 정보문제를 가진다. 만약 장애가 비교적 최근에 발생하였다면, 노동자는 이전에 그들이 가졌던 것과 비교해 실제적 직업능력이 남아 있는가에 관해 혼돈을 가지기 쉽다. 노동자는 어떤 직업을 가질 수 있는가와 같이 그 현실에 적합한 직업을 구성하는 것에 대한 지침을 필요로 한다. 재활에 대해 계획을 세우고 실행하는 데 있어서 주요한 부분을 차지해 오고 있는 재활기관보다 더 훌륭한 위치에서 재활노동자의 강점과 약점에 대해 신뢰로운 정보를 제공하는 곳은 없다. 재활기관은 노동시장 양쪽 모두의 비용을 줄이는 유일한 위치에 있다. 왜냐하면, 고용주의 조사비용은 감소하게 될 것이고 미래 노동자에 대한 질적인 정보가 이용 가능할 것이기 때문이다.

재활기관은 중개자로서 봉사하는 특별한 위치에서 장애인을 위해 노동시장에서 정보를 제공한다. 특정한 노동자에 대한 상세한 정보를 가지고 이러한 지식을 고용주에게 전달하는 것은 필수적이다. 그리고 노동자와 노동시장에 대한 상세한 정보를 가진 사람이 그 노동자가 적절한 일자리를 구하도록 돕는 것도 필수적이다. 좋은 중개인은 시장의 양측에 관한 깊은 지식을 필요로 한다. 시장의 모든 면에 관한 자세한 지식 없이는 창조적 중재가 일어날 수 없다.

내담자중심의 직업배치에서 내담자는 고용주와 접촉하고 사후지도에 필요한 행동을 수행하여 안전한 직업으로 이끄는 중요한 책임을 담당하는 노력을 필요로 한다. 재활상담사의 규칙은 성공적인 직업을 찾는 데 중요한 모든 요소와 관계를 가지는 요소를 내담자에게 가르쳐 주는 것이다.

3. 노동시장 조건

최적의 직업재활은 장애인이 노동시장에 다른 근로자들과 똑같이 참여할 때 가능하다.

1) 노동시장의 의의

노동시장 전망은 장래성이 없는 직업을 피하고 전망 있는 직업을 선택할 수 있는 길을 열어 주며, 직무분석과 직무수정 같은 것들이 내담자의 직업재활의 새 지평선을 열어 주는 방법이 된다(Vandergood, Jacobsen, & Worrall, 1979). 직업배치 후 프로그램이나 사후지도 서비스와 같은 것들은 내담자의 진로개발에 있어서 풍부한 자원이 되며, 이러한 모든 과정과 기능은 다른 서비스들과 함께 조심스럽고 주의 깊게 통합되었을 때만이 바람직한 효과와 결과를 가져올 수 있다.

특히, 장애 정도가 심한 장애인들의 경우에는 고용주의 저항이 보다 강할 뿐 아니라 유용한 직업의 범위도 상당히 제한되기 때문에 이들의 생산성 보전이나 직업적 이동을 심각하게 고려하면서 직업배치를 해야 한다. 많은 경우 장애인의 고용 전반에 대한 고용주의 낮은 인식과 지각 및 장애 구직자의 빈약한 동기가 직업배치의 큰 장벽이 된다.

노동시장 기회의 개발과 관련한 재활에 대한 일반적인 접근은 장애인의 고용이 큰 비용을 초래하지 않을 것이라는 고용주의 선의(goodwill)에 의존하는 것이다. 노동시장 조건에 대한 평가를 통한 직업배치의 목적은 장애인을 위한 직업의 양과 질적 측면에서의 개선에 기여하는 것이다.

직업배치는 직업재활의 중요한 과정으로 내담자가 적절한 진로강화 기회를 획득할 수 있는 직업을 수용했다는 것을 가리킨다. 적절한 직업배치를 통해 직업재활과 여타의 많은 재활활동의 목적이 되며, 개인에게 알맞은 직업을 선택하여 준비하고 주어진 직업이 얼마만큼 개인의 자아를 충족시켜 주는가를 잘 이해하고 탐색하며, 흥미 있고 자아표현의 기회가 풍부하고 창조성을 충분히 발휘할 수 있도록 직업만족도를 높여 주는 직업재활의 목표가 성취된다.

우리가 살고 있는 세상과 노동시장이 장애인을 배제하고 격리하려고 하는 한 노동시장에서 그들이 적절하게 기능할 수 있는 효과적인 직업전략을 마련해야 한다. 이를 위해 장애인은 각종 장애정책이 어떻게 자신의 삶을 변화시키는지 알 수 있어야 한다. 뿐만 아니라, 자신이 지니고 있는 직업적으로 유용한 기술의 발견, 또 직업을 어떻게 자신에게 적합하게 받아들이며, 자신을 직업의 세계와 연결시킬 것인지, 그리고 어떻게 구직과 면접을 하여야 할지를 배워야 한다. 모든 고용주는 비관적이고 부정적인 근로자보다는 쾌활하고 열정적이며, 생산적인 태도를 지닌 근로자를 선호한다. 고용정책은 장애인이 기업체에 직접적인 혜택을 주는 방향으로 전개되어야 한다고 본다.

2) 노동시장 조사

인간서비스에서 노동시장의 조사는 기초적인 이해 없이는 시작할 수 없다. 노동시장의 조사를 위해서는 개인들이 직업을 찾는 행위, 직업의 유동현상과 거기에 영향을 주는 요소와 노동시장 자체 내에서의 불균형, 즉 노동부족과 과잉현상, 전망을 조사해야 한다. 노동수요와 노동공급 측면에서 고용주는 한 사람에서부터 다국적 기업에 이르기까지 패스트푸드 식당과 주간보호센터 그리고 자동제조업체를 의미한다. 고용주와 잠재적인 노동자들은 노동시장에서 서로 상호작용하고 생산성이나 보수, 그리고 노동자 만족 이슈에 관련된다.

노동시장 조사는 전형적으로 노동시장 정보자원들과 고용주들로부터 얻은 적절한 자료의 분석과 합성을 함으로써 시작된다. 노동시장 정보는 관심있는 직업과 여타의 관련된 직업들에 대한 철저한 직무기술, 보수체계에 대한 정보, 요구조건 및 자격 파악, 고용경향과 그것이 노동시장에 미치는 영향에 대한 이해, 노동시장 자원을 유용화함으로써 획득된다.

노동의 수요와 공급 노동시장의 전통적인 관점에 있어서 노동의 수요와 공급의 개념은 매우 중요하다. 신고전경제이론은 노동자와 고용주, 즉 노동수요와 공급에 의한 노동시장이 형성된다는 주장이다. 임금비율과 생산성이 연결되어 임금은 생산의 비용을 구성하고 그 밖의 비용, 노동자의 생산력, 그리고 상품과 서비스의 가격이 균형을 이루게 된다. 노동의 공급은 임금률을 변화시키며, 고용주의 욕구에도 영향을 미친다. 이러한 원리들은 노동시장 행위의 신고전주의적 해석들로 구성되어 있으며, '한계생산이론' 이라고 부른다.

노동시장의 사회과학적 접근은 임금을 둘러싸고 있는 경제적 결정요소들이나 생산성을 강조하는 것이 아니라 직업과 관련된 개인적인 결정과 다양한 기관과 조직들로 하여금 그러한 직업들을 배분하는 것을 강조한다.

노동시장에서 사고파는 상품으로 간주될 수 있는 것은 노동이다. 노동의 시가는 임금으로, 노동자는 노동의 공급자이고, 고용주는 노동의 수요자다. 노동시장의 수요-공급을 방해하는 주요 원인은 노동시장의 정보문제인데, 시카고 대학교 경제학자의 논문에서 지적된 것처럼 여기에는 정보유료라는 문제가 존재한다.

노동의 수요는 역시 조직 내의 생산관계에서도 기능한다. 노동수요는 경제발전이나 기술적인 발전과 마찬가지로 전체 성장에 의존한다. 노동을 위한 공적인 수요의 결과는 정부 서비스와 상품의 요구를 위한 정치입법과정에 영향을 받는다. 그러나 노동공급을 노동자 측면에서 보면, 일하고자 하는 욕망과 여가를 즐기려고 하는 것에 더욱 큰 영향을 받는다.

양쪽 변수는 결국 전체 숫자의 고용된 개인에 의해 결정된다. 나아가 특정 개인들에게 있어 다양한 직업의 매력은 역시 노동시장 내부의 과정과 고용주에 의한 것만큼이나 개인의 특성에 영향을 받는다.

교육과 훈련은 매우 중요한데 초등학교, 고등학교 그리고 전문대학 교육, 직업학교의 기술훈련, 훈련기관, 그리고 견습기관부터 수준높은 교육기관까지의 직업훈련들은 모두 고용주에게 이용가능하고 개인들에게 다양한 직업을 할당하고 조직화하고 소득집단을 만드는 양질의 요소들이다.

노동이동성 직업선택은 가족배경과 집단구성원에 의해 초기 영향을 받으며 경제상태와 구조에 의하여 중재된다. 노동공급은 다양한 요소들의 구성과 질 모두에 의하여 이와 같이 영향을 받는다. 임금비율, 노동과 여가에 대한 선호도, 노동력 참여율을 제한하는 개인, 사회적 특성, 교육, 훈련기회들, 신용증명, 조기의 직업동기, 교육적인 과정, 이러한 요소들은 주변 상황에 따라 변하기도 한다. 직업탐색과 고용전략을 통한 짝짓기는 잠재적인 근로자와 고용주를 발견하는 것을 의미한다. 이를 위해 몇몇 고용주들은 직접 교육훈련원에 가며, 다른 고용주는 신문광고나 노동사무소, 심지어는 친구들에게 의존한다.

노동이동성은 직업의 변화, 또 다른 고용기관 형태 안에서의 움직임, 다른 지역에서 다른 도시로의 이주, 직업의 결핍과 직업이동으로 한 산업영역으로부터 또 다른 산업영역으로의 이동을 의미한다. 이러한 노동이동의 형태는 직업기회의 자연적인 변화로서 조절된다. 직업기회는 경제의 변화와 소비자의 애호에 따라 영향을 받으며, 직업만족은 임금, 특별급여, 승진, 작업자 수행력을 포함하는 개인능력의 훈련임무에 달려 있다.

임금률이 여전히 중요한 수치인 반면에 건강프로그램, 연금계획, 직업안정, 근로조건, 휴가, 그리고 부가적인 보너스는 직업을 고양시키고 개인의 질적인 삶을 획득하고 유지하는 것을 돕는다. 나아가 직업유동성은 주어진 조직체, 직무 혹은 산업적인 부분에서 발전에 대한 기회에 의해서 영향을 받는다. 따라서 직업은 증가하는 명성, 권위, 책임감, 급료, 자기계발, 그리고 가능한 한 직무의 다양성에 대한 기회를 포함하고 있어야 한다.

피고용자가 고용주에게 비용을 초과하는 수익을 가져다줄 때 이상적인 노동수요가 충족되고 고용주는 최대의 생산성을 초래할 수 있는 피고용자를 찾는다. 궁극적으로 노동수요는 임금률과 수입, 노동생산성, 최종 생산의 기대수요, 기술, 그리고 사회적 변인들의 기능에 달려 있다. 임금에 대한 표준이론이 전제하는 것은 고용주들이 이익을 최대화하고, 생산성을 고려하여 노동자의 임금을 정해야 한다는 점이다.

직무기술 직무기술은 작업내용, 신체적 · 정신적 활동, 직무, 책임 수준, 회사의 크기, 동료 근로자, 전문화 정도, 연장, 도구, 재료, 근무시간, 유사한 직업명칭 등을 파악함으로써 갖추어지며, 특정한 직업이 요구하는 이러한 특징들은 지역 노동시장의 틀 속에서 다루게 된다.

보수 보수는 근로자에게 제공하는 물질적 보상으로 직업적응의 결정적 요소로 작용하며, 시간당, 일당, 주당, 월급여, 연봉 등의 용어로 파악된다.

자격요건 직업에 대한 자격요건은 경력, 교육, 자격증, 면허, 신체조건, 흥미와 적성, OJT, 군경력, 자원봉사 경험 등으로 파악된다. 이러한 자격요건은 입직에 있어 필요한 최소기준이 되는 경우가 많다.

고용경향 미래의 발전가능성, 고용 추세 및 산업동향을 통해 파악되는 고용경향은 직업의 안정성이나 전직의 예측과 같이 장기적 직업 고려사항이다.

노동시장 자원 노동시장 자원은 직업사전, 산업 및 실업정보지, 광고지, 진로가이드, 직업전망 책자, 직업소개지 등을 통해 파악되며, 구직과 직업개발에 있어 사실상 매우 직접적인 영향을 미치게 된다.

노동시장은 노동이 필요한 매수자인 고용주와 노동을 제공하는 매도인인 근로자로 구성되어 있고, 이 노동 인적 자원을 배분하는 기제와 교환을 가능하게 하는 것이 노동시장이다. 하나의 노동시장에서 일어나는 상거래는 노동시장의 크기, 교환된 노동력의 유사성, 노동시장의 근접성 등의 요소에 영향을 받는다. 특히, 임금률은 노동운동에 영향을 미치고 노동시장에 대한 지식 역시 직업과 구직활동을 위한 준비에 영향을 미친다.

3) 노동시장의 조건

공공기관에 전적으로 구직을 의뢰하는 많은 수의 내담자는 상당한 제약성을 지니게 되고 포괄적이고 상세한 인적 정보를 고용주에게 적절히 제공하지 않으면 직장을 보장받기 어렵다. 이러한 내담자의 효과적 고용을 옹호하기 위해 재활상담사들은 내담자에 대한 그들의 광범위한 지식과 정보를 고용주에게 직접적으로 전달한다.

피고용자의 한계 생산성은 노동수요를 좌우하며, 일반적으로 임금상승은 노동공급 시간을 증가시킨다. 노동판매자와 수매자 모두 노동시장에 대해 많은 지식을 가지고 있을수록 시장의 기능은 보다 효과적으로 된다. 미래에 대한 예측이 불가능하기 때문에 고용주가 사람들을 고용할 때는 위험부담을 안게 된다. 고용주들은 개인의 생산성이나 잠재력을 정확히 알 수 없다. 이러한 위험부담을 감소시키기 위해 고용주는 그들이 고용하고자 하는 사람들의 건강, 교육, 직업 및 인생경험, 훈련 등 예측에 필요한 지표들을 검사한다. 따라서 직업재활은 생산강화 서비스를 제공하고 고용주에게는 잠재적 피고용자가 회사에 의해 사용될 수 있는 생산능력이 있다는 증거를 제공한다(Vandergood & Worrall, 1979).

한편, 잠재적 피고용자는 회사에 고용되어 일하기 전까지는 고용조건들에 대해 정확히 알지 못한다. 따라서 직업 관련 활동에 투여된 노력과 관련된 비용을 판단하기가 어렵다. 고용과정에서의 실수들은 고용주와 피고용자 모두에게 손해를 끼친다. 구직과 이직, 자신의 기술과 적절하지 않은 직업에 종사하는 것은 시간낭비다. 따라서 이상적인 직업배치는 고용주와 피고용자의 위험부담을 극소화하고 잠재적 생산성을 현실로 만들며, 구직에 따른 비용을 최소화하는 반면 구직의 이익을 최대화한다.

어떤 개인에게 백만 원의 돈이 있을 때, 이자를 받기 위해 은행에 예치할 수도 있고, 스케이트를 생산하기 위한 기계구입에 사용할 수도 있고, 자신의 컴퓨터 교육훈련을 위해 사용할 수도 있다. 이것과 마찬가지로 사회는 어떤 투자행위를 할 수 있다. 이것이 사람들에 대해 이루어질 때는 인적 자원에 대한 투자라고 부르며, 이는 개인의 혹은 사회의 생산성을 증가시킨다. 직업재활프로그램은 일차적으로 인적 자원에 대한 사회적 투자다.

4. 노동시장 분석

내담자의 효과적인 고용을 위해 재활상담사들은 내담자에 대한 그들의 광범위한 지식과 정보를 고용주에게 직접적으로 전달하게 된다.

노동시장에 내담자를 준비시키기 위한 훈련 유형, 실존하는 직업들의 유형과 수, 적절하고 유용한 피훈련생 자원, 지역사회의 다양한 경제적 조건, 태도 및 지각 등에 대한 분석은 여러 가지 요인들의 역동성을 함께 파악할 수 있도록 해 준다.

대단위 고용시장은 작은 단위의 고용시장으로 나누어 내담자 직업배치를 위한 다양한 자원들을 극대화시킬 수 있는 명확한 사실에 초점을 두고 체계적으로 분석되고 평가되어 바람직한 직업배치라는 결과를 가져올 수 있도록 방향이 정해져야 한다. 따라서 직업사전, 직업전망 책자, 통계자료, 상공회의소 책자 등 모든 가능한 정보를 통해 노동시장의 유형, 전국 및 지역 노동시장, 일차적 · 이차적 노동시장, 경쟁 노동시장과 자체 고용관습 등에 관한 요소들을 충분히 파악하도록 한다(Corthell & Boone, 1982).

특성요인이론은 내담자가 지닌 진로문제를 적절히 진단하는 데 매우 유용하다. 예를 들면, 이는 비현실적 내담자나 불일치된 내담자와 같은 것이다(National Occupational Information Coordinating Committee, 1986).

외부 노동시장(external labor market)은 모든 수준의 일자리를 외부로부터 충원하는 방식의 노동시장으로 기본적인 수요와 공급에 의해 임금이 결정되며, 학교와 훈련기관에서 필요한 대부분의 훈련이 이루어진다. 반면, 내부 노동시장(internal labor market)이라는 것은 흔히 철도 및 제철산업과 같은 대기업이 많이 채택하고 있는 방식으로 초입 일자리를 외부 인원에 의해 충원하고 나머지는 승진에 의해 충원하는 노동시장이다(National Occupational Information Coordinating Committee, 1986).

① 일차 노동시장: 임금이 높고, 근로환경, 승진 및 훈련기회, 고용안정도가 높은 직업들로 구성된 노동시장이다.

② 이차 노동시장: 낮은 임금, 높은 이직률, 안전문제, 제한된 승진과 훈련기회, 그리고 임의적이고 변덕스런 인사관행을 그 특징으로 한다.

표 6-1 ➡ 직업시장에 관한 질문지

예(○)　　아니요(×)

____1. 일반적으로 고용주는 고용전문가다.

____2. 대기업과 중소기업의 사원채용과정은 거의 동일하다.

____3. 기업의 인사부는 일반적으로 누구를 고용할지 알고 있다.

____4. 구직활동 자체는 전일제 근무와 같다.

____5. 실업률은 직업을 발견하는 데 따르는 곤란 정도를 예측하는 훌륭한 자료다.

____6. 고용주들은 보다 많은 사람들을 위한 직업을 창조하는 일에 열중한다.

____7. 구직은 많은 자기 훈련을 요구한다.

____8. 구직은 기술 및 능력이 한정된 수준에 있는 일반인들에게만 어렵다.

____9. 대부분의 사람은 신문과 잡지광고를 통해 직업을 찾는다.

____10. 구직에는 주의 깊은 계획이 요구된다.

____11. 구인광고에서 나타난 자격요건들은 직무를 만족스럽게 수행하는 데 필요한 실제의 기술과 훈련을 반영한 것이다.

____12. 고용주의 비공식적 채용방식이라는 용어는 자격 있는 몇몇 사람들을 위한 직업을 가리키는 데 사용된다.

____13. 고용주가 함부로 하기 때문에 구직자는 좌절된다.

____14. 평균 구직기간은 2~3주가 소요된다.

____15. 신규채용 근로자는 고용주에게 큰 투자다.

____16. 고용주들은 그들이 이미 알고 있는 사람들을 채용하기 꺼린다.

답: 1. ×(사업전문가) 2. ×(대기업-체계적) 3. ×(평가자) 4. ○(많은 노력)
5. ×(특정 산업영역) 6. ×(이윤추구) 7. ○(교사가 없다)
8. ×(전문상담사에게도 어렵다) 9. ×(20%) 10. ○(여행지도와 같은 것)
11. ×(고용주의 실제 욕구파악 요구) 12. ×(80~85%)
13. ×(채용거절로부터 학습된 좌절감) 14. ×(2~3개월) 15. ○(시간과 노력)
16. ×(오히려 위험부담이 적다).

시장분석과 분할이 이루어지고 난 뒤 재활기관은 작은 단위의 노동시장에 적합한 전략적 방안들을 마련하고 잠재적 내담자와 고용주들에게 일련의 조치들을 적용한다. 노동시장 분석과 전망이 이루어지고 난 뒤의 문제는 적절한 생산품을 공급하는 일인데 많은 고용주의 불평은 자신들이 채용할 인력들의 자질이 기대만큼 충분하지 못하다는 것이다. 따라서 내담자의 직업적 기능을 향상시키고 구체적 훈련을 충분히 받을 수 있도록 하는 일이 중요하며, 이를 생산관리 및 개발의 측면에서 보면, 품질관리가 이루어지는 것이라 할 수 있다.

직업배치의 가장 기본적인 요소는 내담자 직업연결이므로 사업체 및 고용주에 관한 적절한 정보와 함께 내담자에 관한 적절한 자료도 충분히 확보되어야 한다. 생산전략에는 직업재활전문가가 내담자의 직업적 의사결정과정에 적절하고 신속하게 중재하는 일이 포함되며, 내담자가 장래의 고용주 기대에 대한 이해, 개인적 구직기술, 필요한 직업기능 및 태도 습득 등 고용가능성을 높이기 위한 모든 노력을 아끼지 않도록 해야 한다. 이에 따라 직업준비가 된, 즉 필요한 기술, 흥미, 태도, 출퇴근 등의 조치, 고용주의 기대를 충족한 이해할 수 있는 내담자를 의뢰하여 직업배치한다(Corthell & Boone, 1982).

5. 고용주 특성 분석

척수손상, 근육이양증 등을 지닌 장애인들은 초기 몇 시간, 며칠 혹은 몇 주 동안의 직업배치 후 서비스들을 필요로 하기도 하고 직접적인 직업배치 중재가 요구되기도 한다. 효과적 직업배치에는 고용주 협조가 필수적이고 장애인 고용에 대한 고용주의 긍정적인 경험은 또 다른 장애인 근로자들을 채용할 수 있는 가능성을 높인다.

고용주는 장애인 근로자를 채용함으로써 더 많은 산업재해 보험금을 납부

해야 할 것을 걱정할 수 있지만, 일반적으로 산업재해 보험금은 두 가지 요인, 즉 특정 작업과 관련된 위험성과 해당되는 회사의 이전 산업재해율을 바탕으로 산정된다. 미국의 조사연구 결과는 장애인 근로자의 산업재해율이 장애를 지니지 않은 사람들의 산업재해율보다 높지 않다는 것을 보여 준다 (Roessler & Rubin, 1982).

또한 이직률, 생산성, 결근율 등을 비교연구한 결과에서는 장애를 지닌 근로자들이 장애를 지니지 않은 근로자들에 비해 평균 혹은 평균 이상의 긍정적 성취 수준을 보인 것으로 나타났다. 그뿐만 아니라 재활기관에서 행한 깊이 있고 광범위한 장애 내담자의 흥미, 능력, 신체적 · 심리적 잠재력에 대한 평가 결과는 고용주들에게 근로자 채용에 필요한 정확하고 많은 정보들을 제공해 준다.

때때로 고용주는 내담자의 실패 또는 성공의 결여에 대한 한 가지 이유만을 알고 있으나 상황을 상세히 조사한 후에는 다른 이유들도 존재한다는 것을 발견하게 된다. 이런 많고 적은 이유들은 누적이 될 때 문제가 된다.

재활전문가들은 장애인이 기업체에 채용된 후에도 해당 직무를 잘 유지하기 위해 필요 시 개별상담, 사후지도서비스 등을 통해 고용주와 내담자 모두에게 효과적인 조치들을 행할 수 있다는 사실을 홍보해야 한다. 전통적인 관점에서는 직업배치를 재활과정의 끝으로 인식했으나 현대에는 재활배치 서비스를 재활과정의 끝이 아니라 시작으로 본다. 더 정확히 말하자면 직업만족, 지위 이상으로 생애의 관점에서 보아야 한다. 즉, 이는 직업을 얻고 생계유지의 측면 이상으로 직업적 주체성, 만족, 가치발전 등과 나아가 자신의 직업적 진보를 할 수 있도록 원조 · 지지해 주는 서비스라고 할 수 있다. 그래서 직업재활전문가는 직업재활서비스에 대한 지식과 기술 등 전문적인 능력과 많은 정보를 가지고 있어야 한다. 그리고 직업재활서비스의 전통적인 관점에서 벗어나 일시적인 성과에 치중해서는 안 되며 자신의 역할에 최선을 다해야 한다.

내담자를 직업배치하는 데 있어서 재활상담사들은 최선의 노력과 정직을 유지함으로써 전문직의 윤리적 책임과 자아상을 유지할 수 있다(Roessler & Rubin, 1982). 그러나 내담자의 부정적 이미지를 제고할 수 있는 정신박약이라든지 농아와 같은 일반적인 진단적 낙인을 사용하는 일은 자제해야 하고 구체적 직업과 관련된 내담자의 장점과 약점에 대해 직접적인 초점을 두고 직업배치를 고려해야 한다.

6. 구직면접의 대비

재활상담사는 직업재활과정에서 내담자를 대신하여 고용주와 직접 대면하여 이야기를 나누든 혹은 내담자가 구직면접의 중심이 되든 내담자가 구직면접에 충분히 대비하였는지를 점검할 책임이 있다. 이러한 결정을 내리기 위해 재활상담사는 최소한 다음의 세 가지 질문을 미리 검토해 보는 것이 중요하다(Roessler & Rubin, 1982, p. 152).

① 내담자는 구직면접에서 있을 것으로 기대되는 상황에 대한 적절한 개념을 지니고 있는가?
② 내담자는 지원서류와 같은 구직자 작성양식을 효과적으로 기재할 수 있는가?
③ 내담자는 적절하고 필요한 구직기술을 가지고 있는가?

1) 면접 상황에 대한 적절한 개념

재활상담사는 필요 시 내담자가 구직면접 동안 일어날 수 있는 상황에 대한 정확한 개념을 개발하도록 준비시켜야 한다. 예를 들면, 월급을 얼마나 받기를 원하느냐? 어떤 기술을 가지고 있느냐? 과거 동일직종의 취직경력이 있느냐? 장래 전망은 어떻게 보느냐? 동료들과의 관계에 있어서 어떤 문제는 없었는가? 왜 이 회사에 취직을 하려고 하는가와 같은 고용주가 질문할 가능성이 있는 질문항목의 리스트를 내담자가 작성할 수 있도록 돕는 것도 하나의 좋은 방법이 된다. 내담자들은 보통 전형적인 구직면접에 20~30분 정도가 소요된다는 점을 미리 알 필요가 있다.

2) 구직자 양식의 작성

재활상담사는 필요 시 교육사항, 경력, 자격증, 취미, 특기와 같은 대부분의 구직자 양식에 필요한 기재항목들에 대한 교육훈련을 내담자에게 제공해야 한다. 내담자는 구직자 양식 작성 시에 직무를 수행할 수 있는 자신의 능력에 대해 정확하게 강조를 하고 동시에 그 직무에 부적절한 문제들과 관련된 정보는 피하는 것이 좋다. 조사연구 결과 구직자 양식을 작성하는 구직자의 태도가 채용에 큰 영향을 미치는 것으로 나타났는데, 과거경력과 이력서 및 구직자 양식에 나타나는 내용이 특히 중요한 것으로 간주되었다.

3) 내담자의 구직기술

재활상담사는 필요 시 내담자가 구직기술을 개선할 수 있는 준비를 하도록 도와야 한다. 예를 들면, 복장, 시간준수, 구직면접 태도와 같이 면접자의 판단에 중요한 영향을 미칠 수 있는 요소들에 대해 상담사-내담자 토론의 초점이 모아져야 한다. 일반적으로 구직면접에 임해서는 해당되는 직장에서 요구되는 것에 적절한 복장은 하되 전통적인 말쑥한 복장을 착용하도록 하는 것이 좋으며, 특히 부정적인 첫인상을 갖게 하기 쉬운 시간준수에 실패하는 일은 아주 심각한 결과를 초래할 수 있다.

구직면접 시에 내담자들은 그들의 개인적인 목표들을 효과적으로 진술하고 해당 직무와 회사에 대한 적절한 질문을 하도록 준비해야 하는데, 구직자로서 충분히 동기를 지니고 있고 정직하며, 진지하고 신뢰롭고 성숙한 태도를 보여야 한다. 뿐만 아니라 내담자는 협조적이고 헌신적인 태도로서 해당 직무에 대한 자신의 구체적 자격들에 대해 토론할 수 있는 준비가 되어 있어야 한다.

내담자들에게 보다 중요한 것은 구직면접 동안 있을 수 있는 부정적인 질문에 대한 효과적인 준비인데, 그것은 입원내용, 사고경위, 낮은 교육, 경력부재, 형사기록, 질병에 관한 것일 수 있다. 이러한 질문들에 대한 최종적인 대답은 문제사실에도 불구하고 해당되는 직무를 충분히 잘 수행할 수 있다는 긍정적인 진술로 끝을 맺어야 한다. 예를 들면, 내담자의 명백한 신체장애에 대한 진술은 면접초기의 몇 분 이내에 간략하게 언급하고 장애가 해당 직무 수행에 어떻게 영향을 미치지 않을 것인지를 설명하는 것이 바람직하다.

직업훈련과정을 수료한 내담자는 자신의 능력들에 대한 관심을 불러일으킬 수 있는 직업훈련 경험들에 대화의 초점을 두고 장애를 지니지 않은 동료 훈련생들과의 상호작용에 관한 논의를 이끌어내는 것도 좋은 방법이 될 것이다.

구직면접에 임하는 내담자들의 기술과 관련하여 내담자들은 동질적이라기보다는 매우 이질적이기 때문에 면접 이전에 재활상담사가 구직자의 욕구를 충분히 파악하고 효과적인 방법으로 다루는 것이 중요하다. 내담자의 욕구파악을 위해 모의된 구직면접을 상담장면에서 실제로 시행해 보는 것도 효과적이며, 또한 내담자를 잡 클럽과 같은 구직기술 훈련프로그램에 의뢰하거나 사정된 내담자 욕구를 토대로 하여 내담자에게 가장 효과적인 서비스 중재전략을 수립하는 것도 좋을 것이다. 재활상담사가 비디오테이프와 같은 교육기자재를 준비하거나 체계적 감강법과 같은 행동수정기법 및 합리적-정서적 상담기법 등에 익숙하여 훈련기술을 충분히 지니고 있을 때는 내담자의 구직기술을 개선하기 위해 직접 개입하는 것도 바람직하다.

7. 직업배치에 대한 상담사의 태도

내담자 직업배치는 재활상담사의 중요한 직무 중 하나다. 그러나 직업배치활동이 힘들고 재미없는 업무라고 하는 상담사의 지각과 태도는 위험하다. 사실 직업배치활동은 마치 서비스나 상품의 판매활동과 유사하여 저급한 사회적 지위라든지 담당자의 자존심을 상하게 하는 일들이 간혹 발생할 수 있지만, 직업배치야말로 내담자의 삶의 질을 높이는 데 본질적이고 절대적이라는 철학을 상담사는 지니고 있어야 한다. 장애인의 삶에 직접적으로 개입하여 전문적인 노력을 통해 헌신하는 재활상담사의 노력은 어떠한 인류애보다도 숭고하고 고귀한 것이다. 따라서 이들이 얼마나 창조적이고 효과적으로 변화하는 사회 일반의 가치, 개념, 태도, 본질, 장애인들의 재활욕구와 서비스요구에 반응하는가를 살펴보아야 한다.

재활상담사 교육과정에 있어 직업배치에 대한 강조는 아무리 해도 지나치지 않다. 직업배치에 능한 재활상담사야말로 효과적인 상담사이며, 사례관리자다. 따라서 재활상담사의 교육과정 속에는 다음의 지식영역들이 포함되어야 한다(Roessler& Rubin, 1982, p. 156).

① 진로발달이론
② 고용가능 태도 및 행동
③ 장애인이 직업배치에 있어서 직면하는 사회적 장벽들에 대한 이해
④ 직업정보 원천
⑤ 직무수정(job modification) 및 재구조화 과정
⑥ 관련 법률

마찬가지로 앞의 영역들을 토대로 재활전문가는 다음의 구체적 기능을 수행할 수 있어야 한다(Roessler & Rubin, 1982, p. 156).

① 직업정보 원천의 이용
② 직업배치 파일의 개발
③ 직무분석의 수행
④ 구체적 직업에 필요한 교육 및 훈련 조건들의 파악
⑤ 내담자의 직업적 선택에 대한 권고와 훈련 고려에 필요한 직업적 정보의 이용
⑥ 장애인 고용에 대한 고용주의 염려에 대해 적절한 정보를 제공하는 일
⑦ 장애인의 직업을 발견하기 위한 노력의 조직 및 고용주 원조
⑧ 직업배치의 효과측정을 위한 고용주의 추수면접

8. 마케팅 방식

직업배치에 있어서 마케팅 개념이 필요한 것은 생산적인 장애 내담자만이 직접적인 결과를 가져올 수 있는 것이 아니라 기업체의 고용주들도 내담자와 같이 다루어짐으로써 재활철학이 성취되는 데 있다. 직업배치에 있어서 마케팅 접근은 효과적인 재활노력을 통해 고용주 만족과 내담자의 직업적 만족, 그리고 모든 사람의 복지를 초래하는 결과를 촉진하는 것이다. 어떤 사회나 기업은 그들이 생산해 낸 생산물에 대해 애착과 관심을 가져야 한다. 직업배치의 기업체 고용주 측면에서는 광고 및 홍보가 훌륭한 도구가 되며, 기업체 간의 장애인 고용에 대한 경쟁적 분위기를 자아내도록 하는 방안을 마련하는 것도 효과적일 것이다.

성공적인 마케팅 전략의 중요한 요소는 다음과 같다(Corthell & Boone, 1982).

① 수요자의 욕구 파악을 통한 마켓에서의 직업배치 기회를 확대하는 것
② 추수점검 서비스, 개인적 관측, 수요자의 결정, 유통구조의 확립, 광고,

생산을 촉진하는 경영활동의 개발과 수행

판매와 마케팅의 차이점은 단순한 판매는 잠재적 수요자의 승인 아래 실제의 내담자를 보여 주거나 직업배치하는 것이지만 마케팅은 잠재적 수용자가 무엇을 원하는지 파악하는 데까지 관심을 가진다. 따라서 판매는 마케팅의 한 부분으로 간주할 수 있으며, 마케팅 개념에는 다음의 내용이 포함된다.

① 수요자의 욕구 파악
② 내담자 혹은 기타 서비스들을 통해 충족된 욕구들을 지닌 수요자 시장 파악
③ 재활기관이 운영될 수 있도록 관련된 모든 사람의 활동을 통해 마케팅 계획을 실행에 옮기는 것

마케팅 활동은 현재의 고용경향과 수요의 관점에서 수요자와 일반대중과 효과적인 의사교류를 하고, 표적집단, 결과, 기회, 그리고 목적들을 주기적으로 점검하고 파악하는 것이 된다. 이때는 고용주의 즉각적인 욕구뿐만 아니라 장기욕구를 평가해야 한다.

직업현장조사는 장애인 채용에 대한 고용주의 인식을 높일 수 있으며, 직업적응 장비, 건축물 구조장벽과 같은 물리적 환경, 작업단위에 의한 재활상담사의 인식, 직무 재구조화와 생산성을 높이기 위한 방법을 제공해 준다.

내담자와 고용주를 위한 서비스들은 다음의 영역들을 포함한다(Corthell & Boone, 1982, p.19).

① 관련법(예를 들면, 「장애인 고용촉진 등에 관한 법률」)의 준수 및 이행과 관계된 고용주 자문
② 유자격 장애인의 작업장 개조를 촉진시키기 위한 고용주 작업장의 조

사평가

③ 고용주의 요구조건에 대한 구직자의 평가 및 사정

④ 고용주의 욕구에 적절한 근로자로 준비시키기 위한 내담자 교육훈련의 제공

⑤ 사후지도 및 직업배치 후 서비스의 제공

⑥ 산업재해 근로자를 포함한 장애인 근로자의 전직

직업배치 및 직업관련 문제에 따른 일반 자문을 제공하는 마케팅 전략에는 광고와 유통구조의 정립이 필요한데, 유통구조의 정립을 위해서는 수요자와의 잦은 접촉이 요구되고 인사담당자, 전문인 권익기구, 지역사회 기구, 정부기관 관계자들과 좋은 관계를 유지하는 것이 요구된다.

1) 잡 클럽

개념 잡 클럽 방식은 소규모 집단활동을 통해서 내담자의 비현실적 직업관의 교정을 시도하며 구직기술들의 습득, 면접기술 향상, 이력서, 자기소개서, 고용주에 대한 서신 및 전화접촉, 그리고 기타 취업에 필요한 제반양식의 작성 등 직업준비훈련을 꾀하는 것이다. 여기서 보다 구체적인 취업전략을 논의하고 실행하게 된다.

Azrin과 Phillip(1979)에 따르면 잡 클럽을 통해 내담자의 95%가 취업하는 비율을 보였으며, 직업상담 내담자는 28%의 취업률을 보였다.

집단구성

① 3명 이상의 내담자들이 구체적 직업목적을 가지고 이 목적들을 달성하기 위해 토론, 면접연습, 잠재적 고용주에 대한 전화 및 서신작성 등의 집단활동을 한다.

② 집단역동을 이용하여 상호 관련적으로 구성원 개개인의 행동에 직·간

접적으로 영향을 미친다.

③ 고도로 훈련된 집단리더(재활상담사 · 교사)에 의해 집단의 방향이 제시되고 이끌어진다.

집단활동의 요인

① 내성: 기본적으로 자기관찰적이다.

② 실제적 경험: 집단역동을 통해 표현된다.

③ 재동기화: 새로운 상황에 따른 변화를 꺼리는 사람들을 다시 동기부여한다.

④ 재사회화: 한때 가졌던 사회적 경험을 재차 가지려고 하는 것이다.

⑤ 직업적 준비도의 평가: 특정의 직업에 필요한 지식 · 기술 · 적성 등이 있는가를 살핀다.

고려할 점

① 비용 및 장소: 전화기, 적절한 조명과 환기, VCR이 설치된 피드백(feedback)이 용이한 조용한 방인가를 살핀다.

② 내담자가 취직을 하려는 노력과 헌신적 태도를 지니고 있는가의 여부를 살핀다.

진행과정

① 집단과정

- 제1단계: 자기관리훈련(자기주장훈련, 자기관리 및 운영기술 습득, stress management, 직장상사의 업무지시 순응).
- 제2단계: 직업탐색에서 직업목적을 달성하기 위한 문제해결기술, 장애인(자신)의 취업 시 예상되는 문제점(기숙, 통근, 계단, 대인관계 등), 이력서 작성, 최종 취업면접준비를 시도한다.
- 제3단계: 구직계획(자신의 구직계획 설정, 실행).

② 집단리더의 준비

- 문제의 제시 및 토론을 주도하며, 집단리더는 중개자 혹은 촉진자로서의 역할을 수행한다.
- 구성원들에게 다양한 의견제시를 고무 · 장려하고 수용적 분위기를 유지한다(비판적 태도를 피하고 가치중립적 태도를 유지한다).
- 구성원의 자유로운 의견표시가 보장되어야 하며, 언제든지 자신의 의견(마음)을 바꿀 수 있는 분위기를 유지하도록 한다.
- 토론의 진행 중 집단리더는 자신의 사적 견해를 피력하지 말아야 하며, 다만 집단 구성원들의 생각이 미치지 못하는 부분이 있으면 그 부분을 지적하는 것으로 그친다.
- 사례발표 시 리더는 토론이 개시될 수 있도록 충분한 사실과 정보를 집단에 제시한다.

③ 상담기술

- 어떤 내담자가 무엇을 말하려고 하는지 잘 알아야 하는 경청의 기술이 필요하다.
- 자신의 이야기를 하게끔 도우라. 즉, 그 사람의 감정을 포함하여 그가 자신을 어떻게 보는지 이해하라.
- 만약 그 사람이 어떤 문제를 말하면, 그 문제를 집단리더의 용어로 재차 되풀이한다.
- 만약 그 사람이 도움을 원하면, 그 도움이 무엇인지 집단리더의 용어로 재차 되풀이한다.
- 어떤 발표자가 무슨 문제를 가지고 있는지, 또 그 문제를 어떻게 느끼는지, 또 그가 무엇을 원하는지 집단리더가 이해하고 있는 것과 일치될 때까지 재차 설명한다.
- 자신의 문제해결을 위해 집단구성원(발표자)이 어떻게 노력했는지 파악한다.

면접연습 면접은 자질평가, 즉 사람을 직접 대면하여 대화를 해 봄으로써 그 사람의 가치관, 인생관, 인품, 언어 등을 종합적으로 평가하는 시험이라고 볼 수 있다. 따라서 면접연습은 고용주에게 어떻게 자신을 나타내 보일 것인가 하는 면에서 매우 중요하다. 면접연습에서는 관심이 있는 직업을 제공하는 고용주들의 유형과 채용기준을 먼저 살펴보아야 한다.

고용주의 관점과 생각을 고려하면서 면접에 있어서 임하는 내담자가 잘한 것을 격려하고 자신과 다른 사람의 면접상 차이를 파악하도록 한다.

고용을 준비시키는 면접연습 시 유의할 점은 다음과 같다.

① 어떻게 고용주를 만나 면접할 것인지 가르친다.
② 부드럽고 유익한 면접 분위기를 만들기 위해 피면접자는 무엇을 해야 하며 무엇을 하지 말아야 할 것인지 가르친다.
③ 의욕과 열의를 가지고 구직 지망 동기를 분명히 한다.
④ 자기소개를 잘 하도록 한다(용모, 태도, 언어 표현, 자세, 진솔, 적극성, 명랑성, 자신감, 건강미).

응모지원서(서신) 및 자기소개서 솔직한 표현과 독창성, 지망하는 곳의 성격과 채용방침 등을 파악하는 것이 중요하다.

> 학교 졸업을 3개월 앞두고 장차 평생 동안 헌신할 직장을 찾고 있습니다. 졸업할 무렵에 가능한 귀사의 일자리와 귀사의 고용기회 및 취직에 필요한 필요조건들을 알고 싶습니다. 따라서 귀사의 직원채용 계획이나 모집요강이 있는지, 있으면 송부하여 주시기 바랍니다.

① 지면을 통한 자기 PR이라 생각하고 자신에 대해 솔직하면서도 자신 있게 글을 쓰며, 글씨는 정성을 다해 깨끗이 쓴다(성격, 시각적 호감).
② 어투는 자신을 겸손하게 표현하는 겸양어를 사용한다(저는 ……).

③ 맞춤법 · 띄어쓰기 · 부호 사용 등을 정확히 한다.
④ 과다한 수사법이나 현실과 동떨어진 표현을 피한다.
⑤ 구체적 · 긍정적 · 건설적이고 명확한 표현을 한다.
⑥ 많은 연습을 거쳐 미리 작성해 둔다(선배, 교사, 교수, 전문가 등을 통해 계속 다듬는다).

자기소개서의 내용

① 성장과정 및 가정환경: 학과목, 이상, 선후배, 가족관계를 명시한다.
② 성격의 장단점: 자기 자신을 잘 아는 철저한 준비가 수반되어야 하고, 자신이 직장에 잘 융화할 수 있음을 간접적으로 표현한다.
③ 전공선택의 이유: 전공에 대한 애착심, 해당 분야에 대한 앞으로의 가능성에 도전하고자 하는 신념표시와 취업준비 정도에 대해 설명한다(컴퓨터, 자격증 취득, 운전……).
④ 지원동기: 전공과 관련된 성취욕구, 해당 분야에 대한 자신의 소질이나 앞으로 열심히 해서 어떻게 해보겠다는 신념을 나타낸다.
⑤ 장래희망 · 포부: 대학전공과 입사지원동기 간의 일관성 및 신념, 솔직한 앞으로의 힘찬 포부를 표현한다.

2) 구직활동

일자리를 찾고자 하는 사람들은 여러 가지 형태의 구직활동에 종사하게 된다. 구직활동의 단계별 고려 사항은 다음과 같다.

잠재적 직업시장 많은 경우, 사람들이 어떻게 고용되는가에 관한 실제적 과정은 일반적으로 잘 알려져 있지 않다. 그 실제적 과정은 대개 다음과 같다.

① 자리에 결원이 생길 경우 대개는 직장 내부적으로 스스로 해결하려는 노력을 한다. 사원들에게 보충을 종용하거나 혹은 다른 네트워크를 통해 회사간부 인사담당자 개인의 노력에 의해 이루어진다.

② 광고, 노동부 직업안정국, 기타 직업안내소를 통한 방법에서 통계에 따르면 대개 15% 정도의 구인이 신문광고에 의해 이루어진다. 따라서 재활상담사는 85%의 나머지 구인방법을 활용할 수 있다.

구인매체 직업을 원하는 사람들이 참고로 해야 할 구인매체 혹은 자료원천으로는 다음과 같은 것들을 참고할 수 있다.

① 직업은행: 상업훈련협회(전문기술직), 노동부 고용안정 사무소(단순기능직), 사설직업소개소
② 도서관 · 공단 · 공공시설 벽보판, 공장창문 벽보
③ 상공회의소
④ 신문광고
⑤ 구인구직 잡지, 리쿠르트
⑥ 전화번호부, 사업자 명부
⑦ 기타(졸업생, 친구, 친척, 교사, 교수)

구인정보 구인정보는 다양한 경로를 통해서 제공되지만 여기서 염두에 두고 점검해야 할 사항들은 다음과 같다.

① 기관(공장, 회사)명, 주소, 업체명
② 생산상품, 서비스
③ 주요인사, 인사담당자, 사장(명함)
④ 해당 사업장의 법률적 문제(고용촉진 및 직업재활법, 산재보험법)
⑤ 해당 업종산업의 현재 경기

⑥ 직원채용 가능성

네트워크 활용　구직활동에 관련하여 고려되는 관계망과 포괄적 상호작용에 관한 내용들이다.

① 취업배치된 기존의 취업자 동향
② 고용주와의 협력적 관계 구축
③ 고용주와의 좋은 관계 유지
④ 취업배치 네트워크 고려점
⑤ 내담자의 취업기회를 확대
⑥ 정확하고 시기적절한 노동시장에 관한 정보
⑦ 고용주의 욕구 파악

고용주 접촉 · 연락(인사담당자)

① 내담자 구직활동의 전제조건: 첫째, 얼마나 많은 시간과 노력을 할애하느냐에 달려 있다. 둘째, 내담자는 자신의 장점과 흥미 등에 관해 익숙해야 하며 해당업체의 생산품, 서비스, 활동, 업체의 종류와 크기, 업체의 주요목표, 지리적 위치 등을 파악해야 한다. 셋째, 업체가 내담자에게 관심을 갖기 전에 내담자가 해당업체에 관해 관심을 가지고 있는지 파악해야 한다.
② 구직업체와 고용주 탐색: 첫째, 구인정보의 획득이 필요하다. 둘째, 고용주 접촉, 접촉 리스트의 작성, 최초의 고용주를 선택하여 각각의 고용주에게 자기소개문 등을 우송한다. 셋째, 전화연락 등을 통해 취업가능성 여부를 확인하고 면접약속 등을 한다.
③ 면접 시 주의사항: 면접시간 10분 전에 도착하고 면접자의 이름 등을 기억하거나 면접자 질문에 대해 준비, 복장, 면접 태도, 면접이유 등을 설명하고 적절한 질문을 준비한다. 비서를 활용(필요한 질문 등), 해당 회

사 · 업체의 장점, 발전가능성, 전망 등을 이해한다.

구인(노동)시장 조사 직업별 통계적 동향, 실업률, 사업별 고용추이, 인플레이션, 실업 · 고용 환경, 상공회의소, 직업별 협회, 고용서비스 사무소, 대학 · 행정당국자 등과 접촉하고 긴밀한 관계를 유지한다.

① 회사명: 전화번호, 주소, 면담자(이름, 지위)를 파악한다. 구직활동에서 가장 기초적인 이러한 조사정보를 통해 주기적으로 혹은 장기적으로 구직에 대비할 수 있다.
② 구인: 현재 구인 직종, 최종 구인 직종, 예상 구인 직종, 직종별 구인수를 파악하고 점검한다. 이 정보를 통해서 기업체의 인력채용 가능성이나 시급성 등에 관한 판단이 가능하다.
③ 직업적 요구 조건: 교육, 경력, 훈련, 훈련기간 등을 이해한다. 직업적 요구 조건들에 대한 분석은 직업개발 및 직업배치전문가들 스스로를 위해서나 또는 재활기관의 내담자 성격에 관련하여 현명한 판단을 하게 된다.
④ 신체적 요구: 들기, 운반, 걷기, 계단, 앉기, 서기, 비틀기, 굽히기 등과 관련하여 적절한 판단을 한다.
⑤ 구인조건: 최초 봉급 수준, 보너스, 수당, 장애인 고용 여부, 장애인에 관한 태도, 직업환경 수정(변경) 가능성 등을 조사한다.

고용전망 고용전망은 구체적 노동시장에 대한 풍부한 정보를 통해 현명한 직업선택과 미래를 준비하게 한다. 여기에는 다음과 같은 요소를 고려한다.

① 각 직업 영역별 고용인 수
② 지난 일 년 동안 몇 명을 고용했는가?
③ 평균임금

④ 차기 3년 내 재정적 · 직업적 확대 · 축소 가능성
⑤ 직업경력을 요하는 직업영역
⑥ 고용정책, 재훈련 가능성

9. 직업배치전문가

1) 대립적 전문가 특성

적절한 직업에 장애인이 고용되는 것은 직업재활에서 중요한 목표였고, 이 목표는 계속될 것이다. 사회가 직업윤리를 지지하고 장려하는 동안 재활은 이 목표에 대해 자원과 힘을 투입해야 할 것이다. 이러한 도전을 대체하기 위해서는 직업배치 기능에 대한 지식과 노력을 보다 더 헌신적으로 해야 할 것이다. 재활전문가들은 모든 장애를 가진 사람들이 적절한 고용을 목표로 하는 체계적인 접근을 강조하고 발달시키기 위해 재활과정 속에 이 요소를 포함시켰다.

재활상담사들은 치료에 전문가가 되기보다는 배치에 전문가가 되기를 갈망하는 데에서 나타난다. 직업배치는 장애인들의 재활의 종료와 새로운 삶의 시작을 의미한다.

직업재활서비스의 결과로써 측정할 수 있는 성공적인 전문가의 주요한 특성들은 〈표 6-2〉, 〈표 6-3〉, 〈표 6-4〉와 같이 요약할 수 있다(Fraser & Shrey, 1986).

표 6-2 ➡ 일차적 특성

성공적인 직업배치전문가	실패하는 직업배치전문가
긍적적이며, 매사에 적극적이다.	부정적이며, 자신의 일에 대해 회의하고 동기부여감을 상실한다.
자기 이해를 충분히 하고 있으며, 융통성, 다양성, 창의성을 지닌다.	자기중심적이며, 폐쇄적이고 완고한 경우가 많다.
과학적 지식으로 무장하고 있으며, 문제해결을 용이하게 한다.	논리적이지 못하며 무지하고, 문제해결을 어렵게 한다.
에너지가 충만하며, 생산적이다.	나태하며, 비생산적이다.

표 6-3 ➡ 이차적 특성(정서적 수행능력)

성공적인 직업배치전문가	실패하는 직업배치전문가
창조적이며, 여러 가지 대안을 창조한다.	완고하며, 융통성 없는 결론에 이른다.
예의범절로 다른 사람을 감동시킨다.	자기통제력(목표지향적 행동을 이끄는 자기 인식)이 부족하여, 타인을 멀어지게 한다.
용기 있고, 적극적인 행동을 한다.	근심이 있어, 소심하고 소극적이다.
신뢰성이 있어 자원의 폭을 넓힌다.	신뢰할 수 없어 선택의 폭을 좁게 한다.
구조적인 접근방식으로 시간과 비용을 줄인다.	비구조적인 접근방식으로 에너지의 낭비와 중복을 초래한다.
전문성으로 비용-효과적이게 한다.	비전문성으로 끝없는 투입을 요구한다.
기능적 전문성의 유지로 서비스의 질을 높인다.	부적당성으로 서비스의 질을 낮춘다.

표 6-4 ➡ 내담자와 상담사가 갖추어야 할 요건

내담자의 요건	상담사의 요건
동기부여되어야 한다.	지역사회 노동시장에 대한 지식을 가지고 있어야 한다.
긍정적인 태도를 가져야 한다.	산업과 실업유형들에 대해 익숙해야 한다.
특수한 지식을 가져야 한다.	고용장소들 및 작업과제들을 잘 파악하고 있어야 한다.
기능적인 능력을 가져야 한다.	작업과제들이 수행되는 물리적 환경을 잘 파악하고 있어야 한다.

2) 직업배치전문가의 의무

직업배치전문가들은 적어도 다음과 같은 사항에 있어서의 의무를 충실히 수행해야 한다.

① 고용주들과의 접촉과 대리권 설정

- 내담자들에게 용기를 주고 격려한다.
- 고용을 촉진시키고 내담자들을 격려한다.
- 발전가능한 기회로 내담자들을 격려한다.
- 고용과 직업에로 이끄는 지식체계를 개발한다.

② 직업배치감독과 내담자들

- 의뢰와 자문을 통해 내담자 욕구를 충족시킨다.
- 명료한 의사소통과 책임, 한계를 설정한다.

③ 기록과 활동보고서 작성

- 기초 행정관리 능력을 갖추어야 한다.
- 항상 중요한 사실을 문서화해야 한다.

④ 다른 대리권과 사회적 관계 유지

- 위임 권한을 통해 필요한 대리권을 확립한다.
- 서면 동의를 통해 전문적 관계의 유지에 필요한 조건을 확보한다.

⑤ 준비가 된 내담자들에게 관련된 직업배치서비스 제공

- 직업정보를 제공하여 직업탐색 · 구직에 이르게 한다.
- 내담자 분석과 피드백을 통해 심리적 준비를 갖추도록 한다.
- 노동시장 정보를 제공하여 직업배치를 촉진시킨다.

⑥ 인적 자원의 훈련과 실행충고

- 경영과 인사감독의 원조를 통해 인적 자원개발에 기여한다.
- 직원의 훈련에 대비한 조정을 통해 직업배치 가능성을 높인다.
- 직업훈련프로그램들과 기회에 대한 정보를 제공한다.
- 미래의 고용경향을 파악한다.
- 직업에 대한 환기를 촉구한다.

⑦ 내담자의 직업탐색 기술들 개발

- 내담자들의 직업준비 면접을 실행한다.
- 직업준비 프로그램들에 적용할 수 있는 내담자 기술을 개발한다.

⑧ 직업배치 실행과 새로운 직업개발

- 취업의뢰하여 직업배치를 실행에 옮긴다.
- 사후지도와 전직을 고려하여 새로운 직업을 개발한다.

⑨ 정보조정의 능력과 장애를 가진 사람들의 고용계획 수립

- 장애를 가진 사람들에 고용계획을 수립한다.
- 고용주에게 정보를 제공하고 필요 시 생각을 바꾸게 한다.
- 노동조합의 협조를 통해 고용계획을 촉진시킨다.
- 고용대리권을 확립하여 법적 문제를 해결하거나 미연에 방지한다.
- 교육자를 통해 고용계획을 점검한다.

⑩ 직업소개 기술과 고용가능성 탐구

- 지역사회 조사를 통해 내담자 고용가능성을 살피게 된다.

- 직업소개에 필요한 문헌연구를 통해 고용기회를 높인다.
- 현재의 도서관 정보를 유지하고 개선시킨다.

⑪ 현재의 정보유지와 조사

- 노동시장의 현재 상태를 파악하고 갱신한다.
- 고용경향을 분석하여 고용가능성을 점검한다.
- 특별 프로그램을 통해 시사성 있는 노동시장 정보를 조사한다.

직업배치전문가는 이와 같은 사항뿐만 아니라 직업과제들에 대한 정신적 · 신체적 요구조건들, 직업적 · 인지적 · 학문적 요구조건들, 문화적 영향 등을 이해해야 한다. 각종 요소와 상황들에 있어서 경영관리와 같이 직업가능성들을 다양한 상황 속으로 개발하려는 노력에서 자신의 행동과 언어에 대해 충분히 이해해야 한다. 고용주 면접은 산업적 · 심리적 관계이므로 상대방을 확신시키기 위해 기술, 지식, 용기를 필요로 한다. 또한 '아닙니다'를 말할 수 있는 능력과 자기 자신의 불안을 다루는 능력이 필요하기 때문에 자신의 기술, 지식, 행동 결과를 검토해야 한다.

또한 직업배치전문가는 직업배치활동의 시간, 에너지를 조직하고 유용화하며 재활종료에 대한 준비와 태도, 격리불안, 투영을 다루어야 하므로 자신의 모든 지식, 기술, 재능을 융통성 있게 적용하는 능력이 중요하다.

연습문제

※ 다음의 보기에서 알맞은 답을 찾아 각 질문에 답하시오.

1. 임의적이고 변덕스런 인사관행과 높은 이직률(　　)
2. 초입을 외부인원에 의해 충원하고 나머지는 승진에 의해 충원(　　)

보기

① 이차 노동시장　② 내부 노동시장
③ 외부 노동시장　④ 일차 노동시장
⑤ 간접 노동시장

토론문제

1. 직업배치과정을 내담자의 특별한 욕구와 비교하여 설명하시오.

제7장

산업재해 장애인의 직업배치

1. 산업재해 장애인의 복직에 영향을 미치는 요인

산업재해로 인한 노동력의 상실은 근로자, 고용주, 그리고 사회에 심각한 결과를 미친다. 산업재해 장애인의 직장복귀에 있어서 고려할 점은 먼저 장애인뿐만 아니라 다른 사람들과 함께 일할 수 있도록 배치하여 고립되지 않도록 하는 것이다(Tate, 1992). 산업재해의 직업재활 중 원직복귀제도는 다음 세 가지로 나눌 수 있다.

① 의료와 치료서비스를 강조하는 의료서비스기반의 정책
② 보조금 차등지원지급과 직장복귀를 조기에 할 경우 제공하는 인센티브기반정책
③ 직장환경 수정과 직업스케줄 조정 같은 직장편의기반의 정책

직업배치를 위해서는 장애인 자신의 정신적 문제해결을 위한 심리치료적 요소의 고려와 함께 사회적 피드백 장치가 필요하다. 직장에서 자기 자신을 이해하는 태도를 지도하고 가정환경의 분석과 사회환경 적응문제를 지도해야 한다. 장애인 자신의 정신적 문제가 해결되지 않으면 장애비용의 증가와 생산성 감소를 초래하게 되고 사회적으로는 재정적 부담을 가져온다. 또한 근로자에게는 심리적 스트레스, 사회적 상실, 신체적 능력 감소, 그리고 경제적 수입의 감소와 불안정이 초래된다(Tate, 1992).

산업재해 발생 후 직업복귀에는 인적 요소와 물적 요소 등 여러 가지 조건이 영향을 미치는데, 성별 · 연령 · 학력과 같은 근로자 특성뿐만 아니라, 각종 제도와 환경 등도 차별적 결과를 초래한다.

1) 장애제도

고용주와 노조의 정책, 산업재해 보상과 같은 장애연금제도는 근로자의 태도와 행동에 영향을 미칠 수 있다. 장애인에게 재활수단을 제공하는 것은 정부의 책임이며, 장애인은 적절한 권리와 많은 자원을 확보할 수 있어야 한다. 그러나 장애제도는 산업재해 장애인의 직장복귀나 재활을 촉진시키기도 하고 방해하기도 하는 양면을 갖는다.

2) 노동시장 조건

산업재해를 당한 일부 근로자들은 제한적인 교육 때문에 비교적 빈약한 노동시장 조건을 가지고 있다. 따라서 이런 경우에는 공식적 교육과 같은 재교육이 매우 중요하다.

3) 고용주 정책

고용주들이 장애를 지닌 근로자들의 욕구를 무시하거나 정확히 알지 못할 때 그들은 노동력에서 제외된다. 따라서 고용주들이 산업재해 장애인들의 재활과정에 참여하고 원조를 제공하는 일은 매우 중요하다. 산업재해 장애인의 직장복귀에 대한 고용주 이해가 높고 적극적일 때 복직가능성도 높아지기 때문이다.

4) 직업재활서비스

산업재해를 당한 근로자를 위한 직업훈련과 교육, 재활중재의 정도, 직업재활서비스의 효과와 그 관련 비용은 복직에 영향을 미친다. 특히 직업재활서비스는 산업재해 근로자의 직업적 인큐베이터 역할을 하게 되며, 거기에는 엄청난 에너지와 노력이 소요된다.

5) 근로자의 특성

근로자의 연령, 성별, 배우자 유무, 교육, 장애유형, 지원체계 등은 성공적인 복직을 예측할 수 있는 요소들이다. 특히 전문직 종사자일수록, 높은 교육을 받을수록, 젊을수록, 경증일수록 복직이 용이하다.

6) 사회적 강화제

가족, 동료, 그리고 중요한 관계자들의 태도와 역할은 복직의 성공과 실패에서 중요한 역할을 한다. 칭찬과 격려, 긍정적인 역할 기대는 산업재해 장애인에 대한 훌륭한 사회적 강화제가 된다.

2. 산업재해 및 정신장애인 직업배치 형태

우리나라 최초의 사회보험인 「산업재해보상보험법」이 제정되고 1964년부터 이 법률이 시행된 이후 매년 3만 명에 이르는 산업재해 장애인이 발생하고 있다. 2009년도 한해 동안만 35,569명이 산업재해 판정을 받았다(장해진단). 또한 오래전 1996년 노사분규로 인한 생산차질액이 2조 6,429억 원일 때 산업재해로 인한 직접적 · 간접적 경제손실은 6조 7,667억 원에 이르렀다. 따라서 2000년대 들어 산업재해에 있어 금전적 보상과 더불어 직업재활의 필요성이 대두되어 재활급여가 산업재해 보상의 여덟번째 항목이 되었다.

산업재해 장애인의 직업배치는 일반적으로 가장 이상적인 직업복귀에서 자영업까지 다음의 여덟 가지 형태로 나타난다(Pimentel, Bissonnette-Lamendella, & Wright, 1987).

① 동일 직업의 동일 고용주에 복귀
② 산업재해 이전의 동일 고용주의 변경된 직업에 복귀
③ 동일 고용주의 새로운 직업에 복귀
④ 다른 고용주의 산업재해 이전과 동일한 직업에 복귀
⑤ 새로운 고용주와 새로운 직업에 복귀
⑥ 고용을 위한 단기훈련 준비(3~6개월)
⑦ 고용을 위한 장기훈련 준비(6개월 이상)
⑧ 자영업

사람이 직장에 취직하는 것과 결혼하는 것 사이에는 유사한 점이 많다. 예를 들어, 적당한 직업이 있으면 그 자리에 배치되기 위한 적당한 사람이 있어야 하는 것이다. 이러한 자연스런 시장법칙을 저해하는 고용장벽들(employment barriers)로는 다음의 사항을 고려할 수 있다.

① 비현실적 기대
② 정서적 문제
③ 자원의 부족
④ 좌절감
⑤ 직업관련 불안
⑥ 빈약한 자기상
⑦ 부정적 태도와 같은 심리적인 문제

이와 같은 고용장벽들을 평가할 때는 다음의 사항을 고려해야 한다(Pimental et al., 1987, p. 8).

① 고용의 본질은 임의적인가, 그렇지 않은가?
② 그 장벽은 내담자의 구직에 어떤 영향을 미치나?
③ 그 장벽은 내담자에 의해 제거 가능한가?
④ 그 장벽은 각종 재활서비스 프로그램을 통해 제거 가능한가?
⑤ 그 장벽은 의료와 같은 외부 도움이 필요한가?
⑥ 그 장벽에도 불구하고 구직을 계속할 수 있는 방법이 있는가?

이밖에도 정신장애인의 직업배치를 살펴보면 다음과 같다. 전체 1/3의 정신장애인들은 재입원이 필요하고 장기 입원치료를 요하며, 1/3은 치료를 받든 아니든 성공적으로 고용을 획득 · 유지할 수 있다. 중간 1/3은 긍정적 직업적응을 강화할 수 있지만 완전한 사회적 독립을 확신할 수는 없다(Rubin & Roessler, 1995).

고용주의 태도조사 결과, 편견요인 등으로 인해 신체장애보다 정신장애를 지닌 구직자들을 채용하는 것을 더 꺼려 하는 편으로 나타났다.

직업적응훈련프로그램들은 정신장애인들이 지닌 직업적응 문제들(품질관리, 의복착용 습관, 동료 및 상사들과의 관계)을 극복하기 위해 설계될 수 있다.

이러한 훈련상황들은 경쟁 고용환경에서 필요한 역할들을 모방하는 것이다. 전환적 직업 및 사회프로그램들도 개발되어 사용되고 있다.

정신장애인 직업경험들은 사회개발활동들(현장견학 방문)을 보충하는 것이 효과적이다.

이러한 직업재활프로그램은 장애인 개인의 자아개념에 긍정적 효과를 미치는 것으로 나타났다. 예를 들면, 교실에서 가장 곤란하고 개별적 주의가 요구되는 심한 장애인들도 교육훈련의 지시 혹은 격리되어 컴퓨터를 만지는 일에는 잘 반응하였다. 이 과정을 수료한 장애인에게는 과정을 마쳤다는 증명서가 수여되었고 그 결과는 장애인들의 컴퓨터교육에 대한 관심 증가, 자아존중감의 고양, 양적 및 임상적 평가의 성공적 결과로 나타났다.

연습문제

1. 다음 중 산재장애인의 복직에 영향을 미치는 요인으로 보기 어려운 것은 무엇인가? ( )

   ① 직업재활서비스

   ② 장애제도

   ③ 사회적 강화제들

   ④ 노동시장 조건

   ⑤ 직업배치전문가의 특성

토론문제

1. 재활의 중요한 목적에 따르는 논리와 실천 전략을 설명하시오.

2. 재활상담사의 역할과 기능에 대해 설명하시오.

3. 상담사가 행해야 할 직업배치의 중요한 과업들은?

4. 산업재해장애인 직업배치에 필요한 전문가 훈련의 역할과 과정은?

5. 직업재활 기관의 수준에서 내담자 직업배치를 위해 필요한 노력은?

6. 산업재해장애인 직업배치에 임하는 상담사의 역할과 성취기대를 설명하시오.

7. 직업배치의 활성화를 위해 기관, 전문가, 대학이 취해야 할 과제는?

제8장

직업적응훈련

우리 인간은 직업을 통해 자기를 표현하고 존재가치를 나타낸다. 직업을 통해 인생의 보람을 찾으며, 즐거움 속에서 일을 할 수 있는 자세, 사명감이 넘쳐 흐르게 한다. 또 적극적으로 사는 방법을 가르쳐 주는 것이 직업이다.

산업의 고도화에 따르는 기술 및 숙련인력의 확보는 과거의 단순한 노동이나 기능인력의 확보에 비해 상당 기간의 훈련과 교육을 필요로 한다(Sands & Radin, 1978).

때문에 중증장애인의 경우 구직이나 입직의 문제보다 직업을 가진 후에 나타나는 문제들을 효과적으로 해결할 수 있는 능력이나 지원체계를 마련하지 않고는 직업재활이 매우 어렵다.

1. 직업적응훈련의 의의와 목적

1) 직업적응훈련의 의의

직업적응훈련은 고용에 필요한 기본적 근로자 기술을 가지지 못한 개개인에게 필수적이다. 그 목적은 신뢰할 만하고 책임 있는 내담자 행동개발, 기초 몸차림, 그리고 잠재적 근로자로서의 자아개념 개발에 있다. 더욱이 성공적 고용을 위한 대인관계, 직업기술과 조건들에 초점을 두며, 직업선택, 직업의 요구조건, 근로자 요건, 여가시간의 이용, 직장에서의 대인관계기술, 부적절한 직업습관 등의 문제로 인해 전통적인 기존의 재활방법으로는 고용될 수 없는 혹은 훈련 불가능이라고 판정된 중증장애인들에게 적절하다(Cull & Hardy, 1973).

직업적응은 직업재활과정의 완성이자 마지막 단계다. McGowan과 Porter(1967)에 의하면 직업재활이란 장애인이 사회적 · 경제적 · 직업적으로 훌륭한 사회인으로 생활할 수 있도록 잠재능력을 최대한 발휘하도록 도와주는 과정이다.

사람들의 욕구에 맞추어 발전된 최초의 직업적응훈련은 1951년 시카고 유대(Jewish) 직업서비스센터에서 중증장애인의 적절한 직업행동과 태도를 가르치기 위해 상담과 직업적 경험을 제공한 데서 출발한다. 여기서는 직업배치의 전 단계인 직업평가과정에서 소홀히 취급된 중증장애인의 고용잠재력과 고용가능성을 높이기 위한 상담, 훈련, 직업의 세계에 대한 오리엔테이션 등이 제공되었다(Cull & Hardy, 1973).

직업적응과정에서 내담자의 직업행동에 있어서 다음과 같은 영역의 문제를 발견하는 일은 작업성취 정도를 평가하는 것보다 더욱 중요하다.

① 개인적 습관: 용모, 작업복장

② 직업습관: 출석, 시간엄수, 인내력, 주의력 산만 정도
③ 동료 근로자와의 관계: 동료 근로자와의 상호작용 적절성 여부(쉬는시간 중, 근무 중), 동료 근로자에 대한 비난 혹은 불만
④ 직장상사와의 관계: 직장상사와의 부적절한 개인화(밀접한 감독에 긴장하는가? 밀접한 감독을 요구하는가? 감독으로부터 도움을 요청하는가?)
⑤ 학습과 진보(성취지향): 작업속도의 증가, 작업지시 이행능력, 작업연장과 작업장소를 잘 정리하고 배치하는가, 장비와 연장의 조작기술

직업적응은 신체적 인내성과 능력개발, 부적절한 행동변화와 새로운 경험과 정보의 획득 등을 통해 중증의 장애를 지닌 개인의 직업적 잠재력을 강화시키는 하나의 치료적 과정으로 전통적 보호작업장에서 내담자의 고용을 준비시키기 위한 목적으로 수행되는 직업치료의 개념을 내포한다. 즉, 직업적응훈련은 직업기능훈련(vocational skills training)과는 달리 직업생활에 필요한 바람직한 태도의 개발과 신변처리 능력과 교통수단의 이용방법을 포함하는 직업유지기술의 개발에 초점을 두는 전문적 활동이다(Cull & Hardy, 1973).

내담자가 최대한 그의 직업적 개발을 할 수 있도록 도우는 기능적 능력개발, 태도, 개인의 생각, 직업행동들을 개발 · 수정하고, 직업에 대한 가치와 욕구 그리고 생의 의미를 위해 일하도록 개인을 도우는 개별상담, 집단상담 혹은 직업관련 활동들을 이용한다. 체계적 지도 및 훈련의 과정은 측정가능한 방법 속에 장애인이 개인적 · 사회적 · 직업적 개발에 따른 기능적 수준을 성취하기 위한 개념, 행동, 기능의 획득을 통해 자신과 상황에 대처할 수 있도록 하는 연속적 · 체계적 · 개별적인 재활서비스다.

직업관련훈련은 직업수행 능력과 관련 행동을 향상시키기 위해 개인을 돕는 서비스 제공을 위한 하나의 체계적이고, 계획적인 과정으로 개인적 · 사회적 지역사회 적응행동을 포함한다. 이는 장애인들이 노동시장을 준비하고, 직업적 태도를 형성하고, 행동수정을 위해 직업의 심리사회적 요소들을 이용하는 하나의 매우 복잡한 과정이다.

2) 특수 직업적응과 일반 직업적응

직업적응은 특수적 의미와 일반적 의미로 나누어 볼 수 있다. 특수적 의미에서의 직업적응은 신체적 참을성, 능력개발, 새로운 정보와 경험의 획득, 부적절한 행위의 변화 등을 통해 개인의 직업적 잠재력이나 작업 잠재력을 증진시키기 위해 고안된 치료과정을 의미한다. 직업적응훈련은 개인의 요구조건을 충족시키는 작업환경과 작업환경의 요구조건을 충족시키는 개인이 서로 일치하도록 훈련하는 것이다. 따라서 습득된 기술과 직업인으로서의 여러 자질이 현장에서 어떻게 적응되어 성공적으로 취업에 이르게 할 수 있느냐에 초점을 두고 있다.

일반적인 적응은 다음의 세 가지로 나누어 생각해 볼 수 있다(Pruitt, 1983, p. 5).

① 사회적 적응: 사교적 모임, 가족모임, 그리고 오락모임과 같이 다양한 장면 속에서 하나의 효과적인 집단성원으로서 참여하는 개인을 원조할 수 있는 기술들의 습득을 위해 노력하는 것이다.
② 개인적 적응: 다른 사람들에 의해 지각되는 개인의 부정적 혹은 긍정적 이미지에 기여하는 외모, 건강, 개인의 매너리즘, 그리고 행동문제들을 다루는 노력이다.
③ 지역사회 적응: 지역사회 적응은 교통, 금전관리, 쇼핑, 지역사회 자원의 이용과 같은 개인이 지역사회 생활의 시작이나 재개에 수반되어 직면하는 문제들을 다루는 노력이다.

즉, 직업관련 행동은 직업적인 장애를 지닌 개인이 직업상황에서 기능할 수 있도록 능력을 향상시키는 것으로 장애와 능력의 제한 속에서 최대의 기능화를 돕는다고 볼 수 있다.

3) 서비스가 필요한 장애인

직업적응서비스가 필요한 장애인의 유형은 다음과 같다.

비생산적 장애인 작업장에서 적절히 기능할 수 없는 장애인 집단으로, 의미 있는 직업경력이 결여되어 있고 과거에 결코 직업생활을 한 적이 없다. 이들은 직업에 대한 동기가 결여되어 있고 그들 자신을 근로자로서 인식하지 않는 경향이 있기 때문에 직업적응 프로그램은 개인의 정상적인 직업발달을 재개하도록 고안된다.

이전에 고용경험이 전혀 없었던 이유를 살펴보면 다음과 같다.

① 구직 지식의 결핍
② 고용에 필요한 지역사회 자원을 활용하지 않음
③ 구직 수행능력의 결여
④ 구직 면접경험의 전무
⑤ 독립생활기술의 결여
⑥ 낮은 자아개념과 이전 실패감에서 기인된 사회경제적 조건
⑦ 고용주 기대/고용 조건에 대한 정보의 결여
⑧ 직업관련 행동 문제
⑨ 작업속도
⑩ 질적 조건 유지 실패

직업배치가 매우 어려운 장애인 스스로를 적절한 근로자로 생각하지 않기 때문에 취업에 곤란을 겪는다. 일을 할 수 있는 경우에도 자기확신감이 부족하거나 무용감, 직업에 대한 실패감과 같은 전형적인 장기 실업증상들을 나타낸다. 직업적응프로그램은 바람직한 직업태도와 기대, 태도와 자기확신감의 개발에 초점을 두는 직업동화 혹은 문화이입(work acculturation)을 강

조한다.

심리 문화적 세부요인들을 소개하면 다음과 같다.

① 주류문화에 동화 · 흡수
② 이전 문화를 유지하면서 통합
③ 이전 문화만 유지(separation)
④ 둘 다 채택하지 않음(marginalization)

부적응 장애인 부적절한 직업적 성격을 지닌 장애인으로 직장동료나 상사와의 관계 유지가 어렵거나 협동할 수 없는 장애인이 전형적이다. 생산성은 직업을 유지할만한 수준에 있으나 대인관계 만족을 유지할 수 없기 때문에 직업에 적응하지 못하는 것이다. 따라서 직업적응프로그램은 협동과 협조를 강조하는 집단상담 활동을 통해 대인관계 능력을 향상시키는 데 초점을 둔다.

부적응이 발생하는 중요 이유는 다음과 같다.

① 수용적 행동패턴의 학습결여
② 장애발생으로 인해 상실된 기술들
③ 중요한 행동변화를 요하는 전직의 경우

2. 직업적응 요인

1) 가 족

기본적으로 가족은 서로의 상호작용 속에서 각 성원의 성장과 발달 및 개인의 건강한 삶을 영위하는 데 중요한 영향을 미치는 일차적 집단이다. 가족은 체계로서 작용하기 때문에 가족 내의 어떤 중요한 사건이 가족구성원 개인에게만 영향을 미치는 것이 아니라 가족 전체에 영향을 미치게 된다.

장애인에게 있어서 가족은 개인과 사회를 중계하는 역할을 하며, 사회적 기대가 개인에게 전달되는 통로이고 개인 사회화의 일차 단위가 된다. 가족구성원 중 특히 부모는 장애인 개인의 모든 측면에 큰 영향을 끼친다. 부모는 외부에서 배운 교육적 효과를 가정 내에서 유지하고 일반화할 수 있는 교육자로서의 역할을 할 수 있으며, 더 나아가 지역사회 통합과 사회화를 도울 수 있다.

고용과 관련해서 가족은 피고용 대상자에 대한 정보의 제공자이며 교육자로서의 역할과 지지옹호자로서의 역할, 그리고 출퇴근 지도와 같은 물리적인 도움을 줄 수 있는 중요한 단위다.

2) 작업동료

작업동료는 장애인 피고용자와 근접한 곳에서 작업을 하거나, 장애인 피고용자와 유사한 직무를 수행하거나, 장애인 피고용자와 같은 장소에서 휴식을 취하거나 식사를 하는 조건 중 하나 이상을 만족하는 사람들을 말하는 것으로 관찰자로서의 역할, 피훈련생으로서의 역할, 언어적으로 모델링하기와 같은 역할을 한다.

① 관찰자로서의 역할: 작업동료들의 관찰을 근거로 개입의 목표와 결과와 절차를 만들어 가는 데 중요한 역할을 하는 것을 의미한다. 그러나 이 관찰은 주관적인 것이기 때문에 가끔은 직업코치의 요구에 부응하고자 하는 관찰자 편견과 목표행동 규정을 부정확하게 함으로 해서 관찰자 표류의 현상이 나타나기도 한다. 그럼에도 불구하고 작업동료가 늘 장애인 피고용자와 가까이 하기 때문에 이들의 관찰을 통한 자료의 수집은 중요한 의미를 갖는다.

② 피훈련생으로서의 역할: 사회적 행동을 습득시킬 목적으로 아동들에게 동료들이 매개하는 개입이 효과가 있는 것을 보고 착안하였다. 특히 정신지체인들은 훈련을 통해서 획득한 기술을 다른 상황 속에서도 수행할 수 있어야 하는 일반화와 이 획득된 기술을 오래 간직할 수 있는 유지가 대단히 어렵다. 이러한 일반화와 유지를 위해서 과거에는 직업코치에 의한 체계적인 소거나 강화, 환류의 계획 등에 의존해 왔었다. 그러나 최근에는 일반화와 유지에 작업동료들의 지원과 훈련이 대단히 큰 역할을 하는 것으로 알려져 있다.

③ 언어적으로 모델링하기: 만약 강화전략이 적용되었다면 이는 언제, 왜, 어떤 방법으로 강화를 주어야 하는가를 말로 가르치는 것이다. 행동적 시연은 직업코치가 시범을 보이고 배운 행동을 실천해 보도록 하는 것을 말한다. 더 나아가 역할연기를 통해서 기술을 더 다지는 것도 좋은 방법이다.

3) 고용주

고용주는 장애인 고용에 결정적인 권한을 갖고 있다. 따라서 고용주와의 접촉을 통해 신뢰와 존경을 형성하는 것은 아주 중요하다. 직업코치가 고용주의 견해와 기대를 가치 있게 평가하고 있다는 것을 고용주가 알아야 한다. 이러한 신뢰를 통해서 개방적인 의사소통과 긍정적인 업무관계를 형성할 수 있다.

상담자는 고용주와의 접촉빈도를 점검해야 한다. 접촉빈도를 적절히 유지해야 고용주들이 받고 있는 지원의 수준에 편안함을 느끼는지 어떤지 장애인 피고용자들에 대한 생각은 어떠한지를 파악해 그 부분에 성실하게 대처해 나갈 수 있다.

4) 기타 전문가

장애인 피고용자들과 관련이 있는 다른 전문가들에는 사례관리자, 거주지 제공자, 기타 개인적 지지자 등이 포함된다. 정신지체인들의 직업재활은 총체적인 접근을 필요로 하기 때문에 다양한 부분의 전문성과 많은 노력을 필요로 한다.

3. 직업적응훈련 영역

1) 고려할 점

중증의 장애인이 지니는 직업적응상의 문제영역들로는 다음과 같은 것이 있다.

① 작업의 질
② 생산량(작업량)
③ 감독에 대한 반응
④ 동료와의 관계
⑤ 출석
⑥ 시간관념
⑦ 용모 및 신체건강

장애인 복지기관들은 거의 대부분 복지관 내에 직업재활프로그램을 설치하여 직업적응훈련을 실시하고 있다. 서울장애인종합복지관은 1993년부터 훈련을 시작했는데 비교적 단기간에 직업인으로서의 기본 자세와 작업태도, 일반적인 작업기능, 적응능력을 훈련하여 특정의 기능을 요하지 않는 일반

표 8-1 ➡ 장애인 직업적응훈련 실시기관

실시기관	인원(기간)	주요 내용
서울남부장애인 종합복지관	40명 (3개월)	정신지체장애인에 대한 취업준비, 훈련실시
서울장애인종합복지관	20명 (6개월)	정신지체장애인에 대한 생활지도, 사회성 지도 및 학습지도와 아울러 보호작업 훈련 실시
대구장애인복지관	20명 (36개월)	개인 · 사회생활 적응훈련, 일상생활 적응훈련, 대인관계 기술훈련, 출퇴근훈련, 여가활용, 직업수행 적응훈련, 직업적성 인식과 계획, 구직, 작업습관 형성, 작업환경 적응, 직업능력 향상 · 직업유지, 신체적 능력, 작업수행
부천장애인종합복지관	12명 (24개월)	개인 사회적응훈련(생활지도, 직업교육, 취업알선 및 사후지도) 직업준비훈련(포장조립 이론 및 실습), 직능개발 훈련
제주도 장애인 종합복지관	60명 (2개월)	중증 정신지체장애인에게 독립생활을 할 수 있도록 사회적응훈련 실시
근로복지공단	420명 (3개월)	산업재해로 인하여 요양가료중인 환자에 대한 작업치료 및 재활훈련의 실시로 신체기능 회복에 중점
한국장애인재활협회	320명 (5박6일)	구직등록한 경증 장애인으로서 올바른 직업과 진로지도 실시
일산직업전문학교	210명 (1년)	장애인에 대한 전문 직업훈련 및 직업적응교육과정 실시(7개 공과)
한국장애인 고용촉진공단	연간600명 (4주)	취업전 지체장애인을 대상으로 직업의식 교육 및 현장적응훈련 실시

출처: 한국장애인고용촉진공단, 1992 겨울호 재구성.

사업체에 취업이 가능하도록 지도하고 있다. 아울러 일반 경쟁취업이 어려운 중증장애인에게 보호작업장 및 일반 사업체에 취업하여 원만히 적응할 수 있도록 작업전 훈련, 작업지도, 작업훈련을 실시하고 있다.

취업된 근로자의 주관적 측면을 중심으로 보는 직무만족과 같은 개념은 직업적응을 장애인의 개인적인 만족에 의해 이루어진다고 보아 개인적인 만족을 위한 직업재활을 요구하는 경향이 있다. 한편, 직업적응을 그 직업이 요구하는 부분에 대한 기술적 · 대인적 관계의 수행능력 정도로 보는 관점 역시 직업적응을 취업에 대비하여 내담자를 준비시키는 직업치료적 의미로 한정하고 있으며 장애인 개인 혹은 그와 관련된 사람들의 만족감과 성취감에 대한 측면을 충분히 고려하지 못하고 있다.

2) 정신지체인의 직업적응 요소

정신지체인의 건전한 직장생활 유지에 필요한 기술과 태도는 개인적 욕구, 작업기술 그리고 사회적 기술의 영역에서 살펴볼 수 있다.

개인적 욕구 정신지체인들은 지적 기능의 결함으로 인해 가족이나 주변 인물들에의 의존도가 높고 취업에 대한 경험이 부족하여 직업에 대한 자신의 욕구가 불명확한 경우가 많다. 따라서 개인적 욕구에 대한 정의를 정신지체인 개인에 대한 욕구뿐 아니라 이들과 관련이 있는 사람들의 욕구까지를 포함하고 있는 개념으로 정의한다. 그리고 이 개인적 욕구는 직업에의 동기를 포함하고 있다.

작업기술 정신지체인들은 작업기술의 적응에 상당한 어려움을 보이고 있으며, 이직 이유에서 작업기술의 부족을 중요한 요소로 꼽고 있다. 사업주들은 정신지체인들을 고용하였을 경우에 불만족스러운 상황으로써 일을 능동적으로 못하거나 작업량이 떨어진다는 이유를 57.1%로 가장 많이 꼽고 있다.

사회적 기술 · 태도 정신지체인을 포함하는 발달장애인에게 있어서 인간관계는 직장동료나 관리자들에게 어떻게 보일 것인가에 대한 피동적인 의미를 많이 갖고 있다. 이러한 인간관계와 역할기대를 정신지체인들에게 맞게 하나의 개념으로 묶을 수 있는 것이 사회적 기술이다.

더불어 발달장애인들의 직업적응과 관련하여 발달장애인 개인이 훈련을 통해서 기술이 향상될 수 있는 정도에는 한계가 있기 때문에 정신지체인의 개인적 능력과 이를 최대한 발휘할 수 있는 적절한 환경과 대응시켜 주거나 환경을 조성해 주는 것은 대단히 중요하다.

직업적응훈련에 있어서는 내담자가 직업적 · 사회적 전체 환경의 욕구에 적절히 대처할 수 있는 방법을 고려해야 한다. 예를 들면, 정신지체는 일차적으로 행동문제이고 개입과 중재와 같은 행동에 있어 긍정적인 변화를 초래하는 것을 치료라고 할 수 있다. 각각의 적응행동에는 일반적으로 성숙, 학습, 사회적 적응의 세 가지 중요한 단계가 있으므로 이 단계에 초점을 두고 훈련하며, 일차적으로 사회적 기술과 일상생활 유지기술에 초점을 둔다. 중증장애인은 제한된 경험으로 인해 일반적으로 미성숙한 특성과 낮은 직업적 성숙도를 지닌다. 직업에 있어 가치관 역시 중요하기 때문에 기초적 직업윤리 교육이 필요하게 된다.

표 8-2 직업적응의 요소

	직업적응
개인적 욕구	• 임금 • 직무 – 직무의 내용, 직무시간 • 작업환경 – 작업의 위험성, 대인관계
작업 기술	• 작업내용 – 작업속도, 작업의 질, 생산성, 스스로 일자리 찾기 • 작업환경 – 작업복장, 작업규칙 준수, 안전에 대한 인식
사회적 기술	• 작업관련 – 지시따르기, 비판 받아들이기, 도움요청하기, 협력적 작업 • 비작업 관련 – 타인과 상호작용, 타인에의 고려, 자기통제, 적절한 자기 주장하기, 직장예절의 준수, 직장규칙의 준수, 시설물 이용, 독립적인 신변처리

3) 직업적응훈련 영역과 고려할 점

재활작업장에 근로하는 중증장애인의 직업배치가 활발하지 않은 이유로는 다음과 같은 것들을 고려할 수 있다.

① 장애인복지 및 재활기관들의 중증장애인이 잉여노동력이라는 잘못된 지각은 중증장애인이라고 낙인 붙은 사람들은 생산적이지 못하고 사회의 구성원으로서 기여할 수 없다는 사회적 신념을 반영한 것이다. 따라서 대부분의 보호작업장에 근로하는 사람들에게 부여된 부정적 이미지는 중증장애인들을 평가절하하고 하찮은 사람, 희망이 없는 사람들로 간주하도록 만든다.

② 두 번째는 안전망(safety net) 증후군에 있다. 중증장애인에게 보호작업장이 유일한 장소라는 인식을 수용하고 지지하기를 계속함으로써 재활시설과 기관관계자들은 이들이 통합된 고용환경으로 들어가기 위한 구조를 확보하려는 동기를 지니고 있지 않다.

③ 중증장애인이 통합적인 장소에서 의미 있는 작업을 수행하도록 준비하거나 훈련시킬 수 없다는 재활전문가의 기대로 인해 이들은 직업배치가 곤란한 사람들을 직업배치하기 위한 노력에 적극적이지 않다.

④ 보호작업장은 직업개발이나 고용훈련에 초점을 두기보다는 태도개발에 초점을 두기 쉽고 경쟁고용과 계약생산 사이의 몇몇 갈등상태에 놓이기 쉽다. 또 다른 문제는 보호작업장이 기업과 같이 이윤추구를 위해 열심히 노력하려는 동기보다는 공공기관으로서 주어진 예산범위에 충실하려고 한다는 점이다(철학과 방향 부재). 이러한 모순된 체계를 극복하지 않으면 의존성, 현상유지, 수동성을 조장하기 쉽다.

따라서 직업적응의 세 가지 요소와 관련된 훈련은 다음과 같은 영역에서 구체적으로 다룰 수 있다.

① 진로계획 및 의사결정
② 진로 및 직업정보
③ 직업습득 및 보유기술
④ 진로성취를 위한 태도 및 인식과 통찰
⑤ 인간관계 기술
⑥ 진로성취를 위한 자기탐구 및 평가
⑦ 개인적 · 직업적 · 사회적 훈련
⑧ 진로선택에 영향을 미치는 경제적 요인
⑨ 교육 · 진로교육 관계

4. 직업적응훈련 모형

직업준비에 필요한 훈련을 제공하는 프로그램 모형은 충분한 직업적응기술과 직업경험을 통하여 개인적인 발달을 위한 방법을 제공하고 있다.

1) 중요역할전이 모형

Pruitt이 1983년에 정리한 중요역할전이 모형(Critical Role Transition Model)은 안정, 학습, 성장, 취업준비 완료의 네 단계 과정을 거치는 과도형태의 보호작업장에서 행하게 되는 직업적응과정으로 중요한 직업인의 역할을 습득하게 하는 것이다. 따라서 장애인 개개인은 하위 기능의 근로자 역할에서 적절한 훈련과 치료에 의해 보다 상위 기능의 근로자 역할로 전이하는 것이다.

이 모형은 작업장에 오래 머무르거나 직장(동료) 내 상사와 지내는 데 곤란을 겪는 장애인 혹은 상황에 대처하는 능력미숙으로 항상 불안해하는 장애인에게 적합하다.

2) 선별훈련 및 평가 프로그래밍 모형

선별훈련 및 평가 프로그래밍 모형(Selection Training and Evaluation Programing Model)은 장애인이 직업배치 준비가 완료될 때까지 다음과 같은 일련의 단계를 거치도록 돕는 체계적 · 객관적 과정으로 장애인의 행동개선에 초점을 둔 훈련의 체계적 사용을 강조한다.

① 평가단계: 장애인의 직업적응 수준을 판정하고 각 훈련단계에서 필요한 성취목표들과 직업배치 행동과정을 점검하게 된다.

② 기능단계: 개별화된 훈련을 통해 전반적 기능향상에 초점을 두고 직업배치와 관련된 행동, 고용가능 행동들을 개발한다.

③ 행동단계: 직장상사 및 동료와의 관계훈련을 통해 긍정적인 행동을 습득하고 실천하게 된다.

④ 기초 통합훈련: 신체기능과 생활기능과 같은 기본적 영역의 훈련을 통해 직업배치에 필요한 자질을 갖추게 된다.

⑤ 상위 통합훈련: 바람직한 직업습관과 생산성에 초점을 둔 자기가치, 직업적 현실성 경험에 초점을 두고 보다 높은 수준의 기능과 태도를 함양한다.

⑥ 준비훈련: 고용시장 및 직업현장 탐구 등 집단역동을 이용한 직업준비도 확립에 초점을 두고 즉시 직업배치 가능한 상태에 도달하게 한다.

⑦ 직업배치 고용풀: 지역사회 고용이 가능할 수 있도록 최종적 적응에 초점을 두고 직업배치전문가가 내담자를 도울 수 있도록 특별한 지도감독을 제공한다.

3) 개별화 직업적응훈련 모형

개별화 직업적응훈련 모형은 직업행동 혹은 작업수행 능력에 문제를 지닌 장애인에게 일련의 단순하고 체계적인 과정의 훈련서비스를 제공하여 그들이 문제를 인식하고, 수립된 단계적 목표를 성취할 수 있도록 돕는 과정에 초점을 둔다.

모든 재활서비스는 장애인 개개인의 특수한 욕구에서 기인하여야 한다는 기본 전제하에서 개별화된 직업적응계획서에 따라 세밀하게 세부적으로 층화된 치료목적을 점진적으로 완성해 가는 것이다. 최종 직업적응 목표에 이를 때까지 단계적 절차에 따라 개인의 행동적응훈련을 실시한다.

4) 지역사회 모형

지역사회 모형의 확립에서 첫 번째 단계는 평가다. 평가활동에서는 다음의 두 가지 주요 질문을 다룬다.

① 이용될 수 있는 지역사회 고용과 훈련기회들은 무엇인가?
② 훈련생의 기술을 지역사회 특정직업에서 요구하는 기술들과 어떻게 비교하는가?

지역사회 평가의 목적은 개인이 받은 훈련이 결국은 추구하는 특정 지역사회의 잠재적 고용기회를 발생시키는 직업인가를 확인하는 것이다. 따라서 서비스 제공자는 협력적으로 정보를 수집해야 하고 모든 서비스 제공자가 지역사회 평가를 통해 수집된 정보가 장애인에게 적절하도록 특수학교와 성인 서비스기관 전문직원들과 협력적으로 참가한다면, 프로그램은 자연스럽게 생산적 고용을 고무시킨다.

잠재적 직업을 위해 효과적으로 지역사회를 평가하는 데는 체계적인 계획과 절차가 필요하다. 초기의 접촉에 따라 고용주 면담에서는 다음과 같은 주제를 다룬다.

① 경증과 중증의 장애인을 고용할 고용주의 의지
② 고용된 상태에서 직업훈련을 허락할 수 있는 고용주의 의지
③ 고용현장에서 수용가능한 직무의 형태
④ 직무수용성의 바람직성
⑤ 회사에 고용된 사람의 수와 이직률

이 정보들의 모두는 프로그램 개발, 훈련프로그램 내용의 개발, 개별 훈련생들을 위한 효과적인 직업 연결과 같은 요소에서 밀접한 관련을 가진다.

5. 중증장애인의 직업유지를 위한 전문가의 노력

직업적응 훈련전문가는 직업적 전문가이면서 행동수정 전문가일 것이 요구된다. 따라서 이들은 학습원리 등 다양한 행동수정기법에 익숙해야 하고 직무분석기술, 다양한 직업정보 및 취업요구 조건들에 대한 깊은 지식과 이해를 가지고 있어야 한다. 그 기능과 역할 영역들로 다음과 같은 요소를 제시할 수 있다.

① 구체적 직업습관과 기술
② 개별 내담자 프로그래밍 능력
③ 전문직 의사소통과 사무 능력
④ 행동수정 능력
⑤ 내담자 지도감독
⑥ 정부 및 기타 직업자료

⑦ 직업평가기술

⑧ 인간행동에 대한 이해

⑨ 사회적 발달

⑩ 장애에 대한 특성

⑪ 직업배치

⑫ 고용에 관련된 제반기술

⑬ 직무분석, 직업개발 및 작업장 수정

⑭ 산업경영 및 품질관리 능력

직업적응과 유지와 직무수행을 방해하는 조건들이 있을 때 정확한 평가를 하고 문제들을 인식하여 적절한 개입과 조정을 해야 한다. 뿐만 아니라 그러한 노력의 효과를 측정하고 근로자로서 장애인과 그 동료들과의 의사소통을 활성화시키는 일이 필요하다. 내담자의 직업기술들을 발전시키고 그것을 유지할 수 있는 가능성과 생산성을 높여야 한다. 전문가는 내담자의 초기 직업배치에서부터 서비스 종료 시까지 내담자의 자원으로 기능해야 한다.

내담자와의 일대일 상담을 위해 사용하는 내담자 장단점들의 신속한 파악과 정보제공을 위한 평가양식으로 〈표 8-4〉와 같은 보고서를 활용할 수 있다.

표 8-3 ➡ 문제영역과 필요한 조정

	문제영역	필요한 조정
직업과제 수행	• 직무 재할당 • 다른 동료 근로자에 대한 부담 가중 • 다른 근로자들에 대한 지나친 도움요청 • 시설의 물리적 접근 곤란	• 직무과제의 변화 • 감독적 책임의 변화 • 전직, 물리적 재계획
작업 반복	• 다른 근로자의 도움제공 곤란 • 작업시간의 지연	• 작업일수와 시간 변경 • 휴식시간과 일하는 방법 변경
작업 관계	• 질병과 장애로 인해 동료 근로자에게 부담 • 다른 근로자가 도움요청을 꺼리는 것 • 다른 근로자들이 작업을 원조해 주는 것 • 의사소통의 곤란으로 인한 작업 시간 지연	• 일하는 정도의 변화 • 동료 근로자들의 변화 • 도움요청 • 새장비, 작업장의 재계획

표 8-4 ➡ 고용주 평가 및 훈련보고서

긍정적인 측면	부정적인 측면	해결과정

표 8-5 직업적응 훈련목록

개별목표 기록들:	내담자 이름:
목표행동	
최종목표	
중간목표	
치료방법 및 기술	
재료 및 도구	
강화제	
관 점	

<table>
<tr><td rowspan="2">날 짜</td><td rowspan="2">목표행동</td><td rowspan="2">평 가</td><td rowspan="2">적응목표와 중요성</td><td colspan="3">목표성취</td></tr>
<tr><td>거의 진보가 없었음</td><td>최종목표 달성</td><td>최종목표 초과달성</td></tr>
<tr><td></td><td></td><td></td><td></td><td></td><td></td><td></td></tr>
</table>

<table>
<tr><td rowspan="2">날 짜</td><td rowspan="2">평 가</td><td colspan="2">목표성취 여부</td><td colspan="2">프로그램 변경</td></tr>
<tr><td>예</td><td>아니요</td><td>예</td><td>아니요</td></tr>
<tr><td></td><td></td><td></td><td></td><td></td><td></td></tr>
</table>

예상프로그램 기간: ______________________________

직원회의 날짜: ______________________________

보고일: ______________________________

내담자 반응: ______________________________

직업적응 피훈련생 날인　　　날짜　　　내담자 날인　　　날짜

6. 직업탐색기술훈련

전문적 활동에도 불구하고 내담자와 고용주 사이에 적당한 직업배치가 항상 첫 번째 시도로 이루어지는 것이 아니기 때문에 종종 여러 번의 직업배치가 요구된다. 계속적으로 변화하고 증가되는 경쟁적인 직업시장에서 어떤 특별한 직업탐색 전략이 고용 결과로 나타날 것인지에 대한 어떠한 보장도 없다. 성공적인 직업탐구를 행하는 것은 쉽지 않고 이는 또 단순히 당장 고용하려는 사람이 문제가 아니라 종사할 직업의 진로가 무엇이냐의 문제다.

직업탐색 전략도 이전의 고용기회가 새로운 기회로 전이하거나 교육을 통해 획득된 기술을 증명해야 하는 고용주의 요구에 따른 자격을 개발하는 방법을 알아야 한다는 것을 의미한다. 현재뿐만 아니라 미래의 고용주에게 제공해야 할 것을 계속적으로 배우고 일할 수 있는 능력이 있다는 것을 나타내야 한다.

직업탐색과 진로를 전략적으로 관리하고 진행하는 과정에는 전략분석, 전략계획, 전략수행의 세 가지가 있다.

1) 미네아폴리스 프로그램

직업재활대상자에게 직업탐색기술을 가르치는 것은 재활전문가의 역할 중 교사의 역할에 속하는 것으로, 내담자는 독자적으로 직업을 찾는 법을 배우게 된다. 이러한 목적으로 가장 널리 사용되는 접근법은 미네아폴리스 주정부의 Multi-Resourse센터에서 개발한 직업탐색기술(job-seeking skills: JSS) 지도 프로그램이다.

JSS 프로그램은 재활대상자에게 취업지원서를 준비하고 이력서를 작성하며 취업면접에 대처하는 법 등을 가르치기 위해 구성되어 있다. 그들 자신의 기술을 설명하는 법, 문제 질문에 대답하는 법, 면접에 적합한 의복을 착용하는 요령과 더불어 재활대상자는 직업정보 활용방법에 대한 교수도 제공을 받는다. 교수프로그램은 입사지원서 작성과 모의 취업면접 연습을 상당수 내포하고 있다.

여러 가지 질문과 대답을 하는 연습도 시킨다. 예를 들면, "나에게 당신에 관한 것을 말해 보시오."라는 질문에 대한 자기소개, 자기능력, 해고경험, 이전 직업경험, 보증부족, 정신질환, 전과기록, 복지수혜 사실 등이다. McClure는 JSS 프로그램에서 설명한 것처럼 내담자의 직업탐색 기술 개선을 통한 직업배치는 효과적이고 능률적인 방법이었으며 직업재활대상자를 '전통적인 접근법으로 배치시키는 것' 보다 더 높은 비율의 숫자로 배치했다는 사실을 발견했다.

2) 직업탐색클럽

직업탐색클럽 접근법이 Azrin, Flores, Kaplan 등에 의해 연구되었다. 직업준비프로그램 형태의 이 클럽은 회원 간의 상호원조와 취업정보 교환을 목적으로 만들어졌다. 내담자의 노력으로는 구인광고 조사, 모의 역할연기, 전화하기, 이력서 작성, 친구, 친지, 이전의 고용주와의 연락, 교통편의 제공 등을 들 수 있다. 이 프로그램에 참가한 내담자 중에서 다섯 달 내에 클럽에 가입한 회원의 90%가 상근직에 취직되었고, 클럽에 가입하지 않는 내담자는 단지 55%만이 취직되었으며, 회원들은 비회원들보다 조기에 취직되었다. 그리고 평균 초임도 약 33% 정도 더 높았다.

미시건 주의 재활기관은 직업 및 기술은행을 구비한 선택적 직업배치 시스템을 개발하였다. 이 시스템은 재활기관 직원 간의 공동 직업개발 노력을 그 내용으로 한다. 각각의 재활상담사는 적어도 한 명의 고용주 관계를 형성할 책임을 진다. 일자리가 생기면 자격을 갖춘 대상자는 취업담당 직원이 고용주에게 소개하기 전에 먼저 취업담당 직원과 면접을 하도록 했다. 취업담당 직원의 심사에서 탈락된 내담자는 다시 상담사에게 되돌아왔다. 고용주에게 소개된 후 거절당한 내담자는 직업중앙 기술은행에 가입되었다. 이 방법은 내담자용 직업탐색기술 클리닉, 직원용 직업배치훈련, 산재보상 지원이나 차별적 수정자문과 같은 고용주 서비스에 의해 지원되었다.

3) 직업개발연구실

조지워싱턴대학교의 직업개발연구실에서 흥미로운 접근법이 개발되었다. 이 방법의 내용은 직무분석과 직무과제를 내담자의 능력과 적성에 대응시키는 것이다. 이 방법은 직업연구실법으로 알려졌고 앞에 기술한 직무분석, 환경적 장애를 파악하는 현장분석, 여러 직무과제에 관련된 내담자의 신체적·정신적 기능의 평가, 내담자의 능력에 맞게 작업환경을 조절하는 공학의 개발이 그 내용이었다. 공학적 보조기구의 예로 신경근육 장애를 가진 사람에게는 필기노트를 녹음기로 대치하고 어깨운동이 부자연스러운 사람에게는 높이와 각도를 조절할 수 있는 우편물 분류기를 고안하는 것 등을 들 수 있다.

직업개발연구실은 직업적 조정과 조절이 장애인의 능력 한도 내에서 많은 직업을 창출하였다고 주장한다. 이 프로그램의 직원이 중증지체장애인을 취업시킨 직업의 예를 들면 컴퓨터 프로그래밍, 키펀칭, 광학문자인식 코딩과 타이핑, 여러 가지 사진기를 이용한 마이크로필름 촬영, 마이크로던 재킷타이틀링, 보험금 처리, 목록작성, 통계, 분석, 고객불만 처리, 컴퓨터 파일의 교체, 재고분석, 원격교정, 우편서기, 안내계원, 구좌관리, 타자수 등이었다.

세인트루이스의 유대직업안내소는 60세 이상의 노인을 대상으로 직업개발프로그램을 실시하였다. 그 취지는 노인에게 수입원을 제공하기 위한 것이고 그 노인들에게 활동할 무대를 주고자 한 것이었다.

기관은 이 프로그램을 프로젝트 EARN이라 이름 붙이고 4개 지역에 지역사회 직업개발센터를 설립했으며, 4개 센터 외에도 7개 분소가 설립되었다. 이 프로그램의 목적은 수입이라는 근본적인 문제를 다룸으로써 많은 노인들의 퇴화나 침체를 막고자 한 것이었다. 이 프로젝트의 가설은 만약 수입이 향상된다면 노인들이 자신의 문제를 지속적으로 처리할 수 있고 동시에 품위 있고 가치 있는 삶을 영위할 수 있다는 것이다. 그래서 이 프로젝트의 목적은 각각의 신청자가 자신의 흥미와 능력에 합당하고 적절한 직업을 찾도록 도와주는 것이요, 만약 적절하다면 그러한 신청자들을 지역사회의 다른 문제들을 다루는 타 기관에 소개하는 것이다.

이 프로젝트는 노인들이 다른 노인을 돕는 데도 활용되고 있다. 센터에 노인을 직원으로 채용하는 것은 물론이고 아울러 이 기관의 직원들은 가벼운 일처리나 일일 벗과 같이 다른 노인에게 개인적 봉사를 할 지원자도 신규 모집한다. 직업개발 절차는 대중매체, 서비스 전 직접방문, 노인단체 등을 활용하고 지원자와 고용주를 전화로 방문하는 것이다. 대부분의 직업배치는 정규 상근직과 비상근직에 할당된다. 직업배치가 이루어지는 장소는 주로 가정, 학교, 소매업, 서비스업, 전문 사무실 등이다.

4) 샌디에이고 프로젝트

자영업도 하나의 직업개발 자원이다. 재활성공을 위한 자영업이라는 흥미로운 프로젝트가 샌디에이고 대학병원의 재활병원에서 실시되었다. 이 프로젝트의 대상은 관절염 환자, 척수손상 환자, 발작 환자 등이었다. 이 환자들은 장기간 치료를 받아 왔으며, 이제 갓 퇴원했거나 수개월째 재가 중이었다. 이 프로젝트에서는 입원중이거나 혹은 주말 클리닉에서 치료를 받고 있던 통원치료 환자들과 면접을 실시했으며 지역사회의 의사에게서 소개받은 환자와도 면접을 실시했다.

초기 면접단계 동안에는 직업경력과 현재의 흥미를 개별적으로 파악할 수 있는 내담자 직업능력 프로필을 작성했고, 작업치료사가 현재의 신체능력과 직업능력을 평가했다. 그리고 작업치료사는 자가 노동자용 특수적응 기구를 개발 입수하는 프로그램의 자원역할도 담당했다. 이와 관련하여 하청작업수행 훈련이 가정에서 행해졌는데 봉투 채우기, 코드 색칠하기, 마이크로필름 감기, 원고 교정사, 포장, 조립, 판 조립, 전기 스위치 수리, 전기기구 설치, 해드 부품 용접 등 9종의 하청업이 있었다. 이 프로젝트가 성공하게 된 이유는 다음과 같다.

① 입원 중에 접촉하여 환자에게 생산활동의 기회를 부여한 점
② 작업자가 자신의 작업을 평가하는 내용의 훌륭한 하도급 품질관리 시스템을 마련한 점
③ 이 프로그램이 직업재활서비스 적격판정을 받고자 하는 사람들에게 임시 생산활동의 기회가 된 점
④ 자영업을 위한 하청을 준 동일업체 내에서 많은 지역사회로의 취업기회가 생긴 점

자영업의 변형은 Town에 의해 소개된 가내공예프로그램이었다. 가내공예는 산업형 작업과는 달리 내담자에게 그의 흥미와 장애, 그리고 집안사정에 적합한 공예기술을 익히도록 자극하기 위한 것이었다. 이 프로그램에서는 주 재활기관에서 미술공예교사, 자재 및 도구 등을 제공했으며 공예품은 여러 상점과 기관을 통하여 판매된 후 그 수익금은 내담자에게 환원되었다.

5) 작업시행

작업시행은 직업교육, 직업준비, 시험고용의 목적에 적합하다. Allen과 Shinnick에 의해 소개된 프로그램에 의하면 작업시행은 내담자를 잠재적 고용주와 대면시키는 데 있어 효과적이고 경제적이며 내담자는 자연적인 직업 상황에서 직무에 대하여 학습할 수 있다. Allen과 Shinnick은 작업시행을 통한 배치법의 장점으로서 다음과 같은 것을 들었다.

① 실제 작업 상황하에서의 폭넓은 훈련
② 해고의 불안감 없이 직무수행 실패의 경험을 쌓을 수 있는 기회
③ 고용주는 내담자가 자기사업에 유용한 능력을 가졌다는 것을 어느 정도 확신할 수 있도록 하는 기회
④ 고용주가 고용하기 전에 내담자에 대해 최소한의 투자만 하면 된다는 점

다른 작업시행 접근법으로 작업반법(work-crew approach)이 있다. Hansen은 캘리포니아 주 세크라멘토 시의 샌후안 통합교구에서 실시한 작업반을 소개하였다. 이 접근법은 소규모의 노동집단이 계약제로 감독을 받아 각종 공동작업을 행하는 것으로서, 작업의 예로는 잔디깎기, 배수구 청소, 김매기, 오물수거, 정원 가꾸기, 오락장 청소 등을 들 수 있다.

6) 산업체 제휴프로그램

산업체 제휴프로그램(Project With Industry: PWI)은 영리사업체를 재활서비스 전달과정에 참여시킴으로써 장애인을 위해 새로운 직업기회를 열려는 미국 보건복지부(HEW) 산하 재활국의 시도다. 이 보조금을 받은 조직은 주요 재활시설이었는데 이 재활시설들이 다시 영리사업체와 계약을 체결했다. 재활시설과 영리사업체 간의 관계는 다양하다. 이들은 직업교육을 실시하는 경우도 있으나 직업배치에 더 큰 비중을 두고 있다. PWI 프로그램의 성공률은 매우 높아서 이 프로그램의 서비스를 받은 사람의 약 75%가 경쟁노동시장에 고용되었다. PWI 프로그램에 속한 사업체의 규모와 유형은 상당한 수준이다.

1970~1971년의 회계연도 동안 밀워키 유대인 직업서비스사(Jewish Vocational Service of Milwaukee, Inc.: JVS)가 시작한 PWI는 예방적 모형을 채택했다. 여기서는 장애인들이 산업현장에 고용되어 있는 동안 조기식별과 치료에 착수하여 재활계획을 수립하고 내담자들의 완전참여를 유도하였다. 이

프로그램 시작 후 1년반 내에 75명의 내담자들이 실업과 중증장애인으로 되는 것이 예방되었다(Gozali & Killian, 1972).

47세인 두 아이 아버지인 한 남자는 연장과 다이스 작업을 하는 숙련공으로 JAY회사에 17년 동안 근무해 왔었다. 이 작업에는 정밀성뿐만 아니라 생산성도 요구되었다. 지난 2년 동안의 출근기록은 점점 악화되었고, 특히 주말과 월요일에 결근율이 높아졌다. 회사 인사부서와 동료들은 이 남자가 근무 중에 음주를 한다는 사실을 밝혀내고 금주하지 않으면 퇴직조치될 것이라고 말했다. 따라서 재활상담사에게 이 사례가 의뢰되고 상담사는 그가 등통증을 겪고 있으며, 그로 인해 아이와 부인과 서로 가정불화에 빠지게 되었다는 것을 이해하게 되었다. 상담사는 신체검사를 의뢰하여 치료를 받고 대안적 직업계획을 모색하게 되었다. 직업평가 결과 사람들과 일하는 것에 많은 흥미를 가진 것으로 판명되어 인사관리자, 상담사, 내담자가 상의한 끝에 작업감독으로 전직되었다.

이 사례를 통해 회사와 재활전문가의 관계, 그리고 고용주의 긍정적인 경험이 장애인의 고용에 얼마나 크게 작용하는가를 알 수 있다.

PWI는 1970년에 재활서비스국(Rehabilitation Services Administration: RSA)이 직업배치에 있어서 능동적인 고용주들의 참여를 촉진시키기 위한 재활프로그램의 일환으로 기금을 제공하여 1977년에는 20개 프로그램으로 확대되고 1년 뒤에는 위성프로그램들을 확대하여 327개의 프로그램이 운영되었다(Geist, 1982).

수용될 만한 직업태도와 행동들과 같이 직업준비가 되어야만 내담자들은 주의깊게 평가되고 고용주에게 소개되어 관심을 끌게 된다. 직업개발전문가는 고용주에 대해 24시간 연락이 가능하도록 하고 사후지도를 책임지게 된다.

PWI에 따르면 장애인들이 직업세계에 대한 이해를 통달할 수 있도록 원조할 필요가 있을 뿐 아니라 산업체 고용주들 또한 장애인 내담자들의 고용과 훈련과정에서 도움이 필요하다. 따라서 PWI 운영주체는 고용주와 근로자 양쪽을 옹호하는 내담자와 산업 사이의 중재자로서 기능한다. 이들은 장애내담자들을 직업배치하는 데 그치지 않고 그 회사의 장애인 근로자들을 확보하는 것에 대한 가치와 필요성에 대해 고용주, 인사담당자, 관련된 사람들을 교육하는 것이다.

PWI 상담사와 직업개발전문가들은 관련된 회사의 정책과 규칙, 그리고 그 회사의 운영과정이나 감독자 위치에 있는 사람들과 친숙해야 한다. 또한 장애인 근로자들을 위한 직무의 발견, 직업 요구조건들의 이해, 장애인고용에 따른 지식, 장애인고용 관련 법률들에 대해 능숙해야 한다(Housman & Smith, 1975).

뇌성마비나 하반신 마비와 같은 중증지체장애인들에 대한 롱아일랜드의 인적 자원센터(Human Resources Center)에서 실시한 PWI는 대기업의 상업 분야와 사무직 초입 화이트칼라 직업들에 대한 직업기회를 확대하기 위한 것이었다. 이들은 주로 재활서비스국에서 의뢰된 대학교육을 받고 있는 무경험 학생들이었다. 11주간의 단기평가와 훈련으로 PWI를 통해 4년 동안 경쟁고용 장면에 약 300명의 중증장애인들 중 약 220명의 사람들이 배치될 수 있었다. 이러한 경쟁고용의 직업들로는 사서보조, 마케팅 조사자, 통계보조원, 미술교사, 보조사회복지사, 제도사, 필름기사, 재고관리 사무원, 회계사무원, 신용조회사, 타이피스트, 금전출납원, 그리고 서류담당원(file clerk)이 포함되어 있었다. 이러한 직업들은 적십자사, 미국 암협회, 걸스카웃, 채스 맨하탄 은행, 뱅크 아메리카, 박물관, 병원, 기타 사회서비스 기관들로 구성된 수많은 회사와 기관들로부터 제공되었다.

1974년에 PWI에 참여한 29명의 학생들은 21개의 회사와 기관들에 배치되어 실제 직업현장에서 그들의 능력과 기능을 평가해 볼 수 있었다. 이에 따라 직업과 관련된 문제들이 즉시 노출되었는데 직업 내 인성, 일상생활 동작의 한계, 그리고 교통문제들과 같은 것이다. 이러한 문제들은 재활상담사와 함께 졸업에 앞서 분석되고 해결책이 마련되었다. 중증의 장애학생이 개별 및 집단 상담, 직업진단적 면접, 구직기술 워크숍, 개별화 직업계획 수립 등의 훈련기간을 통해 의존으로부터 독립과 가치충족으로의 전이를 촉진시키는 것이 상담사의 역할이다.

직업진단적 면접 직업계획에 관련된 문제들과 직업 목적성취에 방해가 되는 장벽들을 발견하고 해결에 있어 적절한 지식을 습득하고 의사결정을 할 수 있도록 돕는다. 여기에는 과거 직업력, 직업보유, 교통문제, 학습과 신체 능력들을 탐구하는 일이 포함된다.

집단상담 개별내담자들이 직면한 직업적 문제들과 관련한 다양한 이슈, 불안, 근심들을 지지적이고 우호적인 분위기 속에서 표현한다. 약 6명에서 10명의 구성원들이 매주 장애인 고용에 관련된 고용주의 염려와 태도 등과 같은 상담 주제들을 다룬다. 브레인스토밍과 역할연기가 구성원들의 집단토의를 촉진시키기 위한 주된 기법들이다.

구직기술 워크숍 독립적인 구직기술들의 개발이라는 PWI의 궁극적 초점을 달성하기 위해 이틀 간의 구직기술 워크숍이 제공되어 비디오테이프, 면접가능 질문, 서류 작성, 자기확신감의 강조 등에 관해 약 6명으로 구성된 집단이 두 주 간의 워크숍 훈련을 가진다.

고용주 홍보 PWI는 직업을 개발하기보다는 기업을 개발하는 것이기 때문에 재활상담사는 수차례에 걸쳐 기업을 방문하게 된다. 인사담당자, 현직부서 감독자 등을 만나는 깊이 있는 현장방문을 통해 개별 장애인의 여러 가지 특성에 대한 의사소통과 상담사의 기술전이를 시도하며, 고용주들이 센터 세미나에 초대되기도 한다. 뿐만 아니라 사후서비스 등 회사와의 협력관계를 지속하는 것이 중요하다. 종종 구직자에게 중요한 것은 무엇을 아는 것이 아니라 누구를 아느냐다. 이 PWI에서의 강조점은 다음과 같다.

① 직업배치과정은 전체 재활프로그램의 통합적 부분이다.

② 이 직업배치프로그램은 앞의 활동을 통한 직업계획 수립과정에 내담자의 능동적인 참여와 의사결정자의 역할을 강조한다.
③ 이 모형은 재활상담사가 직업자원으로써 산업사회의 지속적인 피드백과 정보교류를 유지하는 것을 강조한다.
④ 중증장애인이 필요로 할 때는 지지적 직업유지서비스 등이 제공된다.

PWI는 장애인들이 직업체계를 정복할 뿐만 아니라 그들의 훈련과 고용과정에 있어서 산업체 고용주들을 원조한다는 점을 강조한다. 재활전문가들은 장애인을 단지 직업배치하는 것에 그칠 뿐 아니라 고용주들을 교육하고 장애인 근로자들이 고용되는 데 따르는 가치와 필요성에 관해 직원들을 교육하고 관리하는 일을 원조한다(Geist, 1982).

PWI는 장애인의 직업배치에 있어서 고용주들을 능동적으로 참여시키고 경쟁고용의 획득을 위한 실제적 수단으로써 장애인을 효과적으로 직업의 세계에 복귀시키는 재활전문가와 고용주의 파트너십을 강조한 것이다. 따라서 PWI는 재활전문가들과 지역사회 실업 및 산업계 사이의 협조적 관계를 토대로 이루어진다. PWI의 철학은 보호작업장은 모의적 직업환경을 제공하지만 실제적 직업장면의 직업능력은 평가에 있어서 최적의 환경을 제공한다는 관점을 견지한다. PWI에는 다음과 같은 모형이 있다(Geist, 1982).

① 기술훈련 모형: 직업준비된 재활내담자들에게 고임금 직업들을 획득할 수 있는 기술적 기능들을 훈련시킨다.
② 직업적응 모형: 재활내담자들에게 경쟁고용의 획득에 필요한 태도들과 행동들의 발달을 위해 시간제한적 작업시행과정이 제공된다.
③ 직업배치 모형: 직업훈련된 재활내담자들에게 즉각적이고 영구적인 전일제 고용을 제공한다. 따라서 내담자는 적어도 출근, 사회적 적응, 기타 측면에서 평균은 되어야 한다.

연습문제

※ 다음 괄호에 가장 알맞은 답을 〈보기〉에서 골라 그 번호를 적으세요.

	문제영역	필요한 조정
직업과제 수행	직무 재할당	(3.)
(1.)	다른 근로자의 도움제공 곤란	(4.)
(2.)	장애로 동료근로자에게 부담	(5.)

보기

① 작업관계　② 작업반복
③ 작업일수와 시간변경　④ 일하는 정도의 변화
⑤ 직무과제의 변화

6. 다음 중 직업적응훈련의 중요한 요소에 포함시키기 어려운 것은? ( )

① 지역사회생활　② 개인적 욕구
③ 역할기대　④ 인간관계
⑤ 고용가능성

※ 다음 괄호에 가장 알맞은 답을 찾아 각 질문에 답하시오.

7. 동기형성과 격려 ( )

8. 사회성 함양 ( )

보기

① 직업배치 곤란 내담자　② 비생산적 내담자
③ 고용부적격 내담자　④ 좌절된 내담자
⑤ 부적응 내담자

토론문제

1. 직업보유에 대해 설명하시오.

2. 직업적응에 있어서 세 가지 중요한 예방적 전략을 설명하시오.

3. 직업적응과 진로강화의 관계를 서술하시오.

제9장

취업 후 서비스

1. 사후지도의 의의와 필요성

취업, 즉 입직이 이루어지고 나서 필요한 사후지도는 장애인 직업재활과정에서 최종단계의 하나다. 전통적인 장애인 직업재활과정은 상담－직업평가－직업지도－직업 전 훈련－직업재활서비스－직업배치－사후지도라는 일련의 과정을 통해 이루어진다. 이 가운데 사후지도란 장애인이 취업한 이후에 직장의 사회적 · 기술적 · 물리적 환경, 장애의 정도, 본인의 필요, 기업의 필요 등에 따라 고용기간 동안 재활상담사(rehabilitation counselor)나 사후지도 담당자들이 실천하는 것이다. 고용된 장애인이나 고용주, 기타 관계자들을 직접 또는 간접적으로 면담하여 장애인 근로자가 직장환경과 직무자체에 잘 적응하고, 직능개발을 통해 안정적인 고용관계를 장기간 유지함으로써 독립된 사회의 일원으로서 사회통합을 이루며 생활할 수 있도록 지도하는 것이다.

장애인고용촉진위원회의 연구에서 반월공단 내의 280개 조사대상 사업체 중에서 회신을 보내 온 48개 업체의 반응을 보면, 90% 이상의 사업체가 장애인의 일할 권리와 능력을 인정하고 있으며, 장애인의 고용에 대해서 긍정적인 반응을 보인 업체는 42.5%였다. 또 채용 후 사후지도를 해 줄 경우에 채용하겠다는 업체가 40.4%, 채용 후 발생하는 문제를 책임져 줄 때 장애인을 채용하겠다는 업체가 46.8%인 것으로 나타났다.

이와 같은 조사 결과는 사후지도의 중요성을 말해 주고 있으며, 이를 통해 장애인의 채용에 대한 고용주의 심리적 부담감을 경감시킬 수 있다. 즉, 확실하게 이루어지는 사후지도를 통해 더 많은 장애인이 취업할 수 있을 것이라는 가능성을 제시해 주고 있다. 그러므로 장애인의 효과적인 직업재활을 위해서는 일정기간 동안의 지속적인 사후지도가 요구되며, 반드시 직접적인 사후지도가 아니더라도 자조모임 등 조직화된 지도를 통해 지속적인 유대관계가 수립될 수 있도록 계획하는 노력은 장애인의 직업재활과정의 마지막 단계에서 반드시 실행되어야 할 것이다.

사후지도는 직업재활의 최종단계로 중증장애인들이 모방을 통해 배우고, 적응하며, 계획을 세우고, 위험에 대해 말할 수 있도록 해 준다. 또한 직업을 가지고 편안하게 살 수 있도록 업무에 대해 애착을 가지게 하며, 고용안정성과 위험에 대항하도록 최소한의 보호를 제공해 줄 수 있어야 한다. 노동자에게 자기만족의 가능성을 높이기 위해 충분한 소득을 보장해 줄 수 있도록 하며, 일반적으로 인정된 건강과 품위(예의범절, 체면)를 가질 수 있게 하여 그들이 희망하는 것을 개인적으로 성취하도록 한다. 자신의 일을 확립하도록 해 주는 것 또한 직업배치 후 서비스며, 생애과정 전체로서 직업배치가 이루어질 수 있도록 하는 것이다.

사후지도는 중증장애인, 특히 정신질환을 지닌 장애인들의 욕구, 그들이 지역사회에서 혹은 직장에서 잘 기능할 수 있도록 하기 위해 반드시 필요한 서비스다. 이는 비용-효과 면에서도 가장 중요하며, 직업재활의 과정을 성공적으로 마친 중증 정신질환자들이 능력을 발휘하고 생산적인 직장생활을 유지하도록 만든다(Sands & Radin, 1979).

직업배치되어 있는 사람에 대한 추수지도의 중요성에 대해 살펴보자.

1) 문제의 조기발견

추수지도 서비스를 제공하는 하나의 근본적인 이유는 직장을 잃지 않기 위해 대상 피고용인에 대한 개선점과 문제를 인식하는 것이다. 새로이 직업배치된 피고용인의 작업능률은 다른 동료 작업자보다는 장애인에게 더 요구되는 편견에 놓이게 된다. 만약 이 상황이 계속된다면, 피고용인은 극단적으로 내담자가 주어진 직업에 있어 능력이 부족하다는 인식을 가질 수 있다.

2) 추수지도 일정 구성

직업배치 후 문제를 찾아내기 위한 노력의 일환으로 직업능률 평가양식이 개발되었다. 또 작업수행 평가양식은 매주 고용주가 평가를 요청하며, 작업동료들, 감독자들 그리고 고용주에 의해 작성된다.

3) 현장 중재의 제공

장애인들의 직업배치에 따라 이루어지는 일부 현장평가훈련은 지속적인 고용을 보장하기 위해 필수적으로 다음과 같이 이루어진다.

① 완벽한 직업을 위해 요구되는 기술을 분석하기
② 감독자에 의해 기대되고 지적되는 행동들의 개선
③ 현장에서의 특별한 동기적 체계
④ 규칙을 지키기 위한 순응
⑤ 비정상적인 행동들을 저하시킴

⑥ 직무와 관련된 평가기술단계
⑦ 확인된 부족한 행동적 목표를 명확히하기
⑧ 훈련 프로그램의 개발과 수단의 강구

부분철회법(partial withdrawal)은 훈련단위 중의 한 요소를 제거하거나 혹은 어떤 상황요소(오후 시간을 제외한 아침시간), 행위요소(점심시간 동안을 제외한 하루 시작 때의 인사), 인적 요소(같은 직장에 일하고 있는 다른 표적 근로자가 아니라 특정한 개별 근로자)들의 조합적 훈련단위를 제거하는 것이다. 바람직한 반응의 유지를 위하여 사용되는 순차적 철회법은 처음에 여러 훈련요소 중 하나를 제거하고, 다음에도 그러한 방식으로 하여서, 결국 모든 요소가 제거되도록 한다.

철회의 현장 중재 시에, 중재의 부재 여부 혹은 행동손실을 조장하는 중재를 제공하는 사람이 있는지 여부를 평가해야만 한다. 만일 그렇다면, 이 접근법은 다음과 같이 되어야 한다.

① 보다 천천히 반복되어 새로운 근로자들이 중재 혹은 훈련가의 출석과 부재를 알지 못하게 되어야 한다.
② 가능한 한 두 번째 전략(자기관찰)이 제공되어야 한다.
③ 단지 부분적인 철회의 최후 단계에서 필요한 전략은 바람직한 행동을 유지하기 위해 현장에서의 다른 근로자 훈련에 포함되어야 한다.

4) 적응성 평가

적응성 평가는 여러 자원, 즉 대상 근로자의 부모, 상담사, 고용주, 감독자, 동료 그리고 그 밖의 많은 사람의 노력이 효율적인지 어떤지를 결정하기 위하여 필요하다. 예를 들면, 일단 자신의 아들이나 혹은 딸이 직업배치되어 있다면, 그 부모들과의 협력은 필수적인 것이다. 자신의 임금을 스스로 관리해 보지 못한 근로자들은 어떻게 돈을 아끼고 저금하며, 또는 필요한 곳에 사용하는지에 대해 학습할 경우에 지원받을 필요가 있다.

부모는 자녀들에게 돈이 중요한지 어떤지에 대하여 알려 주는 보조 요원으로서 활동해야 한다. 바람직한 결과를 위해 쇼핑하기, 영화 관람하기, 그리고 근로자 자신의 수입(돈)에 의하여 동료나 친구와 외식하기를 촉진하는 것 등을 위하여 부모가 노력하는 일은 필연적일 것이다.

5) 사후지도프로그램의 개발

직업배치 후 일을 매우 잘 수행할지라도 대부분의 사람은 사후지도서비스를 요구하게 된다. 이런 서비스는 몇 주에서 몇 년 혹은 그 이상의 장기간의 정규 방문을 요한다.

추수적인 지원을 제공할 때, 모든 추수 계약시간이 만들어지도록 하며, 어떠한 이유에서든지 간에 새로운 근로자의 강점은 지도요원과 고용 대행기관에 의하여 논의되어야 한다는 점이 상기되도록 한다. 이런 지도의 일차적 목표는 내담자의 직업수행 상에서 정확히 평가하는 노력과 객관적인 평가가 되도록 조정하는 것이다. 장애인근로자들에 대해 전문가들이 더불어 전형적으로 주관적인 평가를 제공하였을 때, 두 가지 접근 사이의 일치도를 판단하여 결론지어야 한다. 두 가지 타당성의 유형은 사회적 타당성 프로그램, 주관적 평가와 사회적 비교로 유도된다.

6) 주관적 평가

주관적 평가는 작업행동의 질적인 면에 대한 판단을 기초로 한 훈련평가를 위한 노력이라고 할 수 있다. 전형적으로, 고용주는 새로운 근로자들에 대해 고용 후 최초 3~6개월 동안 평가함과 동시에 적어도 일 년에 한 번은 전반적으로 그들을 평가한다.

작업수행에 기초한 행동주의적 평가양식은 근로자의 평가와 고용, 해고에 책임이 있는 사람에 의해 완성되어야 한다. 이것이 유사한 지위에 있는 동료 근로자에 의하여 작성되거나 신규 근로자에 의해 작성되어서는 안 된다.

7) 사회적 비교

사회적 비교는 평가대상행동이 동료의 행동과 구별될 수 있는지 어떤지를 결정하기 위해 작업수행 정도를 동료 근로자와 비교하려는 노력이다. 예를 들면, 이는 비장애인 동료 근로자의 작업수행 정도와 대상 근로자의 수행 정도를 비교하기 위한 관찰을 통해 직접적으로 이루어진다. 이 차이점은 부분적으로 환경조건(예: 열, 긴장), 주관적 특징(예: 어떻게 느끼는가) 혹은 이 두 가지의 조합 때문일 것이다. 사회적 비교의 올바른 사용은 유사한 작업 동안 대상 근로자의 이러한 비교작업을 수행하는 근로자를 선택적으로 보다 상세화한다.

예를 들면, 만약 비교대상 근로자가 30분 동안 관찰된다면, 30분의 휴식 동안 고용목표에 관한 정보를 수집하는 것이 적절하다. 만약 비교되는 몇 명의 근로자가 동일한 장소에서 일을 한다면, 평가자는 짧은 시간(10초) 동안 한 명의 근로자를 관찰하고 다시 다른 사람(역시 10초)을 관찰할 것이다. 그리고 관찰지가 작성될 때까지 반복할 것이다. 만약에 그 두 근로자가 동일한 건물 내 다른 장소에서 작업을 한다면, 관찰자는 조금 더 긴 시간(10분) 동안 한 사람을 관찰하고 나머지 한 사람은 같은 시간 동안 관찰하게 된다.

사회적 비교는 주관적인 평가와 관련될 때 유용하다. 언급한 바와 같이 주관적인 평가들은 직업현장에서 이루어진다. 특별히 환경이 빈약할 때, 이러한 평가는 대상 근로자가 그의 직업에 알맞은가를 결정할 때에 반드시 고려되어야 한다.

① 합의된 능력

② 합의된 적합도
③ 객관적으로 확인되지 않고 주관적으로 확인된 적합도
④ 주관적으로 확인되지 않고 객관적으로 확인된 적합도
⑤ 주관적이고 객관적인 평가의 결과

앞의 내용은 사후지도 직원이 내담자 행동 재수정이 필요한 적합도에 있어서 우선권을 설정하고 이에 기초한 배치훈련 목적을 확인하도록 요구한다. 이들 단계는 다음과 같이 각 확인된 적합도를 위해 계열성 있게 전개되어야 한다.

① 목표하는 작업행동에 관련 있는 고용주, 관리자, 동료 작업자로부터 자료를 입력하고 훈련기간을 확인한 후 어느 수준의 수행 정도가 받아들여질 것인가를 결정
② 훈련 동안 이용가능한 시간에서 가능한 향상 수준을 결정
③ 이용가능한 시간에 합리적으로 기대될 수 있는 수행 수준에 대한 고용주, 관리자, 동료 작업자와 협정

2. 사후지도의 발달적 배경

재활이라는 전문분야의 발달과 함께 사후지도는 중증장애인들에게 재활서비스에 대한 권리와 최소한으로 제한된 환경 속에서 서비스를 받도록 돕는 데 의미가 있다. 미국의 1965년 개정된 직업재활법은 정신지체인을 위한 보호작업장의 설치와 함께 18개월 동안의 재활서비스 수혜판정 기간을 유보하도록 규정하였다.

이 시기에 재활정책입안자들은 정신장애인의 재활을 촉진시키고 직업을 안정시키기 위한 서비스를 재활과정 속에 포함시킬 필요가 있음을 인지하였

다. 따라서 미국정부의 재활서비스국에서는 정신장애인들의 입원기간 동안 치료와 재활에 있어서 가족의 연구, 그리고 퇴원 후 사회적응 기간 동안 재발을 방지하려는 일련의 연구와 시범사업들에 대한 지원을 했다. 이때 정신장애인의 재활을 돕기 위해 최소 6개월간의 사후지도를 규정했다. 왜냐하면, 정신장애인의 직업재활에는 특히 증상 관리가 중요했기 때문이다.

1968년 개정된 직업재활법은 정신지체인들에 대해 규정된 6개월의 사후지도 기간이 너무 짧다는 것을 인식하여 사후지도에 기타 고용 후 서비스를 포함하도록 규정하였다(타 기관의 서비스를 포함하여). 또, 이를 통해 내담자에 대한 체계적인 사후지도서비스의 개념을 최초로 소개했다. 따라서 이 시기에 사후지도는 직업재활과정에 있어서 필요한 하나의 통합적 부분으로 뿌리 깊이 자리 잡았다(DissonneHe, Dermise, Pimental, & Richard, 1989). 정신장애 영역에서는 이와 관련된 퇴원 후의 고용배치 상태를 성취·유지하는 데 필요한 일련의 재활서비스가 필요하다고 본다. 연구와 시범사업에 관한 질문들은 다음과 같다.

① 정신장애인들이 고용상태를 유지하는 데 필요한 서비스 전달체계의 배열
② 6개월의 정규 사후지도 기간 이후의 사후지도의 구성과 성격
③ 고용유지에 필요한 직업적 상황에 대한 개인적·정서적 배려

12주 간격의 장기 사후지도 계획은 대체로 내담자 원조와 지지, 고용주와의 접촉으로 이루어지고 단기간, 2주 간격의 단기 사후지도 계획에는 내담자 진보 점검과 고용주와 함께하는 개인상담과 집단상담이 많이 활용된다. 두 경우 모두 내담자가 자신의 직무에 관련한 적응에 따른 진보와 친구를 만드는 데 대한 개인적 진보평가가 요구된다(DissonneHe et al., 1989).

3. 사후지도의 대상과 주체

1) 사후지도의 대상

사후지도의 영역은 직업에 대한 개인의 욕구충족, 인간관계 개선, 지역사회 내의 적응, 조직이 요구한 역할 완수 등 다양하다. 따라서 상담사가 이러한 영역에 개입하여 효과적인 사후지도를 하기 위해서 꼭 취업되어 있는 장애인들로만 그 대상을 국한할 필요는 없다. 결과적으로 사후지도서비스의 범위는 다른 재활서비스의 범위보다 더 넓어야 한다. 즉, 취업장애인은 물론, 고용주, 감독자, 동료 작업자, 장애인 친구, 가족구성원 그리고 사업장의 다른 구성원 등을 포함할 정도로 사후지도 대상의 범위는 크게 확대될 수 있다.

2) 사후지도의 주체

사후지도를 꼭 상담사가 할 필요는 없다. 취업된 모든 장애인에 대한 최근의 정보를 상담사는 모두 알 수가 없다. 이들에 대한 정보는 고용주, 감독관, 동료, 가족을 통해 수집할 수 있다. 또한 장애인고용촉진공단의 경우 직업생활상담원에 대한 교육이 필수적으로 이루어지고 있다. 이들은 취업된 장애인들에게 가장 정확하고 친근감 있는 조언을 해 줄 수 있는 사후지도 실시자라고 할 수 있다.

물론, 사후지도를 계획하고 실시하는 총책임자는 상담사이어야 하므로 취업자가 무슨 문제가 있는지, 어디를 변화시켜야 하는지, 문제해결을 위해 어떻게 접근하여야 하는지에 대한 계획과 자원의 조직도 상담사가 세워야 한다. 따라서 사후지도에는 취업된 장애인에 관련된 주변 사람들이 모두 참여할 수 있는 것이다.

4. 사후지도의 실시

1) 사후지도의 계획수립과 방법

사후지도의 성격이나 특성은 재활기관, 프로그램의 조건, 내담자의 욕구, 그리고 사업체의 조건 등에 의해 결정된다. 따라서 상담사는 사후지도 계획을 세우기 전에 먼저, 자신이 취업자에게 제공할 수 있는 서비스들의 역량과 한계점을 파악하여 사후지도의 범위를 설정해야 한다.

다음으로 상담사는 취업자가 일하고 있는 사업체의 역량과 제한점들을 세밀히 살펴보아야 한다. 상담사는 취업자의 태도, 직업적응을 위한 준비 수준, 기타의 제한점 등도 관찰하여 사후지도 계획수립에 반영해야 한다.

사후지도의 방법에 대한 조사 결과에 의하면 다음의 순으로 사후지도가 이루어지고 있다고 보고되고 있다.

① 최근 각 재활 관련기관에서 제공하는 사후지도의 형태로 전환지도가 가장 많이 이루어짐
② 다음으로는 재활관련 기관 상담사의 사업체 방문지도가 많이 이루어짐
③ 재활기관이 취업자로 하여금 방문하도록 하여 지도하는 경우
④ 사업체 내에 있는 인사담당자와 상담하는 경우

2) 사후지도의 시점과 기간

사후지도를 언제, 얼마동안 실시할 것인가에 관한 기존의 주장들은 일관성 있게 서로 일치하지 않는다. 사후지도에 대한 최초의 시기는 장애인 각 개인에 따라 다르지만 일반적으로 사후지도는 장애인이 작업상황에 적응하기 위한 기회도 주고, 또한 직위나 작업에 대한 만족도를 판단할 수 있는 시간적

여유를 주기 위해서 취업된 후 15일에서 30일 사이에 실시하는 것이 좋다. 그 이후의 추가적인 사후지도는 60일 내지 90일 간격으로 실시하는 것이 적당하며, 장애인의 취업이 적합한지 여부는 이 기간 내에 최종적으로 결정되는 것이 보통이다. 필요시에는 사후지도 기간을 연장해서 실시할 수 있다.

직업배치 전에 고용주와 감독자는 상담사들과 함께 프로그램 훈련목적에 동의를 해야 한다. 직원들의 서비스가 꼭 필요하지는 않으나 목표에는 기본적인 주기에 따른 상담은 배제하고 미래에 대한 요구는 어느 정도 반영해야 한다. 스케줄에 따른 중재를 두 가지 제안하면 다음과 같다.

① 스케줄 조정에 따른 중재: 스케줄의 조정은 고용주의 성공목적과 감독자의 프로그램 성공에 의해 단독적으로 결정된다. 이는 고용주의 기대, 감독자 그리고 처음으로 같이 일하는 동료들에 의해서도 영향을 받는다. 스케줄의 조정은 고용주의 목표에 맞추어 하루에 8시간을 일하는 것에 초점을 둔다.

② 고정된 스케줄에 따른 중재: 고정된 스케줄은 미리 조절하여 방문한 확정된 고용기관과 결정하게 된다. 그러나 이같은 협정은 적응된 스케줄보다 바람직하지 못하다. 고용기관이 마땅히 치뤄야 할 정해진 스케줄을 이용할 때 사후지도 요원은 가능한 한 많은 시간을 협정해야 하며 이는 몇 주나 몇 달의 진행과정 이상으로 가능한 한 천천히(조금씩) 감소되어야 한다.

3) 사후지도의 강조점과 개입과정

사후지도에 있어서 강조되어야 할 사항들은 대체로 다음과 같이 분류될 수 있다.

① 장애인의 직업적 특성에 대한 이해를 통해 선입감 해소

② 장애인들이 일할 수 있는 작업환경 개선을 위한 고용주의 협조 유도
③ 직장동료들의 태도개선을 위한 협조 유도
④ 장애인의 적극적인 생의 추구와 확립을 위한 지원
⑤ 동료 직원과의 협력관계 유지
⑥ 의료적 · 심리적 면의 분석과 장애인 욕구에 따른 문제점 해결
⑦ 직업적 적응성 및 흥미에 알맞은 직무분석
⑧ 개성 발휘 및 인성적인 자질 함양
⑨ 신체적 조건의 극복
⑩ 가정환경의 원인분석과 해고
⑪ 사회생활 적응

사후지도 시 중재는 다음의 일련의 과정을 거쳐야 한다.

① 부적응 문제파악과 분석을 위한 자료수집
② 부적응 문제에 대한 정확한 파악(변화대상 파악)
③ 변화목적 설정
④ 계약적 교섭
⑤ 지도활동 계획
⑥ 지도활동 실천과 조정
⑦ 변화노력(활동) 종결

4) 사후지도 시 필요한 지식, 정보, 기술

장애인 근로자들이 취업이나 직장적응에 많은 어려움을 겪고 있는 상황에서 사후지도사나 직업재활상담사, 기타 장애관리요원들이 장애인의 문제점을 원만하게 해결하기 위해 갖추어야 할 지식과 정보, 그리고 기술들이 있다. 취업 이후 직장적응과정에서 사후지도사가 갖추어야 할 구체적 지식, 정보,

기술을 과정별로 다음과 같이 제시해 볼 수 있다.

① 직무할당 과정
② 직장 유입
③ 훈련
④ 팀 구성 및 유지
⑤ 유효한 관계
⑥ 건강과 안전
⑦ 직원의 동기부여
⑧ 업무수행
⑨ 진로개발
⑩ 승진과 전직
⑪ 조직과 직무변화 처리
⑫ 고객과 관계
⑬ 장애인 정책

5) 사후지도에 관한 법적 근거

우리나라 「장애인고용촉진 및 직업재활 등에 관한 법률」은 사후지도에 관한 법적 근거를 제공해 주고 있다. 이 법 제1조는 장애인이 그 능력에 맞는 직업생활을 통하여 인간다운 생활을 할 수 있도록 장애인의 고용촉진 등과 직업재활 및 직업안정을 도모하도록 규정하고 있다.

보다 구체적으로 이 법 제9조는 취업 이후의 적응지도를 위한 규정을 두고 있는데, 고용노동부 장관은 장애인의 직업안정을 위하여 필요하다고 인정하는 때에는 취업한 후에도 사업장에 고용되어 있는 장애인에 대하여 작업환경 적응지도를 하여야 한다고 규정하고 있다. 또한 고용노동부 장관은 장애인을 고용하거나 고용하고자 하는 사업주에 대하여 필요하다고 인정하는 때에는 채용, 배치, 작업보조구, 작업설비 또는 작업환경, 기타 장애인의 고용관리에 관하여 기술적 사항에 대한 지도를 해야 한다고 규정하고 있다.

5. 사후지도의 내용

일반사업체에 취업한 정신지체인의 직업생활 적응과 유지를 위한 사후지도 내용은 각 개인의 직업유형, 직업환경, 개인의 특성 등에 따라 결정되어야 한다. 따라서 구체적인 사후지도 내용은 각 개인에 대한 평가에 근거한 개별화된 계획에 따라 결정되어야 한다.

정신지체인들의 직업생활 적응과 유지에 결정적인 요소들에 대한 정의는 사후지도 제공 시 초점이 될 수 있는 내용을 선정하는 데 도움이 될 것이다. 정신지체인의 이직 원인을 조사한 Wehman 등(1992)은 정신지체인의 이직을 초래하는 특정 요소들로서 정신지체인 근로자의 생산력, 사회성 기술, 신체적 · 정신적 건강상태, 책임감과 경제적 요소, 기타 외적 요소들이 관련되어 있는 것으로 보고하였다. Greenspan과 Shoultz(1981)는 정신지체인의 직업실패 원인을 사회적 범주와 비사회적 범주로 구분하였는데 직업실패 원인의 사회적 범주는 작업장에서의 행동 및 정서적 측면, 성격, 다른 사람과 작업환경에 대한 이해를 포함하였고, 비사회적 범주로는 생산의 질과 양, 신체적 건강, 그리고 경제적 이유를 포함하였다.

정신지체인의 이직 원인 중 내적 특성과 관련한 문제에 대한 사후지도는 직업현장에서의 직접적인 훈련이 요구되는 반면, 외적 영향에 대해서는 환경뿐 아니라 직업환경 밖에서의 중재가 요구된다.

1) 직무기술과 직무태도

낮은 작업의 질, 느린 작업속도, 작업수행 시 결함은 이직의 원인이 된다.

생산율을 증가시키기 위해 구성된 중재는 피훈련생에 의해 제공되는 일시적인 보상이나 다른 강화자와 같은 외부적으로 관리되는 시스템의 사용을 포함한다. 이에 대한 대안으로써 최근의 연구는 독립적인 과제수행에 대한 자기관리의 효과를 보고하고 있다. 자기관리의 개별적 단계는 다음과 같다.

① 평가를 통해 문제를 정의
② 관찰을 통해 문제를 확인
③ 수용할 수 있는 행동의 범위를 설정
④ 자극과 강화자가 유발하는 자연스러운 작업환경을 평가하기
⑤ 자기관리방법을 선택하기
⑥ 외적 보조를 감소시킴으로써 자기관리기술을 훈련
⑦ 자기관리의 효과 평가하기

잦은 결근, 의욕부진, 지나친 작업에의 집착, 꾀병을 포함하는 많은 직무태도의 결함은 정신지체인 이직의 가장 중요한 원인이 된다. 작업현장에서의 수정이나 적응장비의 사용은 정신지체인 근로자로 하여금 직무를 성공적으로 완수할 수 있게 한다. Wood(1988)는 직업수정의 유형과 필요성은 특정직무에 대한 교수자료의 검토를 통한 정신지체인 근로자의 진전에 대한 분석에 기초하여야 한다고 주장했다.

2) 대인관계와 행동문제

사업체 내에서의 부정적인 사회적 관계가 주요한 이직의 원인이 된다. 고용주들 역시 태도적 행동과 관련한 기술을 높이 평가하는 경향이 있다. 많은 연구들은 사회성이 중증장애인의 직업유지를 촉진하기 위해 가장 중요한 요소라고 보고했다. 대인적 관계를 촉진하기 위한 중재의 초기는 종종 상급자와 동료들이 첫인상을 기억하기 때문에 직업배치 이후 즉시, 또는 직업배치

이전에 시작된다. 작업협조, 작업에 대한 논의, 개인적 삶에 대한 대화, 농담, 조언 주고받기, 지시 따르기, 흥미와 열정을 보이기, 동료와 협력하기, 고객과 적절히 상호작용하기 등은 직업과 관련한 사회성 기술이다.

① 직업관련 과제: 직업과제 관련 상호작용은 지시 따르기, 보조 요구하기, 작업정보 공유하기, 비평 수용하기와 같은 작업과 관련한 상호작용과 행동들을 포함한다.
② 비직업 관련 과제: 비직업 상호작용은 농담, 스포츠에 관한 정보 공유하기, 동료의 가족에 대한 질문과 같은 활동을 포함하며, 우정, 사회적 지지, 그리고 작업에의 만족에 대한 것에 기여할 수 있다.

정신지체인의 문제행동과 관련한 범주의 세부적인 원인은 불복종, 공격행동, 자해행동, 지나친 고집을 포함하며, 이 범주는 이직 원인의 높은 비율로 나타난다. 이러한 문제행동은 직업수행을 방해하며, 일단 고용이 된 이후에도 고용을 성공적으로 유지하지 못하게 하는 주요 원인이 된다.

3) 일상생활기술

장애인의 직업성공은 생존기술과도 중요한 상관을 갖는다. 여가시간활동, 금전 사용, 의복선택, 약속 지키기, 투약하기, 식사하기, 그리고 버스시간에 맞춰 타기와 같은 활동들을 포함하는 일상생활기술은 정신지체 근로자가 정해진 시간에 특정 행동을 수행하기를 기대하는 직업상황에서 특히 중요하다.

6. 사후지도의 방법

1) 동료참여 촉진

통합된 고용의 가장 주된 목적 중 하나가 장애인 근로자와 그 동료 간의 사회적 접촉과 우정의 자연스러운 발달이다. 동료는 또한 사후서비스를 제공하는 데 있어서 적극적인 자원으로 인식된다. 능동적인 정서적 제공자로서 동료는 매일의 접촉을 통해 직업수행을 유지하는 것뿐 아니라 작업수행에 대한 평가자로 기능하게 된다.

직업유지 계획의 부분으로서 동료가 수행할 수 있는 세 가지 능동적인 기능은 다음과 같다.

① 지지자로서의 역할
② 문제에 대한 능동적인 관찰자와 보고자
③ 피훈련생으로서의 기능

결국, 동료는 내담자가 고용전문가로부터 독립하여 새로운 작업환경에 적응하도록 보조하기 위해 잠재적으로 유용한 자원으로 인정받고 있다.

2) 가족참여 촉진

가족으로부터의 전폭적인 지지 없이는 장기적 직업유지가 어렵다. 투약점검, 건강이나 정서상태 보고, 교통수단 제공, 직업생활에 대한 적절한 준비, 정서적 지원과 격려와 같은 것을 포함하여 장애인 근로자의 직업생활을 지원하는 부모와 다른 가족구성원들은 지역 서비스 체계의 한 구성요소로서 최고의 입지에 있을 수 있다. 고용에 있어서 부모의 긍정적인 역할은 전문가들에게 다음과 같이 많은 이점을 제공한다.

① 장애인 가족에 대해 전문가다.
② 가족의 철학, 가치와 믿음이 일치하는 직업을 정하는 데 도움을 제공할 수 있다.
③ 지원을 제공할 수 있는 가치롭고 지속적인 자원이다.
④ 책임감을 느끼고 필요할 때 도움을 제공할 수 있는 의지를 갖는 경향이 있다.

결국, 가족참여는 대인적 만족과 기대의 성취, 그리고 가족의 목표와 각성의 가능성을 증가시킨다.

가족-직업재활 전문가의 의사소통 시 중요한 몇 가지 고려점은 다음과 같다.

① 가족의 역동성과 문화에 민감하게 지위, 재정상태, 일정, 가족의 요구 등의 많은 요소를 고려하는 것이 중요하다.
② 사후지도 담당자의 인식, 태도 그리고 가치를 이해시킨다.
③ 상호 간의 의사소통과 청취기술을 개발한다.
④ 정보를 공유하고 질문하기와 같은 효과적인 의사소통의 모델을 보인다.
⑤ 개별 가족의 양식, 기관, 그리고 선호에 적응함으로써 유동성을 보인다.
⑥ 개인적 차이와 갈등을 인식하고 반응해야 한다.

가족의 참여를 촉진하기 위한 전략은 다음과 같다.

① 가족목표 수립하기
② 개별 프로그램 계획에 참여시키기
③ 기초정보의 개발과 공유하기

④ 프로그램 운영에 참여시키기
⑤ 직접적인 지원을 제공하기

3) 사후지도 방법과 양식

장애인이 고용된 사업체에 대한 사후지도 방법에는 직접방문, 전화, 서신 등이 있다. 사후지도에는 다음의 내용을 포함한다.

① 근로자를 관찰하기 위해 직업현장을 방문
② 상급자와 면담하여 자료수집
③ 재훈련과 직업의 수정
④ 정신지체 근로자의 진전을 평가하기 위해 전화
⑤ 상급자의 만족을 측정하기 위해 서면양식으로 평가
⑥ 고용에 대한 정신지체 근로자의 만족을 평가하기 위해 정신지체 근로자의 가족이나 보호자에게 우편 발송하기

사후지도서비스는 정신지체 근로자의 요구에 따라 개별화되어야 하며, 또 개별 사업체의 특성을 고려하여 융통성을 갖는 것도 필요하다.

사후지도는 장애인 근로자가 직장환경과 직무 자체에 잘 적응하고, 직능개발을 통해 안정적인 고용관계를 유지함으로써 독립된 사회의 일원으로 사회통합을 이루며 생활할 수 있도록 하는 것이다. 평가와 사후지도에서 강조되어야 하는 요인은 장애인의 직업적 특성에 대한 이해를 통해 선입견을 해소하고 장애인들이 일할 수 있는 작업환경 개선을 위한 고용주의 협조를 유도하며 직장동료들의 태도개선을 위한 협조를 유도하는 것이다. 또 장애인의 적극적인 생활추구와 확립을 위한 지원, 동료직원과의 협력유지, 의료적 · 심리적인 면의 분석과 장애인 욕구에 따른 문제점을 해결, 직업적 적응성 및 흥미에 알맞은 직무분석, 개성발휘 및 인성적 자질함양, 신체적 극복,

가정환경의 원인분석, 사회생활 적응 등이 필요하다.

끝으로, 이 절에서 사용될 수 있는 양식은 〈표 9-1〉과 같이 적절히 제작할 수 있다.

표 9-1 ➡ 고용주 평가 체크리스트

직업사전 코드번호	영역: 기록횟수		영역: 고용주 평가				
	우편	기록	전문적인 지식	작업태도	작업의 질	전체 평가	상대적 준비
전 체							

표 9-2 ➡ 고용주 사후지도 양식

내담자 성명: 기록자:

이 양식에 대한 귀하의 개별 문항작성은 직업교육프로그램을 평가하는 이 지역학교와 재활시설에 도움을 줄 것입니다.

1) 직업훈련 평가

각 개인의 직업훈련 평가절차를 다음 영역에 알맞게 기재하시오.

	아주 좋음	좋음	보통	못함	아주 못함
① 기술적 지식	☐	☐	☐	☐	☐
② 작업태도	☐	☐	☐	☐	☐
③ 작업지식	☐	☐	☐	☐	☐
	(5)	(4)	(3)	(2)	(1)

2) 종합적 평가

직업적 요구와 관련하여 개인적으로 수용할 수 있는 직업훈련의 종합적 평가는 어떠한가요?

아주 좋음	좋음	보통	못함	아주 못함
☐	☐	☐	☐	☐
(5)	(4)	(3)	(2)	(1)

3) 상대적 준비

이 사람의 직업훈련 결과에 따라 동일한 훈련을 받지 않은 작업그룹 내의 사람들과 관련해서 평가할 때 피고용인으로서 준비가 되었나요?

☐ 비교해 볼 기회가 없었다.
☐ 개인적으로 잘 준비되었다.
☐ 비슷한 수준이다.
☐ 개인적으로 준비가 별로 되어 있지 않다.

협조해 주셔서 감사합니다.
이 서식은 동봉한 봉투에 넣어서 반송해 주십시오.

연습문제

1. 다음 중 18개월 동안 적격성 판정기간을 유보하고 직업평가를 할 수 있도록 규정한 미국의 입법은?
   ① 1968년 개정 직업재활법
   ② 1965년 개정 직업재활법
   ③ 1976년 개정 직업재활법
   ④ 1973년 개정 직업재활법

토론문제

1. 동료 근로자와 동료집단의 상호관계를 서술하시오.

2. 직업적응에 있어서 필요한 중재를 서술하시오.

3. 직업유지기에 필요한 중재와 장기 진로강화의 노력을 설명하시오.

4. 직업배치의 책임이 직업재활상담사에게 추가적으로 부여된 이유는?

5. 직업배치에 있어서 책무성이란 무엇인가?

6. 직업재활시설이 실업계와 파트너십을 유지하기 위한 네 가지 당위성을 서술하시오.

제10장

직무분석

1. 직무분석의 의의와 목적

1) 직무분석의 의의

직무분석은 직업에 관련된 사실들을 획득하는 데 있어서 집약적이고 조직화된 방법으로, 직업에 대한 이해와 개인의 관찰 혹은 직장의 근로자, 감독자들 그리고 가치 있는 정보를 가진 다른 사람들과의 대화를 통해 얻은 정보를 분석하는 일이다.

적절히 사용되기만 한다면 직무분석은 직업상담사와 내담자에게 평가를 통해 얻은 내담자의 정보를 작업현장의 맥락 속으로 집어넣을 수 있게 할 것이다. 이 과정은 적절한 중재전략의 변경을 위해 조직적인 방향을 제공할 수 있다. 또한 이것은 상담사에게 일반적으로 재활서비스는 지역 노동시장에 관련된다는 것을 확실히 알게 하는 데 도움이 될 수 있다.

직업구조 개선을 위해 직무분석이 사용될 때 상담사나 취업 대상자에게 더 나은 기회를 개발하는 데 공동으로 협력하는 기회를 제공할 수 있기 때문에 장애를 가진 사람들의 경력증진에 공헌할 것이라는 점도 강조될 수 있다. 직무분석은 고용주와의 관계에서도 또 다른 의미를 가지고 있다. 조직적인 직무분석을 수행함으로써 고용주에게 직업상담사는 가치 있고 적절하며 직업을 가질 준비를 갖춘 예비지원자들을 제공할 전문가라는 점을 확연하게 보여 준다.

기본 요소 직무분석은 작업관련 기술과 작업에 요구되는 것으로, 작업관련 기술에 요구되는 분석은 항상 직접적인 관찰을 통해서만 가능한 것이 아니다. 요구되는 기술들의 많은 부분은 주어진 시간에 쉽게 관찰되지 못할 수 있다. 작업관련 기술들은 책임 있는 작업자가 지닌 관련 언어, 자조, 동기화, 그리고 기술들에 더하여 기능적 · 학문적 정보를 포함하고 있다.

직무분석은 산업기술자, 전문가, 산업관계자들에 의해 조직화되어 직무들을 능률적인 방법으로 수행하기 위한 행동의 단위로 분류된다. 기본적으로 직무분석에는 다음과 같은 세 가지 요소가 있다.

① 직업 자체가 명확하고 정확하게 검증되어야 한다.
② 직업의 과업들이 명확하고 정확하게 묘사되어야 한다.
③ 성공적인 실행을 위해서 직업이 요구하는 것들이 근로자들에게 명시되어야 한다.

고용에서 지니는 의미 직업요구조건들에 대한 체계적 분석은 차별 없는 채용과 승진기회를 보장한다. 고용주, 인사관리자, 근로자들은 장애인들의 능력에 관해 선입견을 지니고 바라볼 경우가 많다. 특별한 직업을 수행하는 데 요구되는 기술이나 개인의 제한점들에 관한 잘못된 전제들은 장애를 지닌 근로자들에 대해 부주의한 차별을 초래할 수 있다.

장애인 근로자들이 특별한 직업을 수행할 수 있을지 아닌지를 알 수 있는가와 관련하여 종종 재활기관에 의해 의뢰된 내담자들을 위해 근로자로서 필요한 자질과 의료조건 및 제한점들 그리고 직업과 신체기능들에 관한 프로파일이 제공되고 이 정보는 고용주에게 유용할 것이지만 고용주가 필요한 직업을 수행할 근로자로서 성공할 것인지에 대한 해답은 되지 않는다. 이 경우 보다 확실한 대답은 서면으로 작성된 직무분석 결과이며, 이 자료는 장애를 지닌 개인과 주어진 직업 사이의 적합성 여부를 객관적으로 측정하는 유용한 수단이 된다.

필요성 직무분석의 필요성은 직무에 대한 실용적이고, 정확한 이해를 얻기 위한 인간적인 측면과 기계적인 접근으로부터 이루어지는 객관적인 측면의 조합에 있다. 이러한 직무분석은 훈련, 직무의 변경 혹은 직무의 구조개선 상담 혹은 인사나 작업환경과 관련된 적응을 통하여 고용될 수 있는 장애를 가진 사람들에게 적용하기 위한 것이다. 여기서는 장애를 가진 사람, 직업상담사, 재활프로그램, 고용주 그리고 성공적인 배치가 이루어진 경우 지역사회를 돕기 위하여 분석의 인간적 그리고 기계적 측면 양자 모두가 고려되어야 한다.

직무분석은 내담자에게 중요한 정보를 제공하여 이들에게 진로방향을 선택하도록 도와줄 것이다. 직무분석은 노동시장에 대한 최근의 정보를 제공하고, 고용주와의 관계를 개발하기 위한 매체가 된다. 이와 같은 모든 정보는 산업사회에 적절하게 대응하는 데 도움이 될 수 있도록 재활체계 속으로 피드백되어 들어갈 수 있으며, 재활에서는 서비스 대상자들에게 직업적인 책임을 수행하도록 돕게 되는 것이다.

2) 직무분석의 목적

피고용인이나 감독자 개인 혹은 이런 모든 사람으로부터 획득된 정보에 의해서 상담사는 직업에 대한 구체적인 정보를 가지게 된다. 재활전문가는 분석된 직무를 실제적으로 수행하는 근로자 맥락에서 이를 관찰해야 한다. 사용주들과 직업을 보유한 사람들과의 비공식적인 논의 또한 가치 있는 정보를 제공한다는 점이 무시되어서는 안 된다.

직무분석의 목적을 서울대학교 경영연구소는 다음과 같이 제시하였다.

① 조직의 합리화를 위한 기초
② 채용, 배치, 이동, 승진의 기준을 만드는 기초
③ 업무개선의 기초
④ 인사고과의 기초
⑤ 직무분석의 결과는 종업원의 훈련 및 개발의 기준이 된다.
⑥ 직무분석은 인사상담, 안전관리, 정원산정, 작업환경 개선, 경제개발 등에 필요한 정보를 제공한다.

나아가 직무분석은 다음과 같은 구체적인 목적을 가진다.

① 직무분석은 직업적 자료를 제공하는 데 있어 피고용인이 직무를 수행하는 수준을 평가할 수 있다. 노동자의 자질과 능력은 직업적 요구사항에 관계되는데 이는 고용주의 수행 요구사항이 객관적으로 결정될 수 있다는 것이다.
② 성공적인 훈련프로그램은 직무에 관련된 상세정보에 어느 정도 의존한다. 노동자들은 훈련에 대한 직무의 본질, 임무, 책임과 같은 문제를 적절히 고려하지 않고는 훈련될 수 없다.
③ 안전기술자는 직무분석에서 잠재적인 직업적 위험의 소재를 파악, 설명하고 위험을 제거할 안전과정을 개발한다.
④ 직무묘사는 밀접하게 협력된 직무를 확인하는 것의 유용한 수단을 가진 직무분석으로부터 얻게 된다. 이 정보는 같은 물리적 공간 혹은 지

역사회 내의 직업에서 직업으로 옮기는 노동자에게 도움을 줄 수 있다.

그리고 이 직무분석은 다음과 같이 이용된다.

① 직무분석은 개개 직업에 대한 구체적인 분석을 제공함으로써 직업개발 과정에 대한 지침을 제공한다.
② 직무분석은 지원고용 대상자가 일을 시작할 때 앞으로의 평가와 훈련 방법을 정하는 훌륭한 청사진을 제공한다.
③ 직무분석은 고용주와 대화하는 과정에서 지원고용전문가에 의해 사용된다.

직무분석의 보다 세부적인 활용영역은 다음과 같다.

① 직무상의 책임과 권한에 입각한 노동력의 조직
② 인적 자원에 입각한 모집, 선발 및 배치
③ 직무분석에 의하여 제시된 지식과 숙련을 가능하게 하는 훈련계획
④ 임금관리
⑤ 직무상의 권한, 책임, 작업조건 등의 제 요건에 상응하는 전직과 승진
⑥ 고충의 처리
⑦ 작업 제 조건의 개선
⑧ 표준생산량의 설정
⑨ 노동생산성의 향상
⑩ 생산계획의 조장: 조직의사 결정, 작업 및 설비의 설계, 인적 자원 관리

직무분석 정보의 두 가지 이용 직무분석 정보의 이용과 관련된 두 가지 측면은 인간공학과 직무공학 혹은 직무변경이다. 서비스를 제공할 때 직업상담사는 내담자가 직무에 대한 능력을 최고로 발휘하도록 하는 데 있어 도

움을 주기 위해 개인을 변화시키는 측면과 관련되어야만 한다. 만약 보장구를 사용할 경우 특별한 직무수행에 도움이 되는가? 만약 인간공학을 이용할 경우에는 개인의 작업내성, 운동영역, 속도, 한 과업장소에서 다른 과업장소로의 이동에 개선이 일어날 수 있다면 인간공학적 개념들이 직무요구를 좀 더 충족시킬 수 있도록 하기 위해 적용된다.

인간공학의 직무변경과 같은 개념들의 고려에서 초점은 직무를 변경시켜 개인에게 적합하도록 만드는 데 있다. 여기서는 작업대의 높이나 경사면들이 재구성될 수 있을 것이며 다양한 의자가 사용될 수 있고 전화번호부를 대신하여 발로 통제할 수 있는 마이크로필름 판독기를 사용할 수 있다. 이러한 것들은 어떤 사람이 일을 수행할 수 있도록 하기 위해 직무 자체를 변화시키는 직무공학의 한 예라고 할 수 있다.

직무분석 자료의 활용 직무분석은 직무에 대한 하나의 진술에 그치지 않고 해당직업에 관련된 구체적 과업의 내용, 과업들의 수행빈도, 그리고 이 과업들의 중요성에 관해 구체적으로 분석하는 것이다. 이를 위해서는 특수한 기초경험, 학습해야 할 응용기술, 구분되는 직업조건들, 그리고 근로자 기술들과 직업행동들이 구체화되어야 한다. 직무분석을 통해 관련된 직업의 근로자 특성, 경험 그리고 기능들을 파악하고 이 자료들을 근거로 구직자들의 적합성을 판단하는 것이다.

근로자 자질들을 직업에서 필요한 조건들에 연결시킴으로써 직업수행에 필요한 것과 필요하지 않은 것들에 대한 선입견을 방지할 수 있다. 이를 통해 변화가 필요한 환경적 조건이나 적절한 직무변경을 기할 수 있으며, 이는 또한 고용주가 적절히 작업 수준을 결정하고 훈련요소들을 발견할 수 있도록 도와준다. 따라서 직무분석은 인력채용과 관련된 문제들뿐만 아니라 임금수준이나 시간 생산임금을 파악하도록 도와준다.

직무분석을 한마디로 요약하면 직업과 관련된 사실(요인)을 획득하는 데 있어서 직접적이고, 집약적으로 조직화된 방법을 사용하는 것이라 할 수 있다. 이 과정에서 직무분석은 직업에 대한 적절한 사실들을 조직적으로, 의도적으로, 그리고 직접적으로 획득하는 방법을 사용한다.

직무분석과정은 개인적인 관찰이나 작업자, 감독관, 가치 있는 정보를 가지고 있는 사람들과의 대화를 통해 얻은 직무에 대한 이해를 포함한다. 직무분석은 전 산업체에서 광범위하게 사용되는 정보수집의 기본적인 방법이다. 이것은 군대나 민간조직에서도 광범위하게 사용된다. 만약 한 직무만이 보고에 관련된다면 직책분석이라는 용어가 사용될 것이다. 그러나 정의에 의하면 직무는 유사한 여러 가지 직종을 포괄하고 있는 것으로 연구의 한 단위가 되는 경우가 더 많다고 본다.

2. 직무분석 단계

1) 직무분석의 발달

직무분석은 어떤 면에서 장애 근로자의 요구에 관련된 정보를 모으는데 이용되는 기술로부터 새로운 평가를 받을 수 있는 한 영역이다.

직무분석의 역사는 신체적 요구자료를 얻기 위한 제2차 세계대전으로 되돌아간다. 신체적 요구를 규정짓는 문제에 대한 최초의 접근법은 1944년의 퍼머니넷 병원연구(Permanenete Hospital Study)와 군사위원회(War Manpower Commission)에서 시작되었다. 군사위원회의 역할은 할당된 국가공무원의 직무와 기술의 이용을 효과적으로 하는 프로그램의 계획에 있다. 이러한 신체적 요구의 연구에서 강조하는 것은 동일시된 직무요구와 함께 장애 근로자의 잔존능력을 적절히 연결하는 일이다. 작업현장, 직무수행 구성요소는 직업의 작업활동 결과처럼 어떻게 일을 할 것인지, 무슨 일을 할 것인지를 반영하는 공학적 범주다.

작업현장에서는 동질의 집단으로 구성되어 객관적 또는 공학에 기초를 둔 물체의 움직임, 생산품 제작, 자료의 사용, 서비스의 준비 등을 일정하게 배치한다. 여기서는 작업의 목적 또는 작업의 용도뿐만 아니라 어떻게 목적을 성취시킬 수 있는가 하는 작업현장의 개념에 대한 이해가 중요하다. 즉, 작업목표와 유사한 의미로 작업현장 지시를 위한 핵심은 판단분석기술이다. 지시는 작업현장의 용어 설명이 포함된 문장식이다.

2) 직무분석 설문지와 간편 직무분석 단계

직무분석 설문지는 어떤 유형의 직무 특징을 기술하는 단위들이나 문항들에 의해 직무를 분석하기 위해 제공되는 설문지의 형태를 취한다. 이때 분석자는 그 문항이 해당 직무에 적용되는가의 여부를 간단히 나타내도록 해야 하며, 평정척도를 이용해 해당 직무에 그 문항이 적절한가의 여부를 판단할 수 있도록 준비해야 한다. 문항들은 여러 가지 유형의 직무 특징을 나타낼 수 있다. 설문지의 종류로는 과업항목표, 직책분석 설문지, 기능적 직무분석 등이 있다.

간편 직무분석 단계는 다음과 같이 요약할 수 있다.

① 직무분석이 필요한 이유들과 직무분석 수행에 필요한 과정들에 대해 직무감독자들과 논의하기 위해 면접, 기존의 직무명세서와 훈련매뉴얼을 검토한다.
② 분석될 직무에 정통한 경험이 있는 3명에서 5명 가량의 현직 근로자들에 대해 면접한다.
③ 능숙한 현직 근로자들이 직무를 수행하는 과정을 관찰한다.
④ 앞의 면접과 관찰을 통해 알게 된 구체적 직업과제들, 책무, 활동 등에 대한 리스트를 작성한다. 여기에는 성공이나 실패 여부에 중요한 영향을 미치는 직업적 의무 정도, 지식, 기능 그리고 능력이 포함된다.
⑤ 최종 직무분석 리스트를 준비하고 설문지를 제작한다.
⑥ 능숙한 근로자 집단을 표집하고 개발된 설문지를 작성하게 함으로써

직무분석 결과의 타당도를 점검하는 동시에 감독자의 입장에 있는 사람들에 대해서도 똑같은 설문지로 조사한다.

⑦ 수집된 설문지를 분석하여 최종 직무분석 결과와 비교한다. 이때 질문지 회수율은 적어도 75% 이상이 되어야 한다.

⑧ 약 90% 정도의 높은 일치도를 보이는 직무분석 요소들은 최종 직무분석 결과에 포함시킨다.

⑨ 직무분석 요소의 중요도를 최종 점검하기 위해 능숙한 근로자들과 감독자들을 만나 토론한다.

3) 현장 직무분석

직무분석은 고용주 및 작업을 수행하고 있는 작업자와의 면담과 관찰자 자신의 관찰을 통해 얻은 정보들을 잘 조화시키기 위하여 작업현장에서 직무분석을 실시한다.

직무분석의 절차는 직무분석 주체의 형편에 따라 달라진다. 이는 분석의 목적에 따라(임금관리, 노무관리 등), 분석의 범위에 따라(분석 내용, 정밀도, 분석 대상인 종업원의 범위), 분석을 실시할 대상기관의 규모와 그 기관과의 특수성에 따라 달라질 수 있지만 기본적인 내용에는 큰 차이가 없이 다음과 같은 내용을 중점적으로 분석한다.

① 직무의 범위 및 작업순서의 분석

② 책임과 권한의 분석

③ 신체 노력, 감각 노력, 지적 노력의 분석

④ 작업조건의 분석

⑤ 지식, 숙련, 적성의 분석

이중에서도 신체 노력, 감각 노력, 지적 노력의 분석은 장애인의 특성상 중점적으로 이루어져야 할 부분이다. 계획, 초기면접, 관찰, 면접종결, 자료분석 및 정리, 최종단계의 직무분석 내용은 다음과 같다.

① 계획

- 직무분석의 목적 확인: 직무분석이 도구개발을 위한 것인지 아니면 승진, 직업적응을 위한 것인지 명료하게 한다.
- 직무명 정하기: 직무명칭을 직업사전으로부터 찾아 확정한다.
- 직무 세부사항 지정하기: 각 직무분석에서 밝혀야 할 세부사항을 지정한다.
- 직무의 주기적 특징 정하기: 직무의 주기와 관련된 조건들을 분석적 관점에서 설정한다.
- 요구되는 능력과 형태 정하기: 해당직무가 필요로 하는 인간 능력과 형태를 결정한다.
- 직무분석 범위 정하기: 직무분석의 범위를 개략적으로 설정한다.
- 주요 요구사항 정하기: 해당직무에서 요구되는 사항들을 결정한다.
- 직무기간 정하기: 직무가 수행되는 기간을 설정하고 직무의 성격을 이해한다.
- 방문계획 정하기: 직무분석자에 의해 해당직무가 분석되는 사업장 방문계획을 수립한다.
- 동의 얻기: 기업주 혹은 직무감독자의 동의를 확보한다.
- 분석시간과 날짜 정하기: 직무분석을 실시한 시간과 날짜를 확정한다.

② 초기면접

- 직무분석의 목적에 대해 토의하기: 초기면접 시 직무분석의 목적에 대한 합의에 이르도록 직무분석가와 관련 인사들이 서로 토의한다.
- 배경정보의 정리: 직무의 배경정보를 정리한다.
- 직무 세부사항에 대해 쓰기: 분석될 직무 세부사항을 개략적으로 설정한다.

- 면접 관찰 양식 완성하기: 분석에 사용될 면접 관찰 양식을 완성한다.
- 기본적인 기능 정하기: 직무분석에서 다룰 기본적인 기능을 설정한다.

③ 관찰

- 작업현장 관찰하기: 작업현장이 기대한 것과 일치되는지 확인한다.
- 초기정보 확인하기: 직무분석상의 초기정보를 확인한다.
- 육체적 요구 확인하기: 직무분석에서 다루는 육체적 요구조건들을 확인한다.
- 부가적인 정보수집: 기타 필요한 부가적인 정보를 수집한다.
- 필수적인 기능 확인하기: 직무수행상 필수적인 기능을 구분하고 확인한다.
- 필수기능 작업분석표 완성하기: 필수기능 작업분석표를 완성한다.

④ 면접종결

- 불일치율 해결: 직무분석에서 얻은 자료를 토대로 불일치율을 해결한다.
- 필수기능 점검: 필수기능이 사실과 일치하는지를 점검한다.
- 필요한 양식 완성하기: 면접종결을 고려하며 필요한 양식은 모두 작성되었는지 확인한다.
- 면접 끝내기: 직무분석상의 면접을 종료한다.

⑤ 자료분석 및 정리

- 최종안 완성하기: 분석된 자료를 취합하고 최종안을 완성한다.
- 자료분석: 최종안에 정리된 자료를 확인하고 점검한다.
- 직무분석요약표 완성하기: 직무분석 요약표를 별도로 정리한다.
- 최종보고서 완성하기: 최종보고서를 완성한다.
- 발표보고서 쓰기: 최종보고서를 토대로 하여 발표보고서를 작성한다.

⑥ 최종단계

- 발표보고서 완성하기: 직무분석 목적에 따라 발표보고서를 완성한다.
- 서면보고서 작성하기: 발표보고서는 서면보고서 형태로 작성한다.

- 양식/보고서 제출하기: 직무분석 의뢰기관과 개인에게 보고서와 관련 양식을 제출한다.
- 의료적 동의얻기: 보고서와 더불어 의료적 사항들에 대해서는 관련 전문가의 동의를 획득한다.
- 신청서를 가지고 사후지도하기: 필요 시 보고서를 활용하여 사후지도한다.

이런 정보를 얻는 것은 고용주와 작업자와의 면담, 작업수행 관찰, 이들의 요약으로 이루어질 수 있다. 또한 직무분석 연구수행의 기본절차로써 특정 산업의 특성과 그 직무의 기술을 검토하는 것이다. 이런 과정에서 직무에 관련된 서적, 정기간행물, 기타 문헌 등을 열람하거나 또는 직업영역과 관련된 정부기관에서 나온 팸플릿, 기타 자료와 함께 산업전문가 협회나 단체가 개발한 직무해설 및 직무과정 관련 기술서적을 찾아보고 직무분석가가 직무에 관해 충분한 자료를 수집한 다음 노동자가 직무를 수행하는 것을 관찰하고 노동자와 감독 및 여러 사람을 면접한다.

4) 직무분석 방법

직무분석을 하는 데에는 자기기입, 관찰, 면접, 질문서, 경험청취, 통계, 측정, 검사 등이 있다.

① 관찰법: 많은 종업원들이 평상시에 직무를 수행하는 일을 관찰하고 이를 조직적으로 기록하여 직무기술서를 작성하는 것이 직무분석자가 실제적인 과업이나 임무를 파악하는 가장 보편적인 방법이다.

② 면접법: 직무분석자들이 직무담당자와의 면접을 통해 직무를 분석하는 방법이다. 특히 직무수행 기간이 장기간일 경우 직무담당자는 작업수행을 요약하여 간단하게 설명할 수 있다. 또한 관찰자가 알 수 없는 정

신적인 작업과정을 설명할 수 있기 때문에 정신적 · 육체적 행위를 모두 기술할 수 있다.

③ 질문지법: 이 방법은 의도나 과정이 전술한 면접법과 흡사하지만 말로써 정보를 얻는 대신 문서로 조직된 문항에 대해 답을 쓰거나 과업, 작업조건, 소요재료 등에 관하여 좀 더 상세히 기술함으로써 정보를 얻는 방법이다.

④ 경험법: 어떠한 일을 아는 좋은 방법은 그것을 실행해 보는 것임은 두말할 필요가 없다. 이는 직무분석자 그 자신이 직접 직무를 수행해 보는 방법이다.

⑤ 중요 행동법: 이 방법은 직무행동 가운데 보다 중요한 또는 가치 있는 면에 대한 정보를 수집하는 것을 말한다. 이것은 주로 감독자에 의해 수행되며 먼저 중요 행동이 포착되고 전체로서의 직무에 대한 난이도, 빈도, 중요성 또는 기여도가 평가된다.

이 방법은 효율적 또는 비효율적 성과의 체크리스트 개발의 기초가 된다. 장점은 측정가능하고 관찰가능한 직무행동에 초점을 맞추어 직무분석의 모든 가능한 이익과 용도를 충분히 인식할 수 있게 하는 데 있다. 그러나 중요 행동의 수집, 기술, 분류에 많은 시간이 소요되며, 그것만으로 보통의 직무수행이나 직무 전체의 모습이 기술되지 않으므로 다른 방법과의 병행이 바람직하다.

⑥ 작업일지법: 이 방법은 종업원들이 기록하는 일상의 업무활동에 대한 일지를 분석하는 것으로 보통 관리직 또는 사무직을 그 대상으로 할 때 많이 사용된다. 일지를 통해 그 직책의 내용이나 빈도 등을 측정하는 데에는 매우 유용하다.

⑦ 양적인 방법: 양적인 직무분석 방법은 직무에 관한 정보를 보다 객관적이고 비교가능하도록 계량적으로 접근하는 방법이다. 가장 대표적인 것으로는 기능적 직무분석 방법과 직위분석 질문지법 및 관리직무기술 질문지법 등을 들 수 있다.

3. 직무분석의 주요내용

1) 직무분석의 의의와 직무분석 영역

직무분석은 직무내용, 직무요구 그리고 직무가 수행되는 조건의 세 가지 기본적인 측면에 대해서 정보를 수집하고 분석하는 체계적인 절차다. 직무분석은 과제를 달성하는 과정, 지원고용 대상자에게 요구되는 능력, 작업장의 요구를 확인하는 것이다.

직무분석은 주로 작업내용(작업의 개괄, 작업순서), 작업수행에 필요한 사항(책임, 직무에 관한 지식, 정신적 동기, 손재주, 정확성 등), 작업자의 신체적 요건(신체기능 동작, 물리적 · 화학적 작업환경, 작업이 신체에 미치는 영향)을 토대로 하여 행해진다.

직업평가에서 활용되는 직무분석은 장애인 개개인에게 직업에 관한 적절

[그림 10-1] 직무분석 체계

한 계획을 갖게 하기 위하여 특정한 직무에 관한 작업조건, 신체적 기능 정도, 지적 · 기술적 · 환경적 조건 등의 요소를 분석함으로써 장애인 개개인의 능력에 적합한 직종을 선택할 수 있도록 하는 방법이다.

2) 직무분석표에 포함되어야 할 영역

직무분석표의 내용에 포함되어야 할 구체적 영역은 자료 · 사람 · 사물 수준에서 다음과 같다.

근로자 기능

① 직업명

② 산업군

근로자 기능	D	P	T
수 준	0~6 0: 복잡한 자료 3: 좀 덜 복잡한 자료 6: 단순한 자료	0~8 0: 복잡한 수준 4: 좀 덜 복잡한 수준 8: 단순한 수준	0~7 0: 복잡한 조립 3: 좀 덜 복잡한 조립 7: 단순한 조립

☞ 자료(D: data)	사람(P: person)	사물(T: thing)
0 합성	0 지도자	0 조립
1 조정	1 중재자	1 정밀업
2 분석	2 교사	2 경영
3 편집	3 감독자	3 운전
4 계산	4 유희가	4 정교한 조작
5 복사	5 설득자	5 간호
6 비교 · 대조	6 언론인/교통정리가	6 급식업
	7 서비스업자	7 처리업
	8 지도받는 자/ 조력자	

[그림 10-2] 직업사전상의 근로자기능 수준

③ 코드번호, 분석자의 편의를 위한 것, 직업사전에 의한 번호

④ 직무요약(진술)

⑤ 작업수행 등급, 근로자 기능, 근로 분야

근로자 특성 등급

① 교육의 1 2 3 4 5 6 수준: 일반교육수준(general educational demand: GED)에는 근로자의 추리발달 및 가르치는 것을 이해하는 능력과 언어 및 수학기술 같은 도구적 지식의 획득에 기여하는 교육의 측면이 포함되며 추리의 발달, 수학의 발달, 언어의 발달이라는 세 가지 측면이 있다(〈표 10-1〉 참조).

② 구체적 직업준비의 1 2 3 4 5 6 7 8 9 수준: 구체적 직업준비(specific vocational preparation: SVP)는 특정한 직무-근로자 상황에서 보통 정도로 수행하는 데 필요한 기법을 배우고, 정보를 얻고, 기술을 개발하는 데 요구되는 양이다(〈표 10-2〉 참조).

• 적성

지능(G)______ 언어(V)______ 수(N)______ 공간(S)______

표 10-1 ➡ GED 상 수학의 발달수준

수 준	발달 내용
6수준	미적분, 확률결정과 같은 고등수학 및 통계기법에 관한 지식을 적용하거나 폭 넓은 변화를 다룬다.
5수준	실험반응식 및 미분방정식에 있어서와 같이 이론적인 수학개념에 관한 지식을 적용하고 수학적인 절차를 독창적으로 적용한다.
4수준	표준이 되는 실제적 적용에서 보통의 산수, 대수, 기하학적 절차를 사용한다.
3수준	분수, 산수, 백분율을 포함해서 산수계산을 한다.
2수준	모든 수를 더하고 빼고 곱하고 나누는 데 계산법을 사용한다.
1수준	간단한 더하기와 빼기를 하거나 숫자를 읽고 베끼거나 수를 세고 기록한다.

표 10-2 ➡ SVP 구분

구체적 직업준비 수준	내 용
1수준	단기시범
2수준	단기시범 이상 30일까지
3수준	30일 이상 3개월까지
4수준	3개월 이상 6개월까지
5수준	6개월 이상 1년까지
6수준	1년 이상 2년까지
7수준	2년 이상 4년까지
8수준	4년 이상 10년까지
9수준	10년 이상

형태(P)______ 사물(Q)______ 운동협응(K)______ 손 기민성(M)______
눈, 손, 발의 협응(E)______ 손가락 기민성(F)______ 색깔 판별(C)______

기질

직업사전 상으로 근로자의 기질은 다음과 같이 모두 10가지로 구분한다.

① D: 활동을 지시하기
② F: 개인감정 표현하기
③ I: 사람들에게 영향 미치기
④ J: 판단하고 결정하기
⑤ M: 측정가능한 객관적 기준에 의해서 의사결정-일반화
⑥ P: 사람을 다루기
⑦ R: 반복되는 과제를 수행하기
⑧ S: 스트레스하에서 일하기
⑨ T: 이해 구하기
⑩ V: 다양한 과제를 수행하기

흥미 　홍미란 일정한 유형의 작업활동이나 경험을 좋아하는 것을 말한다. 한쌍 중 한 요인을 좋아한다는 것은 그 쌍의 다른 요인을 거부한다는 의미다. 그렇지만 한 유형의 사태에 홍미를 갖게 된다고 해서 반드시 다른 유형의 사태에 홍미를 갖지 않게 된다는 것은 아니다.

① 1 – a 사물을 다루는 활동 수준
② 1 – b 자료 처리
③ 2 – a 사람 접촉
④ 2 – b 과학적/기술적 활동 선호
⑤ 3 – a 구체적/반복적/조직된 활동 선호
⑥ 3 – b 추상적 그리고 만들고 쓰고 하는 추상적 창조활동 선호
⑦ 4 – a 사람들에게 선행하는 활동 선호
⑧ 4 – b 타인에 대한 존중, 특혜 등을 베푸는 활동
⑨ 5 – a 기계, 기술관련 활동 선호
⑩ 5 – b 생산적/손으로 만지는 활동 선호

신체적 요구조건 　직무의 신체적 요구조건과 그러한 요구조건을 충족시켜야 하는 사람의 신체적 잠재력을 의미한다.

① 강인성(체력)(1)

S＝비활동성 작업: 흔히 4.5Kg 이하의 물체를 다루며 짧은 시간 동안의 서기와 걷기가 요구된다.
L＝가벼운 작업: 흔히 4.5Kg에서 10Kg 정도의 물체를 다룬다.
M＝중간 정도의 작업: 10Kg에서 22.5Kg 정도의 물체를 다룬다.
H＝무거운 정도의 작업: 22.5Kg에서 45Kg 정도의 물체를 다룬다.
V＝아주 무거운 작업 : 때때로 45Kg, 빈번히 22.5Kg의 물체를 다룬다.

② 오르기, 균형 유지(2)
③ 기기, 구부리기, 웅크리기, 무릎 꿇기(3)
④ 뻗기, 손가락 놀리기, 조작, 더듬어 찾기(4)
⑤ 말하기, 듣기(5)
⑥ 보기(6)

일반교육 수준 초 · 중 · 고, 전문대학, 대학교 전공 등 취업되기 위해서 필요한 공식적 자격과 교육적 학위를 나타낸다. 이 교육 수준(GED)은 취업에 필요한 필수조건은 아니다.

경력의 요구 입직 이전에 해당직업이 요구하는 전이가능한 직업기술들을 나타낸다. 경력은 취업에 관련되는 이전 직장 경험일 수도 있고 그렇지 않을 수도 있다.

자격증의 요구 공학기사 1급 등 입직에 필요한 공식적 자격증을 말한다.

승진 및 전직 관련사항 상위 직급으로 이동하는 데 소요되는 시간이나 직종을 옮길 경우에 필요한 구체적 훈련요소 등을 다룬다. 여기에는 교육 정도, 경력, 특수한 영역에의 훈련 등이 포함된다.

기계, 연장, 도구 해당 직업의 수행에 요구되는 기계나 연장 그리고 도구들을 다룬다.

환경조건 특정 직무에 종사하는 근로자의 물리적 환경을 나타낸다.

① 실내(Inside: I), 실외(Outside: O) 또는 실내 · 외 양쪽(Both: B): 근로자가 활동시간의 약 75% 이상을 건물 안쪽에서 보내게 되면 I로 간주하고, 75% 이

상을 바깥쪽에서 보내게 되면 O로 간주한다. 거의 같은 양이면 B로 간주한다.

② 극심한 추위 및 온도변화
③ 극심한 더위 및 온도변화
④ 물기와 습기
⑤ 소음과 진동
⑥ 위험한 상황
⑦ 연기, 냄새, 유독성 조건, 먼지, 좋지 못한 환기

4. 직무분석의 도구와 직무조정

1) 직무분석 도구

모든 재활전문가들은 직무분석 정보를 이용하고 조회하기도 한다. 재활전문가 지식의 증가는 장애인들을 포함하여 고용주의 다른 대안적 직무의 선택과 직업배치를 하는 데 도움을 준다. 직무분석은 직업의 중요성에 따른 직업배치에 있어서 직업관련 지식을 체계적으로 조직하며 유용하게 이용하도록 한다.

① 면담: 상호작용적이며 동시적인 의사소통이라 인쇄매체보다 훨씬 많은 정보를 제공한다. 서로의 정보 흐름을 동일하게 조정해야 하는 고도의 기술이 요구되는 도구다.
② 관찰: 직무분석을 위해서는 훈련받은 관찰자가 필요하며, 많은 비용이 소요된다. 그러나 이는 관찰되고 있다는 의식 때문에 편파적인 결과를 초래할 가능성이 있다.
③ 면접: 상대적으로 적은 시간이 소요되지만 필요한 질문을 빠트리거나 생략으로 인해 실패할 가능성이 있다. 일대일 대응방식인 만큼 심도 있

은 면접태도가 필요하다.

④ 설문조사: 단시간 내에 방대한 양의 정보추출이 가능하지만 특정 직무에 관한 심층분석에 어려움이 많다. 차후 응답자에 대한 후속조사가 어렵다.

2) 직무조정

직무조정은 장애인이 어떤 직업을 적절한 수준에서 수행할 수 있도록 직무나 작업환경을 합리적으로 조정하는 일이다. 즉, 장애로 인해 야기된 직무 관련 제한들을 조정하기 위해 필요한 과제나 작업장을 개조한다. 그러기 위해서는 어떤 특정 직업에 꼭 필요한 개인의 직무 관련 기능과 제한점 등을 파악해야 한다.

지역사회의 직업들에 대한 정보를 제공함으로써 상담사가 원조하는 개인들을 도울 수 있다. 직무를 조정할 때에는 직무의 책임 혹은 조직적인 구조를 고려하게 한다. 직업을 그만두거나 해고되는 주된 이유로 배치 전 직업의 다양한 요소를 고려하지 않은 것을 들 수 있다.

이동제한을 포함한 장애를 지닌 사람은 특히 직업과 가정환경 모두에 있어서 상세한 분석이 요구된다. 그것은 자기보호를 위해 가정에서 조력을 필요로 하는 것에 대한 분석, 즉 옷입기, 목욕, 위생, 음식, 손 조작, 잡기, 조정과 인내력 같은 것들로 반드시 고려되어야 한다.

환경에 대한 평가는 본래 집과 직장 사이의 움직임을 수월하게 하기 위한 집 주변의 신체적 이동, 교통수단, 작업 중 필요한 이동, 의사소통, 건축학적 장벽과 기타 필요한 적응들에 대한 기술을 포함하고 있어야만 한다.

평가는 또한 누군가의 삶과 일의 범위 내에서 일에 대한 인내, 생산성, 동료와 감독자의 태도와 비공식 상황과 관계하고 있어야 한다. 동기, 판단, 읽기이해력, 수학적 소질, 직업적 잠재성과 일반의 감정적인 조정은 또한 상당한 다양성에 대해 직업배치와 감추어진 조건들과 연결지어 확실한 평가를

표 10-3 직무조정 고려표

영 역	기능적 제한점	영 역	기능적 제한점
신체	균형잡기, 들기, 당기기, 허리굽히기, 옮기기, 걷기, 체력, 밀기, 기기, 오르기, 뻗히기, 앉기, 만지기, 웅크리기, 쥐기, 계단 오르기, 쭈그려 앉기, 서기, 쓰기, 상지 사용, 하지 사용, 무릎 꿇기, 방향잡기, 페달 밟기	정신	주의집중, 전념하기, 협응력, 의식불명, 자료해석, 판단, 학습, 장기기억, 단기기억, 지각, 읽기, 발작, 논리, 사고, 과제분석
		감각	촉각, 부분청력 상실, 완전청력 상실, 부분시력 상실, 완전시력 상실, 부분언어 상실, 완전언어 상실, 의사소통

해야만 한다.

정신지체의 경우에는 능력에 관한 주의 깊은 평가가 이루어져야 한다. 지체장애인들은 육체적으로나 정신적으로 충분히 과업수행을 할 수 있음에도 불구하고 복잡한 과업에 배치되는 것에서 완전히 제한될 수 있다. 만약 구직자가 정서장애인인 경우에 상담사는 직무분석의 수행에 있어서 일반적인 작업환경에서 수행된 과업의 다양성과 정해진 순서, 부서나 집단 내에서 주어진 감독의 종류, 동료들과의 관계유형, 도움이 되는 가정의 정신적인 지지의 종류와 양, 재활 또는 정신적인 전문성 또는 친구로부터 특별한 관심을 기울여야 한다.

때때로 고용주들이 직무체계 내에서 직무수행의 필요에 의한 재조정을 하는 것을 발견한다. 이는 기술적인 진보나 직업구조화로 인해 수많은 직무들의 체계와 관련되게 된다.

각각의 직업은 다음과 같은 맥락에서 분석된다.

① 근로자에 의해 수행되는 특별한 기술
② 직업사전에 관련된 근로자 기능
③ 고용주 만족을 위해 요구되는 일반적인 교육 수준
④ 근로자에 의해 이행될 고용주가 요구하는 태도

⑤ 신체적 요구조건, 기질, 성질과 같은 의미 있는 근로자의 요구조건

어떤 직무조정이 요구되는가를 결정하기란 비교적 용이하며, 많은 경우에 비용이 거의 들지 않는 간단한 조정을 통해 문제해결이 가능하다. 모든 직무조정을 결정하는 기본적인 원리는 장애인 작업자가 대처할 수 없는 작업요구조건들을 완전히 제거하거나 혹은 상당한 수준까지 감소시키는 것이다. 이 원리와 관련된 일반적 작업원리는 다음과 같다.

① 만약 작업행동이 자신이 충분히 다룰 수 없는 내담자의 장애에 관계된 신체 부분을 사용하게 만들거나, 작업에 문제가 되는 행동장애를 제거할 수 없다면 작업행동은 대처할 수 있는 신체의 다른 부분으로 바꾸거나 작업행동을 취하는 데 있어서 대체적 방법이 고안되어야 한다.
② 만약, 결함이 있는 감각을 통하여 정상적으로 받아들이는 신호에 반응하여 행동을 취해야 한다면 다른 방식으로 신호를 전달하거나 시력, 청력 등의 결함을 보상하는 보조기구를 제공해야 한다.
③ 만약 개인의 손상된 능력이 직업적 의사결정을 방해한다면 작업을 어느 정도로 단순화하거나 작업을 재편성해야 한다.
④ 만약 작업환경이 장애인이 극복할 수 없는 스트레스 혹은 위험과 관련되어 있다면 긴장이나 위험으로부터 작업자를 보호하거나 근본적으로 긴장이나 위험을 제거해야 한다.

3) 팔이나 다리에 장애를 가진 사람의 직무조정

팔이나 다리에 장애를 가진 근로자들의 작업변경과 관련하여 문제가 되는 활동을 전부 제거하고 손상되지 않은 팔이나 다리를 활용하며, 손상된 팔 혹은 다리에 대해 추가 원조를 제공한다.

공학적인 견해에서 발동작을 손동작으로 바꾸는 것은 어렵지 않으며 손동

작을 발동작으로 바꾸는 일 또한 어렵지 않다. 사지절단 수술을 받은 사람이나 사고 및 질병으로 인해 손과 발에 손상을 입은 사람인 경우에 손상되지 않은 팔이나 다리로 작동시킬 수 있는 제어장치를 마련한다.

다리손상을 입은 사람에게는 서서 작업하지 않고 앉아서 작업을 수행하도록 하는 직무조정으로 전환하는 것이 중요하다.

연습문제

※ 다음 보기에서 알맞은 답을 찾아 각 질문에 답하시오.

1. 비활동성 작업 (　　　　　)
2. 무거운 작업 (　　　　　)
3. 중간정도의 작업 (　　　　　)

보기

① V	② M	③ H
④ L	⑤ S	⑥ VH

토론문제

1. 직무분석과 직책분석은 서로 어떻게 다른가?

2. 직무분석과 근로자 분석은 어떻게 다른가?

3. 직무분석 파일을 점검할 때 관심을 두고 해야 할 두 가지 질문과 그 해답은?

4. 서면 직무분석 결과의 두 가지 장점은 무엇인가?

5. 직무재구조화란 무엇인가?

제11장

내담자 분류와 인적 자원 관리

1. 내담자 분류의 의의와 네 가지 내담자 유형

직업적으로 성공하려면 직업기술과 사회기술 모두를 지녀야 한다. 우리가 당면하고 있는 많은 문제들을 해결하는 일은 과학이나 전문적 기술만으로는 불가능하므로 올바른 문제해결을 하려는 사회적 기술이 절실히 요구된다.

왜냐하면, 우리에게 있어서 가장 중요하다고 생각되는 문제들 중에 많은 것들이 물질적인 문제에 속한다기보다는 오히려 인간적인 문제에 속하기 때문이다.

인간관계적 기술은 사람과 더불어 일하고 또 사람을 통해서 일을 이루어 나가는 데 있어서의 능력이나 판단력이다(김남현, 1978). 따라서 [그림 11-1]은 직업적 기술과 사회적 기술의 이원적 도식하에 구분될 수 있는 내담자의 특성과 원조의 초점을 나타내고 있다.

높음

〈사회적 기술〉 낮음

① 사회기술을 잘 갖추었지만 제한된 직업기술을 지닌 사람들로 가정주부나 학생과 같이 결코 임금을 받고 일해 본 적이 없는 사람들의 집단이다. 이 집단의 사람들에 대한 평가는 적절한 직업이나 훈련의 선택에 목적을 둔다.	② 평균 이상의 직업기술과 사회기술을 지닌 사람들의 집단이다. 이 집단에 속한 사람들이 직업에 종사하지 않고 있거나 혹은 무직상태에 있을 때에는 일반적인 노동부 관련 서비스를 통해 구직이 이루어질 수 있다.
③ 매우 제한된 직업기술과 사회기술을 지닌 사람들의 집단으로 장애로 인해 적절한 직업기술이나 사회기술을 습득할 기회를 가지지 못했던 사람들일 가능성이 있다. 이 집단의 내담자들은 출생 시 혹은 생애 초기에 장애를 지니게 된 경향을 띠며 대부분 재활시설을 찾게 된다. 중증의 발달장애인들은 이러한 기능적 기술들을 습득할 기회가 제한되었을 것이다. 직업평가는 개인의 직업과 사회적 제한점들과 잠재력(potential)에 초점을 둔다.	④ 적절한 직업기술들을 지녔지만 어떠한 이유로 인해 사회구조 속에서 적절히 기능할 수 없는 사람들의 집단이다. 이 경우에 직업평가는 내담자가 성공적으로 기능할 수 없게 만드는 행동들을 스스로 발견하도록 돕는 적절한 적응서비스를 찾도록 돕는 데 초점을 둔다.

높음

낮음
〈직업적 기술〉

[그림 11-1] 네 가지 유형의 내담자

내담자의 고용가능성에 대한 기능적 평가를 위해 고안된 초기 진단척도(The Preliminary Diagnostic Questionnaire: PDQ)는 인지, 신체, 정서 그리고 성격요소를 측정하기 위해 다음과 같은 8개의 하위척도로 구성되어 있다.

① 직업정보: 개인적 직업경험 혹은 다른 사람들과의 대화와 관찰을 통해 정보를 입수하도록 고안된 17개 항목으로 고용가능성과 직접 연결된다.
② 학습: 기본수학, 일반정보와 관련된 다양한 주제를 포괄하는 30개 항목

으로 인지적 특성들을 효과적으로 평가하도록 되어 있다.

③ 정신운동: 지시를 받고 신체적 과제를 수행하는 정신운동 기능 수준을 측정하기 위한 9개 항목으로 직무수행에 핵심적인 요소들을 반영한다.

④ 읽기: 일반적 읽기기술과 이해력을 평가하기 위한 18개 질문으로 많은 직업에서 요구되는 기초 언어 이해력 수준을 반영한다.

⑤ 직업태도: 직업이 개인에게 있어서 얼마나 중요한가 하는 개념과 주변 사람들로부터의 지지 정도를 평가하기 위한 9개 항목으로 정서적 태도 요인들을 반영하고 있다.

⑥ 신변독립: 옷 입기, 신체능력 등 기능상의 능력을 보고하고 시연하기 위한 29개 항목으로 중요한 생활기술들을 나타낸다.

⑦ 내적 통제력: 직업상황에 대한 통제력에 따른 지각과 관련된 15개 문항으로 심리적 안정감과 합리적 판단의 수준을 반영한다.

⑧ 정서적 기능: 정서적 문제영역들을 발견하기 위해 고안된 자기보고와 질문식 20개 항목으로 부적절한 사회행동과 문제행동을 반영한다.

2. 내담자 분류에 있어서 고려할 점

1) 상담사의 검사 결과 사용

몇몇 재활내담자들의 상담에 있어서 전문가들이 직면하는 문제는 활동에 있어서 제한을 받고 그 결과 다양한 경험의 습득기회를 충분히 가지지 못한 장애인들의 직업홍미를 식별하기 위한 검사들의 사용이 곤란하다는 점이다. 직업홍미검사들을 개발한 사람들의 전제는 피검사자들이 홍미검사를 통해 밝힐 수 있는 다양한 형태의 특별한 활동에 대한 선호도를 보여 줄 수 있으며, 거기에 상응하는 환경적 경험을 지니고 있다는 것이다. 따라서 다양한 활동 사이에 선택을 할 수 있는 경험적 기초를 가지지 못한 장애인들은 어떠한 홍미분야의 선호가 결여되어 있거나 부정적인 태도를 보일 수 있으며, 그 자신이 실제적 지식과 이해가 없는 영역들에서 높은 점수를 얻는 검사 결과와 실제의 불일치가 있을 수 있다(McGowan & Porter, 1978).

직업을 필요로 하고 원하는 이러한 사람들의 직업홍미검사에 대한 반응은 밋밋하게 나타나기도 한다. 사실 사회경제적 하위계층, 단순노동, 단순 조립작업, 공무원 집단의 사람들은 일반적으로 이러한 비특징적 홍미경향들과 관련된다. 여기서 재활상담사에게 문제가 되는 것은 내담자들이 실제로 하고 싶은 것을 결코 파악할 수 없다는 점이다. 따라서 직업재활상담은 만족스런 직업에 개인의 인성과 기술들을 접목시키도록 내담자를 돕는 일이라기보다는 내담자들이 할 수 있고 장차 수행할 직업을 발견하는 일이라 할 수 있다.

2) 내담자 분석

직업재활기관에 의뢰된 수동-의존적인 내담자들은 변화에 지나치게 저항적이고 직업재활목표를 수용하도록 동기부여하기가 매우 곤란하다. 이런 유형의 내담자들은 지나치게 의욕이 없고 부적절하게 행동하기 때문에 경험이 풍부하지 않은 상담사에게 깊은 좌절감을 느끼게 한다(McGowan & Porter, 1978).

내담자의 직업력과 관련하여 이전에 가졌던 직업경험의 본질과 기간에 대해 명료화시켜야 한다. 내담자가 이전에 가졌던 직업들을 수행하기 위해 사용하였던 기술 정도가 현재의 고용요구 조건을 충족시킬 수 있는지와 이전의 직장동료들이나 감독자들 혹은 전반적 직업태도와 습관 등도 고려해야 할 중요한 요소들이다. 추가적인 질문은 이전 직업에 대한 선호, 사용장비와 기계, 퇴직사유, 동료와의 관계, 출퇴근 상황, 노조가입 여부 등이다.

① 이전에 직업적 경험이 없었던 내담자들이 다른 사람들과 같이 광범위한 직업력을 탐색할 필요는 없지만 적절한 직업계획 수립을 위해 직업

홍미에 대한 주의 깊고 다양한 조사를 하는 일은 특히 중요하다.

② 다양한 직업경험을 지닌 내담자들은 그러한 경험이 비숙련직에 집중되어 있을 때 직업력에 관해 특히 주의 깊게 조사해야 한다. 이런 경우 측정되거나 표현된 내담자 홍미는 그동안 발전시킨 특수기능들과 같은 다른 요인들보다 중요하지 않을 수 있다. 기꺼이 일을 하려고 하는 고용에 대한 태도와 직업적 장점이 되는 신체능력들이 보다 세심하게 조사되어야 한다.

③ 중요한 직업력을 지닌 내담자들에 대해서는 그들의 과거 직업경험과 훈련요소들이 유용화될 수 있는 직업목적의 수립이라는 측면에서 면밀히 조사되어야 한다. 과거 고용주들에 대한 태도, 과거와 동일하거나 다른 직업 · 장소에 배치될 수 있겠는지, 혹은 과거경험을 활용할 수 있는 직업유형이나 자영업 형태가 있는지 등을 탐구해야 한다. 자신의 능력이 미칠 수 없는 높은 수준의 전문직업에 취업하려는 내담자들에 대해서는 자신의 표현된 홍미들과 능력 사이의 차이를 조심스럽게 탐구하고 점검해야 한다.

빈약한 대인관계기술을 지닌 내담자나 학교에서 빈약한 사회적 기술을 보였던 내담자들은 직업에 필요한 사회적 장면에 부적응하기 쉽다. 그 결과 내담자의 고용에 대한 태도와 과거 직업장면에서의 개인적 · 사회적 적응요소들이 조심스럽게 평가되어야 한다. 내담자가 직업홍미들을 표현하도록 격려하고 사람, 사물, 사상과 일하기를 원하는지와 관련하여 내담자의 직업적 성취 수준을 탐색해야 한다.

내담자 홍미의 원천도 역시 상담사에게 관심거리다. 내담자 홍미의 원천이 실제 직업경험으로부터 야기된 것인지 아니면 서적, 관찰, 가족이나 친구의 영향 혹은 다른 요인들로 인한 것인지를 평가하고 내담자가 표현하는 홍미는 얼마나 오랫동안 지속될 것인지, 그리고 홍미를 표현하는 직업에 대해 얼마나 많이 알고 있는지를 결정해야 한다.

직업선택 역시 내담자 자신과 직업에 대한 정보를 충분히 파악하고 있을 때 촉진되며, 개인의 욕구를 가능한 한 많이 충족시키는 동시에 미래에도 욕구를 충족시킬 수 있을 때 직업적 만족이 나타난다.

직업의 세계에 대한 경험이 제한되어 있거나 결여되어 있을 때 내담자가 현실적인 직업목적을 선별하는 능력은 개인적 준거점의 부재로 인해 때때로 심각하게 손상되어 있을 수 있다. 그 결과 친구, TV, 기타 매체를 통해 획득한 간접적 정보에 토대한 비현실적인 직업선택이 이루어지기 쉽다.

3. 인간조직과 인간관계

1) 인간조직의 의의

하버드 대학의 아지리스(Chris Argyris)에 따르면, 직장의 성격을 이해하도록 구분되는 조직체계에는 관료적/피라미드 모형과 인간중심적/민주적 모형이 있다(김남현, 1978).

① 관료적/피라미드 모형의 가치체계는 빈약하고 천박하며 불신의 관계를 낳게 하여 자연스럽고 자유로운 감정의 표현이 허용되지 않기 때문에 관계가 진실하지 못하고 불신관계가 되어 결과적으로 대인능력을 감소시키게 된다. 대인능력이 없거나 심리적으로 안전한 환경이 이루어지지 않으면, 조직은 불신과 집단 간의 갈등, 비융통성을 야기하여 문제해결에 있어서 조직의 성공을 저해하게 된다.

② 인간중심적/민주적 모형의 가치체계는 믿고 신뢰하는 관계가 사람들 사이에 생겨나게 만들어 대인능력이나 집단 간의 협동과 융통성 등이 증가하게 된다. 따라서 조직효과도 증가되며, 사람들은 인간으로 취급되고 각기 잠재능력을 최대로 개발할 수 있는 기회가 주어진다. 일을

자극적이고 도전적인 것으로 만들려는 기도가 있고 생동력이 생겨나 각 사람을 복잡한 욕구를 가진 개인으로 취급하게 된다. 이러한 가치체계는 조직구성원들이 일이나 조직 및 환경 등과의 관계를 지우는 방식에 스스로 영향력을 미칠 수 있는 기회도 갖게 된다.

개인의 책임범위를 넓히는 것은 회사나 개인 모두에게 유익하다. 종업원이 업무수행을 통해서 성장하고 성숙할 수 있는 기회를 갖도록 하면, 생리적 욕구나 안전 욕구 이상의 욕구를 만족시킬 수 있게 되어 동기가 유발되고 또 조직목표의 달성을 위해 자기의 잠재력을 보다 잘 발휘할 수 있게 된다.

개인이나 집단이 왜 그렇게 행동하는가에 대한 이유를 알고 있어야 한다. 더불어 미래 행동을 예측하기 위해 어떠한 행동이 일어나는 환경조건을 이해해야 한다. 행동의 기본적 단위는 활동이며, 동인은 행동의 이유다. 행동이 지향하는 것은 목표(유인, incentives라고 부르기도 한다)이며, 이는 개인의 외부에 있는 것이고 기대되는 보상이라고 부르기도 한다. 인간은 많은 욕구를 가지고 있고 이 욕구들이 행동을 일으키기 위해 계속적으로 통합되고 있다.

어느 시점에서 가장 강한 욕구가 행동을 일으키게 하며, 일단 만족된 욕구는 그 힘이 약화되어 버린다. 욕구의 강도에 강한 영향을 미치는 두 가지 중요한 요인으로 기대와 효용이 있다. 기대는 동인과 욕구에 영향을 미치는 경향이 있고 효용은 목표의 지각(지각은 해석이지 현실 그 자체는 아니다)에 영향을 미치는 경향이 있다. 기대가 높으면 동인의 강도가 높아진다(김남현, 1978).

2) 인간관계의 내용

인적 자원을 관리하고 직장조직을 효과적으로 관리하기 위해 다루어야 할 인간관계의 내용을 다음과 같은 개념을 중심으로 접근할 수 있다.

① 일반적 개념: 인간관계란, 특정 목적 없이 사람과 사람(자연인) 상호 간에 형성되는 일정한 심리적 관계 그 자체로 특정한 이데올로기나 가치판단의 의미는 게재되지 않는다.

② 학문적 개념: 인간관계의 과학은 여러 인접한 사회과학을 배경으로 하며, 인간을 중심으로 인간행동과 욕구 및 심리상태와 변화안정 등을 분석 연구하며, 그 인간관계 과정을 파악하는 기술적 학문이다.
조직사회에서의 인간관계는 과학적 관리의 기본으로 기술, 작업방법을 개선한다. 생산적 협동, 경제적 · 사회적 · 심리적 조직목표를 효과적으로 달성하기 위한 동기부여 측면을 중시한다.

③ 개인차: 개인은 선천적이고 후천적인 영향이나 집단과 환경에 따라 심리적 과정과 상태에 의해 차이가 난다. 이러한 차이를 집단에서 인정해주고 동시에 인간적 감정을 고려해야 한다.

④ 사기: 사기는 조직 또는 조직구성원의 형태를 나타내는 용어로서 구성원 사이에 내재된 분위기와 관련된 인간이 스스로 행한 영역에의 업적, 직업에 대한 자부심에서 나타나는 지적 · 도덕적 만족감을 토대로 자기가 종사하는 일에 자발적으로 전력을 경주하려는 정신상태, 즉 일종의 심리적 상태다.

⑤ 동기부여: 동기부여는 자발적이고 적극적으로 책임을 지고 일을 하고자 하는 의욕이 생기게끔 하는 것으로 목표달성을 위한 행동을 유발하는 과정이다. 한 연구 결과는 종업원들이 그들 능력의 20~30%만을 발휘하고 있더라도 해고당하지 않고 직무수행을 해 나가고, 직무수행에 강한 동기부여가 이루어지면 80~90%에 가까운 능력을 발휘하게 된다고 하였다(김남현, 1978).

⑥ 개별화의 조건(김경동, 1980)

- 인간의 완성은 개인의 완성에 달려 있다.
- 사회는 개인의 발전에 가장 유리한 환경조건을 조성하는 성향을 지녀야 한다.

표 11-1 ➡ 인간관계

유형	요 소
정신면	언어 이해, 숫자 개념, 지각, 추리, 기억
육체면	시각, 청각, 촉각, 평형감각, 미각, 후각
성격면	내향성, 외향성
사회면	생활환경, 성장과정, 생활정도, 학력, 경험, 교우관계, 종교

- 집합체의 세력들이 개인을 왜곡하거나 거짓되게 하도록 강요해서는 안 된다.

4. 장애와 노동

1) 장애와 노동의 의의

노동은 그가 속한 사회에 기여하는 동시에 자신의 삶을 부유하고 풍요롭게 한다. 일에 대한 가치판단 체계는 사람이 왜 일을 해야 하는지, 직업의 조건이나 내용에 대한 태도를 알 수 있도록 한다. 고용은 개인의 직업적 갈망을, 직업윤리는 일에 대한 의지, 직업목표에 영향을 미치는 정직, 일관성, 정확성을 촉진시킨다. 각 시대마다 직업과 관련된 패러다임은 다를 수 있으며, 이러한 패러다임은 은연중에 개인이 직업을 선택하는 일, 혹은 직업과 관련된 여러 요소에 영향을 미친다.

사람들은 심리적 동기 등 그 자신이 속한 환경 속에서 자신의 행동 결과에 영향을 미치는 환경적 자극에 대한 요구를 가지고 있다. 바람직한 자아실현의 목표를 설정하고 자극에 의한 행동이 보상을 받게 될 때 사람들은 직업윤리를 계발하게 된다. 관리이론은 근로자가 만족을 얻는 것은 자아성취와 인정을 위한 기회를 통해서라고 본다. 뿐만 아니라, 자신의 능력을 사용하는 기회, 흥미를 충족시키는 기회, 그리고 개인적 성장과 자아존중을 위한 기회를 가져야 한다.

재활상담사는 내담자와 고용주의 다양한 직업개념에 대해 친숙해야 한다. 우리 지구상에는 정신적 장애를 지닌 사람들이 수천만 명 존재하며, 그 중에서 10% 정도가 심각한 정신지체를 지니고 있을 것으로 추정된다. 이러한 사람들은 직업에 대한 강한 욕구가 있음에도 불구하고 오랜 기간 동안 노동시장에서 체계적으로 배제되어 왔다. 이는 기능적 능력과 교육적 자질, 그리고 지속적인 정서적 문제, 특히 사회일반의 인식문제들로 인하여 직업적 성공과 고용전망에서 제한되어 온 것이다.

2) 장애판정

직업상 장애판정에는 의사와 장애평가전문가로 구성된 두 영역의 평가팀 구성원들이 함께 장애발생일, 장애발생 장소, 장애종료일을 포함하는 장애 정의요소를 다룬다. 주정부의 담당기관과 부서는 미국연방장애연금청(Bureau of Disability Insurance)에서 규정한 정책과 절차 범위 내에서 재활서비스국(Rehabilitation Services Administration: RSA)과 사회보장국(Social Security Administration: SSA), 그리고 주정부 재활기관들과 밀접한 관계를 유지하도록 요구한다.

장애판정은 1970년대 초 미국전역의 알칸사, 노스캐롤라이나, 오클라호마, 뉴욕, 그리고 워싱턴 5개 주를 제외하고는 주정부 재활기관에서 담당하고 있었다. 따라서 미국 직업사전(DOT)에는 직업적 장애판정관(Vocational Disability Examiner)의 업무가 168, 169번 아래에 수록되어 있다. 직업상 장애판정은 의료적 지식을 기초로 하여 직업재활의 의미가 부가된 활동이라는 것을 알 수 있다.

1964년에는 미국 재활학회(National Rehabilitation Association: NRA) 조직 안에 전국장애검사관 분과(Division of National Rehabilitation Association)가 결

성되었고, 1971년에는 전국장애검사관협회(National Association of Disability Examiners: NADE)가 결성되어 회원이 1,231명인 것으로 보고되었다. 1971년에는 246명의 신입회원이 가입한 것으로 되어 있다.

University of Tennessee에 공식적으로 장애환경을 강조하는 석사학위 과정이 출범하였다. 교과과정개발 연구 주제는 다음의 네 가지 영역에 초점을 두었다.

① 장애평가사의 포괄적 직무
② 교과내용이 교수될 교과과목들의 교육목적
③ 교육목적에 상응하는 적절한 학습 영역과 활동 및 교재
④ 평가와 최종보고서

주정부 장애판정부서에서는 의사와 직업상담사들로 팀을 구성하여 의료적 손상이 장애인의 근로잠재력에 영향을 미치는지, 장애인의 직업경험과 교육 수준 내에서 중요한 소득이 있는 활동에 종사할 수 있는 잔존기능에 영향을 미치는지 고려하도록 했다.

특히 장애인의 의료적 손상 등은 개인의 직업경험과 교육적 배경의 준거 내에서 특별히 고려되었다. 잔존기능은 장애인의 직업경험과 교육 수준에 알맞은 일련의 직업활동들에 요구되는 직무조건들을 의미한다. 추정된 장애기간 동안에는 중요한 소득 있는 활동에 종사할 수 없기 때문에 직업 중단 후 장애조건들이 악화되거나 증가하였는지를 살피게 된다. 따라서 정신지체나 아동기 정신분열증의 경우 직업활동을 저해하는 손상이 18세 이전에 대체적으로 나타났는지를 다루게 된다.

장애판정의 특히 중요한 요소들은 지적 영역과 정서적 영역으로 추론, 사고, 기억, 의사소통, 직업활동에 수반되는 일상적 판단력, 정서적 적응력, 자기충족적 기능이다.

장애판정은 국가서비스에 대한 지원자의 권리에 결정적인 영향을 미치기

때문에 매우 복잡하고 주의 깊은 고려가 요구된다. 흔히 전문가의 장애판정은 의료, 심리, 직업, 고용정보의 점검과 평가를 통한 다음의 세 가지 요소를 문서화함으로써 이루어진다.

① 신체적 · 정신적 손상의 본질과 정도
② 직업 잠재력
③ 수행할 수 있는 직업의 본질과 유용성에 있어서의 판단

앞의 요소들을 개선할 수 있는 작업환경 조건들이 어떠한지를 숙고하고 분석할 수 있다.

여기에 사용된 지침서들로는 장애보험 매뉴얼(Disability Insurance State Manual), Merck의 의료 참고서, 사회보장 법규(Regulations, Social Security Rulings), 직업사전(Dictionary of Occupational Titles: DOT), 근로자 특성 목록(Worker Trait Requirements), 미국 인구 센서스 등이 있으며, 다음과 같은 특성이 고려된다.

① 소득 수준
② 지원자 진술의 일관성
③ 기능적 능력과 일상생활에 지장을 초래하는 장애의 본질, 정도, 기간
④ 국가경영체계 내에서 유용한 구체적 직업이나 이전 직업의 요구조건들과의 괴리
⑤ 손상 발생 이후에 중요한 소득 있는 활동에 종사한 적이 있는가의 여부

보다 정확한 판단을 위해 전문가에게 요구되는 행동들은 다음과 같다.

① 보다 명확한 의료정보와 증거 확보
② 진단과정, 검사와 관련한 전문의 자문

③ 직업평가센터 등에서 제공하는 지원자의 직업적 기능, 능력, 직업적 배경에 관한 명확한 정보습득
④ 일상생활, 고용, 훈련 등과 관련한 충분한 비의료적 정보습득
⑤ 정보의 적절성, 불일치, 일관성, 객관성에 대한 고려

직업재활의 성과를 극대화하려면 다음과 같은 노력이 필요하다.

① 조기중재
② 사회적으로 스트레오타입된 장애인의 이미지 개선
③ 고용기회를 확대시키기 위한 고용주의 기여

장애인들은 일반적으로 개인적 차이보다는 사회에 의해 스트레오타입된 기대에 맞추어 자신의 행동들을 적응시키는 경향을 지니게 된다. 장애인과 노동시장과의 간격이 멀수록 그 개인을 고용에 통합시키기 위한 노력은 더욱 어려워진다. 따라서 중증장애인의 조기식별과 치료가 매우 중요하다(Gozali & Killian, 1972).

3) 장애와 직업적응

장애를 규정하는 일은 매우 어려우며, 그 이유는 다음과 같다.

① 몇몇 사람들은 장애로 생각하지만 다른 사람들은 장애로 여기지 않는 조건들이 있다.
② 장애를 가졌다 하더라도 적절한 개인적 조정이나 환경적 조정을 통해 정규적인 활동에 참여할 수 있다.
③ 활동적인 장애인은 장애를 지니지 않은 사람들의 활동 수준에 도달할 수 있다.

즉, 장애는 대부분 능력의 손실을 초래하나, 장애를 지닌 사람이 장애를 지니지 않은 평균치의 사람들보다 더 우수한 경우가 있는 것이다. 따라서 장애 정도가 심할수록 사회적응이나 직업적응이 더 어려울 것이라는 등식은 더 이상 통하지 않는다. 직업재활을 어떤 학자는 인간심리를 다루는 일이라고 한다. 이와 관련하여 자아정체감에 관한 연구에서 학자들은 이를 정보지향형 자아정체감, 규범형 자아정체감, 산만 · 회피형 자아정체감으로 나누기도 한다.

① 정보지향형: 결정을 내리기 전에 자기와 관련된 정보를 적극적으로 찾고 처리하며, 평가를 좋아하는 개인이 여기에 속한다.
② 규범형: 부모나 지역사회의 다른 사람들이 바라는 기대에 순응하는 개인이 여기에 속하며, 비현실적이거나 모순된 정보를 자아정체감에 연결시키기도 한다.
③ 산만 · 회피형: 결정을 미루거나 상황이나 특별한 요인에 영향을 받는 개인이 여기에 속한다.

장애와 직업능력, 그리고 직업적응 사이의 관계는 매우 복합적이다. 왜냐하면, 같은 장애조건이라고 할지라도 개인의 직업적응과정상에는 매우 커다란 차이를 초래하기 때문이다. 손목 부위에서 왼손을 절단하게 된 정신과 의사와 외과 의사의 경우 의학적 처치를 위한 진단과 관련하여 두 사람 모두 동일한 장애조건을 지녔다. 그러나 직업적응과 관련하여서 손목절단은 외과의사에게 더욱 심각한 결과를 초래할 것이 분명하다.

정신과 의사는 자신의 중요한 직업관련 능력에 대한 손실이 거의 없지만 외과 의사의 경우 더욱 심각한 직업적 장애를 경험하게 되는 것이다. 이 경우 직업재활상담사에게 장애의 조건이나 본질에 관한 지식 그 자체는 중요하지 않다. 오히려 장애발생 이전의 직업경력이나 성격, 생활습관, 장애발생 이후의 개인 동기와 의지 수준에 대한 지식은 상담사가 각 개인의 직업적응 문제에 대처하기 위한 평가를 더욱 정확하게 할 수 있도록 한다.

직업재활상담은 장애를 지닌 개인의 고용을 촉진하기 위해 그 능력과 욕구들을 발견하고 적절한 직업적 결정을 내릴 수 있도록 직업에 있어서 유용한 개인의 직업능력 유형과 직업강화 유형을 발견하는 과정과 기술이다. 재활상담사는 고용주, 장애인, 그리고 사회발전에 기여하는 조직 사이의 훌륭한 위치에 있다. 고용주에 대해 장애를 지닌 사람들의 직업적인 환경과 보다 적절한 능력들에 관한 전문적인 상담과 충고를 제공할 수 있다.

4) 정보화 기술의 효과

개인생산성의 향상 사람은 보다 창의적이고 생산적인 일에 집중할 수 있게 되었다. 또 최근에는 컴퓨터기술과 통신기술이 결합되면서 컴퓨터 사용자들 사이에 정보나 아이디어가 빠른 속도로 오고가게 되었다. 따라서 업무협조에 필요한 시간이 최소화되었으며 거리상 서로 떨어져 있는 사람들 사이에도 쉽게 정보를 교환할 수 있게 되었다.

의사결정 1940년대 컴퓨터가 발명된 이후, 많은 사람들은 문제해결을 돕는 방법으로 컴퓨터에 관심을 갖게 되었다. 컴퓨터는 각종 데이터를 처리하여 유용한 정보를 생산한다.

컴퓨터는 이제 사람들의 생활의 일부가 되어 컴퓨터에 대한 기본지식과 그것을 활용하는 능력이 개인의 성공 여부를 결정하게 된다.

경쟁력의 향상 많은 사람들이 컴퓨터를 사용하게 되면서 기술상에 있어서 새로운 진보가 이루어지고 있다. 따라서 컴퓨터를 사용하는 직장생활에서 남보다 더욱 경쟁력이 있게 되며, 가사도 보다 효율적으로 처리하게 된다.

과학자들은 컴퓨터를 이용하여 데이터를 저장하고 검색하며, 교실에 있는 학생들에게 개별학습을 시킬 수 있다.

변화에의 적응 변화는 현대사회에서 인간 삶의 한가지 특징이다. 한 통계치에 의하면 보편적인 성인의 경우 일생에 4번에서 7번 정도 직업을 바꾼다고 한다. 변화하는 세계에서 성공적으로 살기 위해서는 개인의 변화가 필요하다는 것을 깨달아야 한다. 새로운 기술에 두려움을 느끼기 때문에 변화에 저항하는 사람들은 그들의 잠재력이 제대로 발현되는 것을 가로막고 있는 셈이다. 아직도 많은 사람들은 자신의 생활습관(life style)을 고집하는 것과 같은 이유 때문에 컴퓨터를 두려워한다.

신기술 습득 컴퓨터는 단지 몇 달의 발전만으로 사회를 빠르게 변화시킨다. 기술지향 분야에서 나타나는 노후화란 장치와 그에 관련된 기술과 지식이 시대에 뒤떨어져 버리고 급기야 쓸모 없게 되어 버리는 것을 말한다. 과거에 하드웨어와 소프트웨어의 새로운 주기는 10년마다 반복되었다. 그러나 최근에는 제품이 처음 나온 그 해에 개선된 소프트웨어가 다시 나오는 것을 어렵지 않게 볼 수 있다.

기술적 노후는 컴퓨터전문가와 일반 사용자에게 각각 이익과 불이익을 주기도 한다. 긍정적인 면에서, 빠른 기술변화에 의하여 아주 새로운 전문직업이 탄생하게 된다. 몇몇 사람들에 대해서 변화는 새로운 기회를 의미한다. 그러나 그 새로운 기술을 사용하는 방법을 알아야 할 필요성이 변화와 함께 나타난다. 새로운 기술을 유지하기 위해, 사용자들은 계속 바뀌어 가는 지식과 기술을 일관되게 유지해야 한다. 이처럼 교육은 졸업장이나 수료증, 학위로 끝나지 않는다.

연습문제

1. 평균 이상의 직업기술과 사회기술을 지닌 사람들의 유형은?

2. 직업기술은 있지만 사회구조 속에서 적절히 기능할 수 없는 사람들의 유형은?

토론문제

1. 직업적 승진의 측정요인들을 설명하시오.

2. 직업설정의 주요 기능을 설명하시오.

3. New Heaven(뉴해븐)의 네 가지 모형을 설명하시오.

제12장

환경조정

1. 직무 재구조화

1) 직무 재구조화과정과 의사소통의 문제

직무 재구조화는 작업장 내의 한 가지 혹은 여러 가지 작업을 연합, 제거, 재분배, 결합, 분리하는 과정이다. 여기서 장점은 근로자 운동성의 촉진과 효율적 작업기회 증진, 일반적인 작업의 증대, 가능한 노동력을 효율적으로 사용하는 것을 포함한다. 직무 재구조화와 수정 이전에, 직무와 배치를 위해 필요한 적절한 과제들이 무엇인지 알아야 하고 직무과제들을 누가 수행해 나가는지 평가해야 한다.

평가와 고용주 피드백은 절대적으로 필요한 것이다. 재활현장에서 직업배치된 사람과 고용주 사이에서의 의사소통 장벽과 실패로 인해 내담자는 실수를 통해 학습하는 일이 매우 어렵다. 피드백과 문제의 해석은 평가 시와 사후지도 기간에도 근본적인 정보를 제공한다. 이 정보는 직업적 교육과정의 개발에서 유용하며, 상담사가 의미 있는 평가를 제공받도록 한다.

고용주는 '내담자는 동기가 부족하다', '게으르다', '기대한 대로 되지 않는다'와 같은 일반적인 용어로 평가하는 경향이 있다. 내담자가 특별한 이유로 인해 종결되었을 때에는 실패에 대한 특별한 이유를 전달하지 못하기 때문에 내담자의 직무능력을 향상시키기 어렵다. 따라서 내담자의 실패에 대해 스스로 표현하게 하고 구체적이고 직접적인 방식으로 그 이유를 진술할 필요가 있다.

직업관련 활동들은 직업마다 다양하고 상이하기 때문에, 한 직업에 일반화하는 특별한 과제들을 가르치는 것은 어렵다. 기초적으로 직무과제 또는 직무관련 행동을 가르치는 데 있어서는 다음과 같은 두 가지 문제가 포함된다.

① 만약 한 과제 또는 활동을 일반적인 용어나 추상적인 수준으로 가르친다면 내담자들이 실제적인 직무에 그것들을 좀처럼 적용시킬 수 없을 것이다.
② 만약 한 과제 또는 활동을 특수하게 가르친다면 그 기술은 내담자가 배치된 직업에서 전이시킬 수 없을지 모른다.

직무기술들은 특별한 예들을 통해 배우는 것이 최상이나 때때로 그 특별한 것들은 직무로 전이되지 않는다. 어떻게 이 문제를 해결할 수 있겠는가?

가장 좋은 조언은 다양한 설비를 가지고 다양한 상황에서 직무관련 과제들과 기술들을 가르치는 방식을 추천하는 것이다. 이런 접근으로 내담자는 한 과제를 수행하기 위해서 한 가지 방법이 아니라 그것을 할 수 있는 한 가지 수용적인 방법이 있는 다양한 사업체가 있다는 것을 배운다. 이것은 환경적(정황적) 교수로 지칭된다. 즉, 한 가지 문맥적인 일이 한 방법으로 끝난다면 또 다른 문맥을 다른 방법으로 하게끔 그것을 가르치는 것이다. 하나의 설비세트로 청소하는 하나의 방법을 가르치는 것보다 청소하는 기술을 많은 설비의 다른 종류들을 가지고서 다양한 방법으로 가르쳐야 한다. 한 환경적(정황적) 유형의 행동을 가르침으로써 내담자는 생각, 적응, 그리고 문제해결 방법을 배우게 된다.

상담사와 내담자 사이의 의사소통과정을 강화하기 위해 종종 평가지 양식을 사용하는 것이 필요하다. 평가지 양식은 대체로 요소의 다양성을 목록으로 만들고 고용주는 일의 다양성 범위에 내담자를 평가하기 위해 질문한다. 대부분의 직장에서 장애인 내담자를 평가하기 위한 체크리스트는 다음의 요인을 사용한다.

① 지시에 따르거나 일을 이해하는 능력
② 감독관들뿐만 아니라 동료 노동자들과 사이좋게 지내는 능력
③ 꾸준히 일하기 위한 혹은 반복적인 일들을 포함하기 위한 능력
④ 흥미나 동기유발
⑤ 생산일을 제때 준수하거나 제시간에 일을 완성하기 위한 능력
⑥ 시간엄수나 출근율
⑦ 개인위생이나 깔끔함과 청결함
⑧ 자신의 생각이나 자기 자신 돌보기

보다 빈번하지 않게 언급되는 기타 요인이 중요할지도 모른다. 재활전문요원과 직원들 사이의 개선된 의사소통은 아마도 고용주 회의의 가장 중요한 측면이 될 수 있을 것이다.

실제로 이니셔티브(initiative)는 다른 의미를 전달한다. 몇몇 고용주에게는 자발적으로 계획을 실행하는 사람이라는 용어는 창의적인 것에 일치하고, 다른 사람들에게 이니셔티브는 제시간에 일을 시작하는 것을 의미하고, 말없이 일하는 것을 의미한다. 평가와 피드백에 따른 내담자 직업수행은 프로그램 개선을 위해 절대적으로 필요하다.

2) 합리적 배려와 직장상사의 역할

1990년 「미국 장애인법(Americans with Disabilities Act: ADA)」에서는 일할 수 있는 장애인의 권리를 보호한다.

① 장애인의 기술에 비례하여 직업배치와 유지의 가능성을 증대시킨다. 기술을 발전시키며, 개인의 사회에 대한 생산적 가치를 높인다.
② 자기활동과 복지 및 사회적 지지와 연결되도록 해서 치료적 가치를 제공한다.
③ 재정적인 독립과 건강관리 및 세금을 지불할 능력을 얻거나 유지하는 일을 도와준다.

합리적인 배려의 권리는 장애상태의 발생이나 악화 후에 작업장으로 복귀하는 상담의 욕구를 변화시킨다.

직업적 조정과정은 융통성이 있어야 하며, 지속적이어야 한다. 직장상사들이 작업현장에서 재활을 성공적으로 확립시키는 데 중요한 역할자라는 몇 가지 이유가 있다.

① 직업을 할당하고 직업의 본질적인 기능에 대한 명백한 개념을 가지고 있다.
② 고용을 도와주고, 직업이 유지되도록 하는 과정을 적극 발전시키고 감독해야 한다.
③ 수행의 변화와 만족 및 복지에 대한 것을 알게 된다.
④ 수행의 평가와 조정에 대한 연구는 자연스런 역할의 일부다.

재활과정에서 직장상사가 중추적인 역할을 담당하므로 재활상담사는 효과적인 결과를 성취하는 데 도움이 되는 충고와 평가를 제공하기 위해 의사소통하는 방법을 확립해야 한다. 장애의 발생과 악화 후에 효과적인 적응에 영향을 끼칠 수 있는 많은 요소가 있다. 어떤 것은 건강관리의 정도나 재정, 장애의 결과에 따라 발전되는 개인적 또는 가족적 문제와 같은 근로자의 개인적 환경과 관련되어 있다. 직업과 관련되어 있는 다른 요소들은 작업현장에서의 정책, 보호보험, 작업에의 신체적 접근성이나 환경적 상태를 포함한다.

직업조정과정에서 직장상사의 역할을 평가하기 위해 필요한 연구의 초점은 다음과 같다.

① 장애인 근로자들의 장애 성격과 그 직업을 수행하는 데 있어 기능적 제한과 연관된 것을 조사한다.
② 근로자가 자신의 직업수행, 직업만족, 직업과 연관된 스트레스와 숙련의 정도 및 자기평가를 하도록 한다.
③ 근로자가 보다 넓은 영역의 작업현장에 배치되도록, 장애상태로 인한 작업 이외의 것들과 관련된 문제를 인식하도록 한다.
④ 장애 근로자에 대한 이해를 높이고 근로자와 감독자 사이의 인식을 비교한다.
⑤ 그들이 감독하는 장애 근로자에 대한 인식을 묻는다.
⑥ 장애관리 프로그램의 인식과 프로그램에서의 참여를 인식하도록 요구한다.

직업조정 문제들을 경감시켜 조정을 발전시키기 위해 장애 근로자에 초점을 둘 때, 근로자들의 직업배치 가능성을 향상시키도록 할 것이다.

장애인이 지닌 제한과 조정 간의 두 가지 형태의 불일치는 다음과 같다.

① 문제에 대한 인식 제한
② 근로자에게 어떤 조정도 요구되지 않는데도 조정될 때

장애인과 직업과 연관된 문제에 관해 상담할 때 고려해야 할 감독자의 역할은 다음 내용을 포함한다.

① 장애상태가 직업수행을 방해하는가를 정확하게 평가한다.
② 장애상태에 의해 직접 야기되는 문제를 인식한다.
③ 적절한 조정방법을 발전시킨다.
④ 이들의 효과를 확신하기 위해 조정을 다시 모니터한다.
⑤ 장애 근로자와 동료들 간의 민감한 의사소통을 보장한다.

2. 환경수정

1) 환경수정의 의의

환경수정은 근로자들의 신체적 · 정서적 환경을 고치거나 원조를 제공하는 과정으로 생산성, 융통성, 적응성을 향상시키고 수행할 과제의 폭넓은 수용력을 증가시키며, 직무과제들로부터 초래되는 피로도를 감소시키는 것을 포함한다. 이러한 환경수정은 직무과제와 신체의 단순화와 직무과제를 위해 요구되는 이동과 작업시간을 축소할 수 있다.

또한 환경수정을 통해 중증장애인들이 노동시장에 참여하는 기회가 증가될 것이다. 장애인들의 기능적 한계와 장벽은 환경을 현명하게 변경함으로써 최소화할 수 있다. 따라서 장애인을 위한 접근성이 용이한 건축물의 개선, 다양한 장치의 설계, 낮은 비용과 간단한 개조를 통해 기능적 문제들이 창조적으로 해결되고 완화될 수 있도록 논의해야 한다.

많은 사람들은 우발적 사고나 질병으로 인해 휠체어를 사용하거나 인공의 장벽들을 매일 극복해야만 하는 한계에 부딪힌다. 사무실에서의 책상 사용, 건물빌딩 내에서의 이동, 그리고 다양한 서류를 옮기는 일에 어려움을 겪게 된다. 이런 문제는 개인적인 장애가 손이나 팔, 어깨근육 혹은 다른 신체부위에 있을 때 더욱 심하다. 여기서 필요한 것은 그들이 기능적 한계를 가지고도 개인적인 업무를 수행할 수 있도록 만드는 적합한 환경조건의 변경이라 할 수 있다.

환경수정은 쉽게 캐비넷 문을 열 수 있는 기계가 장치된 캐비넷에서 손을 뻗을 수 있는 높이와 범위를 조절하거나 파일의 높이를 줄이는 것과 가구배치를 포함할 수 있다. 문서들은 정보의 접근성을 높이기 위해 마이크로필름화하며 휴대용 페이지 터너와 원격조정 컴퓨터로부터의 개인 단말기와 키보드의 사용을 통한 검색으로 프로그램화될 수 있다.

궁극적으로 직업배치는 개인의 직업적 욕구와 능력들이 특정 직업이 제공하는 보상과 요구조건들에 일치되는 경우에 이루어진다. 많은 경우, 직업배치는 장애 내담자의 특정한 제한점들 때문에 지장을 초래하게 되고 이러한 제한점들이 만족할 만한 직업배치를 어렵게 한다. 이럴 때 고용주에게 완전한 생산성을 보장하는 방법으로 내담자의 직무를 변경하거나 재창조를 하는 과정이 직무공학이다.

장애인이 작업현장에 복귀하고 나서의 이슈와 문제로는 다음과 같은 것들을 제시할 수 있다.

① 장애인들뿐만 아니라 다른 사람들과 함께 일할 수 있도록 배치한다.
② 사고대책, 적절한 임금을 제시한다.
③ 심리치료적 요소의 제공으로 장애인 자신의 정신적 문제해결을 돕는다.
④ 사회적 피드백 장치가 요구된다.
⑤ 직장에서 자기 자신을 이해하는 태도를 지도한다.
⑥ 가정환경의 분석으로 사회환경에 쉽게 적응할 수 있도록 지도한다.
⑦ 고립감을 없앤다.

시각손상 외 다른 물리적 제한점이 없는 시각적 손상을 입은 사람들은 확대경과 읽기 기계와 같은 광학 보조기구들을 통하여 정보를 얻는다.

지역사회와 직장동료, 그리고 상사와의 주요한 대화수단이 되는 전화는 수화기 들어올리기, 잡기 등의 간단한 동작이나 움켜잡기 능력, 팔꿈치 확장과 팔꿈치 굴곡 그리고 손가락의 힘 등에 있어 장애를 가진 이들에게 문제를 해결할 수 있도록 함으로써 의사소통 수단을 개선시킬 수 있다.

글쓰기는 다른 대체수단을 찾기 어렵지만 최근에 보조기기를 활용한 입력 방식이 가능하다. 만약 손 기능에 손상이 있으면 손목굴곡 부위의 기능과 손가락으로 집거나 움켜잡는 것을 쉽게 하기 위한 손 교정 장치를 통해 전동타자기, 테이프 녹음기, 고무도장 등을 활용할 수 있다. 손을 쓸 수 없는 사람들은 의사소통 양식으로 타자기를 사용하지만 경련성 마비환자나 뇌성마비 장애인은 손가락의 움직임을 정밀하게 통제할 수 없다. 이러한 심한 운동신경의 문제로 인해 어려움을 가진 사람을 위한 전동타자기는 사무실과 가정에서 시설장비를 활용하는 여러 가지 유형으로 나열되어 있다.

① 턱으로 조작(원하는 위치로 옮기거나 고정시킬 수 있다.)
② 머리로 조작(왼쪽, 오른쪽 또는 앞, 뒤로 움직인다.)
③ 조이스틱(조작용 손잡이)으로 조작(전동휠체어는 이런 조작형태를 사용한다.)
④ 혀로 조작(혀의 움직임으로 인해 활성화한다.)
⑤ 어깨로 조작(어깨를 올리고 내린다.)
⑥ 공기로 조작(분다/들이킨다.)
⑦ 눈꺼풀로 조작(초미니 스위치는 안경에 붙인다.)
⑧ 목소리로 조작(장치에 개인의 목소리 주파수를 인식하게 한다.)
⑨ 초음파로 조작(소리에 의해 멀리까지 작동한다.)
⑩ 라디오로 조작(주차장에서 문을 여는 것과 비슷하다.)

이러한 장치들은 전동휠체어, 강력한 접골치료용 부목, 무릎에 교환기를 붙인 녹음기, 발동기를 장치해 눕는 사람, 라디오, 인공호흡 장치, 문을 여는 도구나 다른 장치를 가동시킨다.

작업을 하는 동안 작업대의 안전장치와 몸 전체의 안전장치가 일반적으로 중증뇌성마비 장애인을 위해 필요하다.

2) 이동성

중증장애인의 이동성 문제는 크게 다음의 카테고리 속에 분류할 수 있다.

① 가정이나 작업장에서의 이동성
② 이웃 또는 지역사회에서의 이동성
③ 지역사회 간의 이동성
④ 도시 간의 이동성

집안이나 건물 내의 계단들이 보조기, 크러치 또는 휠체어를 사용하는 사람과 같은 지체장애인의 이용을 방해하는 구조라고 할 때 문제해결책은 경사로와 휠체어 리프트가 될 것이다. 휠체어의 적절한 선택은 단지 안전과 편안감의 부여뿐만 아니라, 이동성의 증가도 돕는다.

일례로, 전자 이동 보조기구인 사람의 귀에는 들리지 않는 초음파를 방출하는 작은 송신기가 부착된 Sonic-Guide와 환경센서는 시각장애인의 자유로운 여행을 강화하고 연장시킬 수 있다. "overwheel transfer board"는 장거리 여행에 유용하도록 하기 위해 사람들이 수송하는 자동차에 휠체어를 고정시키도록 돕는다. 간질환자를 위한 헬멧커버는 터번이나 가발처럼 생긴 헬멧으로 눈에 덜 띄고 미적으로도 개선된다.

일상생활활동(Activities of Daily Living: ADL) 훈련은 옷 입기, 목욕하기, 이 닦기, 먹기, 조정, 이동성, 의사소통과 같은 다양한 자기보호 업무를 포함한다. ADL을 고려할 때, 안락감은 중요한 요소가 된다. 휠체어를 사용하는 사람들은 다음과 같은 통상의 휠체어 쿠션의 다양한 제품을 이용할 수 있다.

① Checker board T-foam cushion
② T-foam cushion
③ 'Mud' cushion
④ 'Gel' pad
⑤ 'Flotation' pad
⑥ 'ROHO' dry flotation pad

그러나 이러한 대책들에도 불구하고 외부 도뇨관과 내부 도뇨관의 사용 등 휠체어를 사용하는 이동과정에서 항상 곤경에 처하게 되는 어려움을 발견하게 된다.

3. 작업연구

작업연구란, 방법의 개선과 설계, 작업표준화, 작업관리, 시간자료와 생산성 측정, 레이아웃, 그리고 작업시스템을 연구의 대상으로 하는 엔지니어링 활동이다(김진식, 1996, p. 42). 이러한 작업연구의 주목적은 원재료의 투입에서 제품으로의 변환과정마다 인간 요소, 즉 사람이 하는 일을 어떻게 하면 보다 효과적으로 수행할 수 있을 것인가를 연구하고 결정하는 것이다.

1) 직업연구의 유형

① 방법연구: 동작연구로 작업방법의 개선 및 표준화를 설정하는 것이다.
② 작업측정: 시간연구로 표준시간을 설정하는 것이다(이진식, 1996).

2) 작업연구의 역사

작업동작을 최소의 요소단위로 분해하여 표준 작업방법(노동의 표준량)을 구명한 Taylor, Frederick의 시동연구에 뒤이어 작업연구는 Gilbreth 부부(Frank, B., & Lilian, M.)의 동작연구(motion study)가 시초다. 이들은 벽돌쌓기와 작업사진을 찍는 연구활동을 통해 최적의 방법(one beat way)을 탐구했다. Taylor(1856~1914)는 일을 요소로 구분지어 시간을 측정하고 그 시간을 정하고 있는 요인을 분석하고 시간에 끼치는 법칙성을 연구하는 시간연구를 통해 작업연구의 기초를 마련했다.

하버드 대학교의 Mayo와 그의 동료들의 Hawthorne 연구는 인간의 개인적 욕구라든가 사회적 욕구를 충족시킬 수 있다면 특별한 통제가 없더라도 능률이 향상될 수 있다는 인간관계 관리를 제창하였다.

3) 동작연구의 가정

길브레스 부부가 제창한 동작연구의 중요한 가정 몇 가지를 소개하면 다음과 같다.

① 작업을 구성하는 동작요소가 적어야 한다.
② 각 동작요소의 동작시간이 짧아야 한다.
③ 각 동작요소의 피로가 적어야 한다.

4) 시간연구의 가정

작업의 요소들을 시간적 관점에서 쪼개어 분석하는 시간 연구의 가정은 다음과 같다.

① 하루의 공정한 작업량(a fair day's work)의 기준 설정
② 적당한 사이를 두어 작업자가 쉬게 한다.
③ 좋은 동작관계로 이루어진 일 계열의 작업방법을 만들어 작업자에게 가르친다.

5) 작업연구에 필요한 기본분석

공정분석 공정이라는 분석단위로 대상물이 현장에 투입되어 어떤 경로를 거쳐 어떻게 처리되었는가를 시간과 거리와 함께 조사하는 것으로 다음과 같은 공정기호 및 각종 공정분석표 및 공정경로도와 일정분석(공정 소요일수)을 이용한다.

○ 가공 ⇨ 운반 D 정체 △ 저장대기 □ 검사

작업분석 생산성 향상을 목적으로 개별작업자가 실시하는 작업개선과 표준화를 도모하며, 단위작업분석, 요소(element: 단위작업보다 짧은 2-10여 초 정도의 간격)분석 등이 사용된다.

동작분석 작업자가 실시하는 작업의 동작면을 분자상태로 분해하고 분석하며, SH(찾는다), ST(고른다), G(잡는다), P(위치를 바로한다), A(조립)와 같은 17개의 문자기호와 서블리그(therblig) 기호를 사용하여 개선하는 것으로 다음과 같은 방법들이 있다.

① 육안동작분석: 동작을 눈으로 보고 관측용지에 서블리그로 분석, 기록한다.
② 필름분석: 작업장면을 카메라로 촬영하여 동작을 재현하고 분석한다. 정도 PTS 분석이 사용된다.

③ PTS 분석(predetermined time system: 기정 시간 표준법): 작업자가 실시하는 작업을 이에 필요한 기본동작으로 분해하고, 각 기본동작의 성질과 조건에 따라 미리 정해진 시간치를 적용하고 이들을 집계하여 그 작업의 실제 시간을 설정하는 것으로 계수에 의한 표준시간을 설정한다. 이 분석방법은 motion-time analysis에서 MTM법(motion-time measurement)으로 발전하였고 이후 Method-time measurement로 발전하였으며, 동작시간은 작업방법에 의해 다르다.

시간분석 시간분석이나 요소작업분석(elemental operation analysis)은 사람이 하고 있는 작업으로서 생산에 직접적 · 간접적인 것을 불문하고 무엇인가 사람의 활동을 수반하는 작업을 요소작업으로 분해하고 그것들의 시간치를 관측, 기록하여 작업방법 개선, 표준화, 일의 공평생산량 결정을 유도한다. 시간분석은 스톱워치, 관측용지, 관측판, 계산용구 등의 분석용구를 사용하여 분해된 요소작업들의 시간을 측정한다.

가동분석(production study: 생산분석) 하루의 작업시간 속에 포함된 생산적 및 비생산적 여러 가지 요소를 하루 종일 관측 또는 장시간 관측하여 가동상태를 파악하고 개선하며, 표준시간 설정을 위한 여유(율)의 산출을 도모한다.

① 지연분석: 생산지체 요소 및 그 시간경과 조사
② 빈도분석: 작업요소의 도수를 조사
③ 산출고 분석: 시간경과에 따르는 산출고의 추이와 작업내용 조사 등

이러한 분석기법에는 장시간 시간분석, 작업표본, 운전기록계에 의한 기계 가용조사가 있다.

W.F.법 1935년경 Quick 등은 필코사의 라디오 공장에서 펀치프레스 작업에 대한 시간공식을 만들기 위해 극미세 동작의 상세한 데이터를 얻어 여러 가지 작업에 활용하였고 1939년 이후 work factor system(W.F.)법을 완성하였다. 이 W.F.법과 전후하여 1940년경 웨스팅하우스사에서 드릴과 프레스 작업을 대상으로 같은 연구를 실시하고 1948년 MTM(motion-time measurement)법으로서 일반에 공개하였다.

이 MTM법은 W.F.법보다 더욱 서블리그 단위에 가까우며, R(reach), M(more), T(turn), G(grasp), RL(release)에 해당되는 각종 기호를 사용한다. 여기서 MTM법과 W.F.법은 특별한 훈련을 거치지 않으면 큰 오차가 발생하므로 누구나 바로 이용할 수 있는 것은 아니다. 거리는 Very Short(VS), Short(S), Average(A), Long(L), Very Long(VL)의 5단계로 집약한다.

미국직업진로협회의 직업적 모노그래프 진로협회가 정리한 직업적 모노그래프의 내용은 다음과 같다(Caplow, 1954, p. 225).

① 직업의 역사
② 직업의 중요성 및 사회와의 관계
③ 직업에 종사하고 있는 근로자의 수
④ 근로자들의 욕구(경향들)
⑤ 의무들
⑥ 자격들
⑦ 준비
⑧ 초입방법
⑨ 숙달되기까지의 기간
⑩ 승진
⑪ 관련직업들
⑫ 수입들

⑬ 근로시간

⑭ 고용규칙

⑮ 보건 및 사고위험성들

⑯ 기구들

⑰ 전형적인 고용장소들

⑱ 보충적 정보

4. 미국 노동부의 직업분류

미국 노동부는 개인이 지닌 홍미들을 토대로 하여 모든 직업들을 12개 집단으로 나누었다. 이러한 분류방식은 직업탐구사전(Guide for Occupational Exploration: GOE) 및 기타 진로정보체계에 빈번히 이용된다.

① 예술: 생각과 감정들의 창조적인 표현에 홍미를 갖는 직업들로 문헌예술, 시각, 예술, 드라마, 음악, 댄스, 공예가 포함된다.

② 과학: 자연세계에 관한 정보의 발견, 수집, 분석과 과학적 조사 결과를 의학, 생명과학, 자연과학의 문제해결에 적용하고 응용하는 데 홍미를 갖는 직업들로 물리과학, 생명과학, 의료과학, 실험공학이 있다.

③ 동 · 식물들: 동 · 식물과 관련된 활동들, 특히 야외에서의 활동들에 홍미를 갖는 직업으로 동물훈련, 경작, 재배, 교배에 관련된다.

④ 방호: 사람들과 재산을 보호하고 힘과 권위를 사용하는 데 홍미를 갖는 직업들로 경찰, 경호, 조사원, 안전요원이 포함된다.

⑤ 기계: 기계, 연장, 기술들을 사용하여 실제적인 상황들에 기계적 원리들을 적용하는 데 홍미를 갖는 직업들로 엔지니어, 시스템 조작원, 장비운영이 포함된다.

⑥ 산업: 생산장면에서의 반복적이고 구체적이며 조직된 활동들에 홍미를

갖는 직업들로 생산관리, 품질관리, 기계조립이 포함된다.

⑦ 사무: 일차적으로 사무실 장면에서 세부적인 일에 정확성과 주의를 요구하고 조직되고 미리 정해진 활동들에 흥미를 갖는 직업들로 행정사무, 회계, 재정, 등록계원, 사무기계 조작원이 포함된다.

⑧ 판매: 판매와 조장기술들을 사용하고 개인적 설득을 통해 다른 사람들의 관점에 영향을 미치는 데 흥미를 갖는 직업들로 도 · 소매, 부동산 중계, 이동 및 방문판매가 포함된다.

⑨ 조정: 보통 일대일 관계에서 다른 사람들의 욕구를 만족시키는 데 흥미를 보이는 직업들로 음식료업, 레크리에이션, 교통관광, 티켓판매, 예약접수, 고객서비스가 포함된다.

⑩ 인본주의: 다른 사람들의 정신적 · 영적 · 사회적 · 신체적 · 직업적 욕구 충족을 돕는 데 흥미를 보이는 직업들로 종교, 상담, 사회복지, 간호, 치료, 보육이 포함된다.

⑪ 선도와 지휘: 고도의 언어적 혹은 수적 능력과 관련된 활동들을 통해 다른 사람들을 감화시키도록 지도하는 데 흥미를 보이는 직업들로 도서관 서비스, 교육, 가정경제, 사회조사, 법률, 경영, 재정, 실업이 포함된다.

⑫ 신체행위: 군중 앞에서 수행되는 신체활동들에 흥미를 보이는 직업들로 스포츠, 코치, 곡예, 흥행, 퍼포먼스아트가 포함된다.

연습문제

1. 다음 중 직업적 장애판정 세 요소에 포함되지 않는 것은? ( )
   ① 손상의 본질과 정도
   ② 직업잠재력
   ③ 고용가능성
   ④ 직업의 본질과 유용성

2. 내담자의 장애가 중증화되어 갈수록 환경조정이 중요해지는 이유가 아닌 것은? ( )
   ① 공학기술의 발전
   ② 사회통합 등 인식 개선
   ③ 직업의 발달과 분화
   ④ 정보사회와 탈산업화 사회의 도래
   ⑤ 발달장애인의 증가

토론문제

1. 작업연구가 장애인 직업배치에 어떻게 활용될 수 있는가?

2. 인간공학의 이해에 필수적인 것은?

3. 직무공학이나 직무수정이 초점을 두는 것은?

4. 환경수정의 개념과 장점은?

제13장

직업재활전문가와 장애인 고용

다양한 직업재활전문가에는 직업재활상담사(Vocational Rehabilitation Counselor: VRC), 직업평가사(Vocational Evaluator: VE), 직업적응전문가 및 직업배치전문가가 포함된다. 평가, 상담, 배치의 세 기능에서 도출된 세 가지 직업재활전문직은 독특한 세 요소에 의해 연결되어 있다.

① 공통의 의뢰인
② 기능의 독립성
③ 직업세계에 대한 외연적이고 내포적인 지식의 필요

직업재활의 주요 목적은 장애인이 사회의 다른 구성원과 동일하게 되고, 그의 능력에 따라 동등한 권리와 고용기회를 갖도록 준비시키는 데 있다. 또한 경쟁적인 노동시장에서 정상적인 조건의 적절한 임무를 부여받지 못할 경우에 보호고용을 통해서라도 고용기회를 제공하는 데 있다.

① 대상: 보호고용의 대상은 학령기 이상의 어느 정도 노동능력을 가진 사람으로 신체적·정신적 또는 다른 장애로 인해 특별한 도움이 없는 한 경쟁노동시장에서 고용을 확보하기 어려운 사람이 이에 해당된다.

② 목적: 보호고용의 주요 목적은 장애인에게 일자리를 제공하는 것이다. 그러나 장애인을 보호고용에 취업시키는 경우에는 그 사람의 개인적·직업적 적성과 지역특성에 충분한 주의를 기울여야 한다. 그래야만 장애인이 노동능력을 가지고 취업을 통해 삶을 증진시킬 수 있으며 노동력을 가진 인간으로서 건설적인 분위기와 능력에 맞는 높은 생산성을 자기 것으로 획득할 수 있게 된다.

③ 국가의 책임: 국가는 보호고용에 대한 기본적인 책임을 져야 한다. 만약 국가가 주도하지 못한다면 국가는 책임을 대행할 수 있는 전담기관을 지정하여 돕도록 해야 한다. 이를 위해 국가는 보호고용의 국가계획, 연락조정, 조직, 행정 및 발전을 지지하고 실천해야 하며 설치기준이나 필요한 법제를 정비하고 조사해야 한다.

1. 직업재활상담사

미국에서 재활상담사의 세부기능을 살펴보자

1) 심리상담사

직업재활상담사는 심리상담과 상담조정 역할을 함께 수행한다. 이들은 개인적응 문제를 해결할 필요가 있는 내담자와 함께 일해야 하며, 정서문제, 내담자 불안경감 문제에 현실적으로 직면한다.

2) 상담조정가

모든 종류의 내담자와 일해야 한다. 여기에는 내담자 개발, 인테이크 면접, 보고서 및 서류 작성, 적격성 판정, 내담자 관리, 타 기관 서비스의 이용, 홍보관계 일 및 내담자 취업알선이 포함된다.

조직의 목표에 대한 이해, 내담자 요구의 민감함, 그리고 교육을 잘 받을 수 있다면, 서비스 전달에 있어서도 효과적이다. 이용가능한 자원을 더욱 효율적으로 사용하기 위해 다양한 사회적 중재를 더욱 일관성 있게 조직할 필요성이 있다. 질적 인간 서비스가 제공되기 위해서는 재정과 새로운 프로그램 활동이 계획되고, 조정도 효과적으로 수행되어야 한다.

Whitehouse(1975)는 임상 재활상담사를 전인(全人)으로서의 내담자와 일하는 포괄적 지식과 능력을 지닌 상담사로 기술하고 있다. 이들은 치료자, 진로상담사, 상담, 경영전문가, 조정가, 심리측정가, 직업평가사, 교육자, 사회·가족치료사, 직업배치전문가, 임상가 등으로 기능하게 되며, 가변적·통합적 서비스 전달기능을 강조한다.

Muthard & Salomore(1969)은 다음과 같은 기능을 강조하였다.

① 상담 및 진로지도(가이던스)
② 행정업무
③ 전문적 활동, 홍보활동, 자원개발, 보고활동, 내담자 개별 접촉활동에 시간을 할애하는 것

어떤 전문직업이 어떤 기능을 담당할 것인가는 지역사회의 규모, 지역산업의 성격, 평가시설의 유효성, 지방 또는 지역의 서비스 전달구조, 재활 대상 집단의 특징 등 많은 요소에 의해 결정된다. 기능의 분배가 어떻게 이루어지든 간에 직업재활과정은 기능적으로는 불변한다.

표 13-1 ➡ 직업재활상담사의 기능

기능	비중
① 내담자의 객관적 정보탐색(내담자 취업경력, 교육정도)	23%
② 일반적 정보제공 및 행정(약속, 기관의 기능 및 한계, 내담자 역할 등)	23%
③ 조언 · 충고 · 교감(상담사의 개인적 · 주관적 의견제공, 내담자 형편에 따른 상담사 자신의 개인적 과거경험, 재활에 따른 구체적 행동방향 및 진로)	9%
④ 내담자 감정 · 표현의 경청(내담자의 근성영역에 관한 부분)	9%
⑤ 직업적 · 교육적 정보제공(직업적 · 교육적 성격의 정보교환)	8%
⑥ 내담자의 주관적 정보탐색(내담자 자신에 대한 과거 · 현재에 있어서의 감정 · 태도 등에 관한 정보탐색)	6%
⑦ 내담자에 대한 정보제공(내담자 검사점수, 의료보고서 등 내담자의 개인적 특성에 관한 정보)	5%
⑧ 명료화, 반영, 재설명(내담자 감정 · 태도에 대한 이해 등 명료화, 반영, 재설명)	4%
⑨ 관계형성(면접에 편하게 임할 수 있게 단계 형성)	3%
⑩ 지지(수용 · 보증, 기꺼움 등 내담자 불안 감소)	3%
⑪ 내담자-상담사 간의 관계 설명	3%
⑫ 직면-내담자의 성격에 관한 현실적 양상, 내담자 자신에 대한 지각과 실제 정도 간의 불일치를 지적한다.	4%

2. 장애인 고용에 있어서 적극적 행동조치

미국 「재활법」(1973) 제503조의 특징은 민간영역에서 행해지는 직업재활 목표를 성취하기 위한 표준 접근방법이 될 수 있다. 여기서는 사업이 어떻게 진행되고 개인의 법적 권리가 정규 직업장면에서 보호되어야 한다는 점에 집착할 필요가 없다.

먼저, 법규가 기업주들에게 요구하는 것을 살펴보자. 장애인 고용을 위한 적극적 행동조치에는 네 가지 기본적인 요소들이 있다. 첫째는 정책의 진술로 기업을 운영하는 이사진들에 의해 수행되는 헌신을 요구하는 지침이 된다. 둘째는 누군가에게 책임이 부여되는 이행을 요구한다. 이러한 사람들의 직책이 진술되어 책무성이 명료화되어야 한다. 장애인 고용에는 특히 물리적 장벽보다는 태도와 같은 심리적 장벽을 제거하는 것이 중요하다는 것을 인식해야 한다. 이는 고용과정에서 극복되어야 할 장벽들이다. 셋째는 법규에서 사용하는 정의의 문제다. 이러한 문제는 많은 사람을 혼란스럽게 하므로 법규의 맥락을 통해 의미를 해석해야 하며 장애와 서비스 적격성과 같은 부분들을 다루어야 한다. 넷째는 행동이다. 여기서 적극적 행동조치가 성공하려면 다음과 같은 확고한 행동들이 수반되어야 한다.

① 행동들에 대한 기록: 누가 기록을 하느냐와 비밀을 유지하는 일이 중요하다. 일반적으로 제공된 합리적 편의에 관한 이러한 기록도 인사담당자에 의해 만들어지고 관리된다. 적극적 행동은 법률에 의해 강제력을 지니므로 기록은 바로 문서화를 의미한다.

② 차별금지: 차별이 없었다는 점을 확인하기 위해 직원채용과정을 검토해야 한다. 차별금지 역시 법률로써 강제되는 부분이기 때문에 신중을 기할 필요가 있다.

③ 홍보: 공고문, 게시물들이 적절한 장소에 적절히 배치되는지 확인해야 하며, 고지의 의무사항을 착실히 준수하는 태도가 요구된다.

④ 고지: 고용주는 노동조합과 행동계획 속에 포함된 근로자들에게 고지(informed notice)할 의무가 있다. 따라서 고지의 내용과 그것을 다루는 장소를 확인해야 한다.

⑤ 관계설정: 기술원조를 위한 조직들과의 관계를 설정하고 이용하도록 해야 한다. 주변의 재활기관이나 전문조직들은 고용에 따른 적극적 행동조치를 촉진시키게 된다.

⑥ 의뢰기관: 다음 항목은 긍정적 행동계획에 따른 노력에 대해 의뢰기관들에게 알리는 것이다. 이러한 기구와 조직들은 지역에 따라 매우 다양하게 존재하기 때문에 그것을 선별하는 일이 중요하다.

⑦ 편의시설: 합리적 편의시설을 설치해야 한다. 편의시설은 고용면접에서

부터 시작하여 전직과 전출에서도 고려해야 할 사항이 된다.

⑧ 법적 소송과정: 법적 소송과정을 마련해야 하고 60일 이내에 고용주는 문제해결을 위해 노력해야 한다. 이러한 법적 소송이 접수되면 조정위원회는 고용주와 장애인 두 측면을 살펴보고 적법한 조건이 아닐 때에는 고용주에게 그 사실을 고지해야 하며, 의사와 같은 전문가의 의견을 청취하고 사실수집과 분석을 행해야 한다.

⑨ 보고: 보고의 의무를 가져야 하고 그러한 보고의 의무는 비밀유지를 요구한다.

⑩ 적극적 행동: 마지막 요소이자 가장 중요한 것은 적극적 행동이다. 이는 장애인이 오도록 앉아서 기다리는 것이 아니라 원조계획 노력을 확립시키도록 해야 한다는 것이다.

적극적 행동에 있어 긍정적 행동계획(affirmative action plan)은 매우 유익한데 설계공정에서 청각장애인을 채용하여 성공한 사례는 이것이 자선이 아니라 하나의 사업이라는 것을 보여 준다. 고정관념을 깨뜨리는 또 다른 예는 무릎 위를 절단했던 페인트공이 회사로 되돌아온 경우다. 아마 고용주는 페인트공이 사다리에 오를 수 없다고 복직을 거절할 것이다. 그러나 중요한 사실은 보철구와 보장구 기술이 굉장한 수준에 와 있으며, 선입견을 가지지 않아야 한다는 것이다.

IBM은 감각대체 장치를 통해 청각장애인들이 아무런 위험 없이 어떠한 장소에서도 일할 수 있도록 하였다. 이들은 시각장애인 타자원을 고용했으며, 스스로 전문용어를 익히기 위해 작은 사전을 만들어 이용했다.

고용정보를 제공하고 장애인들이 자신의 흥미와 선호에 맞는 직업을 연결할 수 있도록 원조하는 노력이 직업기회를 증가시킬 것이다. 합리적 편의제공은 이전에는 결코 시도된 적이 없는 전혀 새로운 개념은 아니다. 그것은 고용주 측에서 의식적으로 노력해야 할 부분이다. 합리적 편의제공을 통해 자격 있는 구직자들이 노동력에 흡수될 수 있다. 장애로 인해 이전에는 고용에서 거부된 사람들에게 새로운 기회를 부여하는 것이 아니라 생산적인 근로자로 변화될 수 있는 것이다.

구직자들과 피고용자들은 스스로를 점검하도록 요청받으며, 이렇게 해서 다루어야 할 문제들을 알게 되고 개인의 조건을 이해하게 된다. 이러한 요소들은 보이지 않는 장애이거나 잠재적 장애가 될 수 있다. 또한 기업체의 인사과정은 체계적이고 철저히 점검되어야 한다.

「베트남 전역군인의 재적응 원조법(The Vietnam Era Veterans Readjustment Assistance Act)」 제402조는 지금의 적극적 행동조치와 유사하다. 즉, 첫째 적용범위는 10,000달러나 혹은 그 이상의 계약에 관계한다. 둘째, 고용서비스국에서는 고용주들이 구인조건들을 목록화하도록 의무화하고 있다. 셋째, 원호청에 의해 30% 이상 장애를 지니게 되었다고 판정된 전역군인들이나 베트남 전역군인들에게 적용된다. 단지 기본적 차이점은 「베트남 전역군인 재적응 원조법」은 서류처리과정에 있어서 지방의 직업서비스 사무소를 통하도록 되어 있다는 점이다.

한편 직업교육은 분명 직업재활서비스이지만 너무 구체적이고 직업적이기 때문에 직업재활 전문직에 포함되지 않는다. 직업교육은 의뢰인에게 구체적이고 적용범위가 좁은 직무기술에 대한 훈련을 제공한다.

3. 직업개발전문가

직업개발전문가들은 직업재활전문가들이 개발한 직업에 대한 직무를 분석하고 새로운 기술을 확인하기 위한 책무성을 지녀야 한다.

재활에서 직업개발전문가들이 고려해야 할 점은 다음과 같다.

① 장애인 상담은 동기화/정서적으로 훈련된다.

② 직업개발전문가들의 직무는 공정하게 간소한 결과의 산출로 판단되는

경향이 있다.

③ 비록 그들은 장애인과 같지 않은 고용주가 결정을 내리더라도 이를 인정하고, 재활기관의 완전한 독립의 결과를 책임질 수 있어야 한다.

④ 일이 잘못되었을 때, 직무개발자라는 명칭에 근거하여 분별력 없는 대처를 하게 된다.

⑤ 직업개발전문가들은 지역사회의 적당한 직업에 접근을 시도하는 입장에서 직업개발을 한다.

⑥ 직업개발전문가들을 기피하는 불만, 무경험, 직업개발기술의 개선에 알맞은 기술적 체계 문제를 되짚어 본다.

두 종류의 직무분석은 특히 직업개발기술을 규정하는데 쓰인다. 첫 번째로 빈번하고 중요한, 직업개발의 모든 '완성된 직무' 는 모든 말을 조직적으로 갖추는 진술과 주요한 말과 형태에 따르는 문장을 상징한다.

위기에 대처하는 기술은 이들의 정해지지 않은 상황을 확인하고 그들에게 직무개발의 수행능력을 묘사하는 데 특별히 유용하다. 나아가 경험에 기초한 기술들을 과업과 연결한다.

미국 표준직업개발 모델의 고용서비스 안내서는 고용주 관계 교육에 있어 다음과 같은 사항을 중요시한다.

① 서비스의 목적을 분명히 하는 고용주의 계획이 적용된다.

② 고용주의 실행에 알맞은 지식과 욕구, 서비스의 계획과 고용서비스 내용을 준비한다.

③ 고용에 관한 권위를 가지고 강하게 옹호한다.

④ 고용서비스의 이용에는 고용주의 이점이 존재한다.

⑤ 욕구를 토론하여 고용주를 설득시킨다.

⑥ 고용서비스와 욕구들이 충족될 수 있는 방법이 존재한다.

⑦ 고용주의 고용 목적을 달성한다.

⑧ 고용주와의 접촉에서 분명한 결론을 도출한다.
⑨ 고용주를 방문하여 문서를 기록한다.

주위의 변화를 빠르게 인식하고 one-stop 서비스를 제공하여 긍정적인 행동의 욕구충족에 기초를 세워야 한다. 전문가 태도와 기술의 정립은 설득력 있는 지역사회의 다른 많은 지원자에게 영향을 준다. 새로운 고용주의 직업배치에 대한 용기를 북돋우기 위해 직업개발전문가들은 장애인 고용을 하여 성공을 해 본 고용주에 대한 효과적인 진술을 채택한다. 과제분석의 주된 핵심은 사회과학적인 조사에서 변화하기 쉬운 연구와 연관시킬 수 있는 변화하기 쉬운 과제를 확인하는 것에 있다.

4. 직업배치전문가의 우선과제

1) 전문가 과제

직업배치전문가는 실용주의적 관점에서 내담자가 최선의 이익을 획득하는 방법으로 행동하고 실천해야 한다. 직업배치전문가에게 중요한 우선과제들을 다음과 같이 생각해 볼 수 있다.

① 잠재적인 고용주와의 초기접촉을 만들기 위한 방법을 결정한다.
② 고용욕구 평가, 직무적성, 작업상태, 자진해서 학생을 고용하기 위해, 그리고 직업배치서비스의 사용에 따른 관심 유도를 위해 지역사회 안에서 고용주의 표본조사를 계획하고 관리한다.
③ 서비스 제공과 좋은 관계개발을 통해 장래 고용주의 고용욕구를 확인한다.
④ 고용주와의 용이한 접촉을 위해 지역사회와 도시 내의 조직화를 위한

접촉을 확인하고 사용하며, 그들의 직업배치프로그램을 사용한다.

⑤ 직무와 관련하여 획득된 기술과 다양한 학교 교육과정의 내용을 고용주를 위해 설명한다.

⑥ 직업배치서비스와 함께 직무개시 목록에 대해 고용주를 납득시킨다.

⑦ 누가 적절한 사람인지를 접촉과정 내에서 알아낸다.

⑧ 학생이 자격을 갖춘 지역사회 내의 고용주를 알아낸다.

⑨ 비공식적 고용주 네트워크로부터 또는 상업 또는 실업협회로부터 알아낸다.

⑩ 직무자격, 작업요구조건, 급료, 작업상태, 이차적인 이득, 승진수단, 그리고 대인정책과 관련한 것을 고용주로부터 알아낸다.

⑪ 고용주의 부정적인 태도에 효과적으로 반응한다.

⑫ 일정한 범위 내에서 장래의 고용주를 위해서 내담자 기록과 정보를 제공한다.

⑬ 직무와 관련된 모든 정보를 획득한다.

⑭ 소수집단, 여성 그리고 장애인에 관한 동등한 기회의 필요성에 대해 고용주에게 설명한다.

⑮ 지역사회 또는 다른 강연을 준비한다.

⑯ 직업배치프로그램과 성공적인 고용의 촉진 또는 증가를 위한 홍보 또는 교육정보 캠페인을 계획한다.

⑰ 직업배치에 대한 사후지도, 문제확인, 문제분석을 돕고, 잠재적인 직무에 대해 정보를 얻기 위해 직접적으로 감독자와 접촉한다.

⑱ 고용 전 기술을 가르치기 위한 인적개발요소를 원조한다.

⑲ 직업적 정보 또는 정보자원의 파일을 사용할 수 있게 만들고 유지한다.

⑳ 직무유지, 승진, 임금, 그리고 직업만족에 대한 고용주와 내담자 질문에 의해 체계적인 사후지도를 계획하고 수행한다.

㉑ 사후지도, 고용주, 내담자 조사자료, 그리고 작성한 보고서들을 분석하고 요약한다.

2) 산업정보의 활용

노동시장에서는 장래성이 없는 직업은 피하고 전망이 있는 직업을 선택할 수 있는 길을 열어 준다. 노동시장 정보는 직업 및 여타의 관련된 직업들에 대한 철저한 직무기술, 보수체계에 대한 정보, 요구조건 및 자격파악, 고용경향과 그것이 노동시장에 미치는 영향에 대한 이해, 노동시장 자원의 유용화로 인해 획득된다.

재활시스템과 산업시스템 간의 어려운 문제는 전통적으로 서로 욕구가 다르고 서로를 완전하게 이해하고 있지 못하다는 데 있다. 재활시스템에 있어서 중요한 점은 많은 산업체들이 그들의 사명을 수용하는 방향으로 가고 있다는 가정을 피하는 것이며, 반대로 산업체는 장애인 근로자의 고용을 극대화하도록 장려하는 것이다. 장애인의 고용문제를 고려함에 있어서, 산업체는 극복되어야 할 악역이 아니라 오히려 장려되어야 할 자원으로 묘사되어야 한다. 따라서 장애인 근로자의 성공적인 배치는 작업자의 기술과 수준, 재활상담자의 능력과 자원, 고용주의 수용성, 욕구 그리고 과거의 경험을 바탕으로 이루어진다.

산업정보가 활용되는 과정은 다음과 같다. 이러한 과정은 장애인의 직업개발과 직업배치를 촉진시키게 된다.

① 고용주의 선택
- 내담자의 기능 수준에 맞는 작업을 가장 많이 가지고 있는 고용
- 지역사회에서 가장 큰 고용주
- 과거에 장애 근로자를 고용한 고용주
- 지역사회에 관심을 보이는 고용주

② 사전조사: 회사에 대한 정보로 생산품목, 조직구조, 규모, 자회사 유・무 등의 정보를 알아본다.

③ 접촉대상: 누구를 만나고 설득해야 할 것인가를 파악한다.

④ 사업분석에 대한 정보: 산업분석은 상담사가 산업을 보다 잘 이해하고 재활상담사와 사업 간에 긍정적인 관계가 이루어지게 하는 과정이다.

- 노동력으로서의 장애인에 대한 고용주의 경험
- 학교체제에 대한 고용주의 경험
- 고용관계: 모집절차, 지원절차, 면접절차, 선행조건으로써 필요한 검사 실시
- 피고용인 지원체계 유 · 무
- 장애 근로자에 대한 관리자, 감독자 및 같이 일하는 사람의 태도
- 안정적인 직무와 보충근로자의 누계가 높은 직무 등이 있다.

3) 직업배치 과제

직업배치서비스와 내담자를 서술하는 데 있어서 고용주의 언어, 개념, 장치를 사용한다. 고용주의 일처리에 있어서 일상적이거나 혹은 더 선호하는 방식을 제안한다. 고용주의 가정, 편견 혹은 직관을 바꾸려는 시도보다는 고용주의 가치, 철학과 사업, 인간적 원리에 대한 참고를 통한 직업배치프로그램을 사용한다.

프로그램 내담자와 고용주의 일반적 자원 사이의 유사성을 강조한다. 공식적 회의와 미디어의 프로그램을 위하여 연설자로 봉사할 수 있도록 고용주들에게 기회를 제공한다. 내담자가 종업원으로서 할 수 있는 것, 개인이 조정할 수 있는 특수한 기계 그리고 그밖의 것들을 정확하게 기록한다. 만약 현장주임이나 관리자가 장애 구직자를 정당하게 참여시키기를 거절한다면, 비공식적이든 공식적이든 설득력 있게 설명해야 한다.

중증장애인의 고용은 대안과 능력에 초점을 두어야 한다. 또 대안개발과 새로운 훈련기술과 인사/생산관리를 위한 노력을 기울여야 한다. 장애인을 사회의 짐으로 받아들이는 것이 아니라 필요한 인력으로 인정하는 사회인식이 선행되어야 한다.

장애인의 능력인정은 장애인을 법적인 제도로서가 아니라 사회의 인정을 바탕으로 취업, 승진하게끔 하는 바람직한 직업재활의 기본이 된다. 이와 관련한 직업재활의 기본원칙(1983년 6월 30일의 장애인 직업재활과 고용에 관한 ILO협약)은 다음과 같다.

① 종합적인 접근원칙: 장애인의 직업재활과 고용에 관한 국가정책을 입안하고 실시할 때는 국내 여건과 관행에 따라 종합적으로 시행하고 정기적으로 검토해야 한다.

② 지역사회통합의 원칙: 장애인을 위한 직업재활 및 고용정책은 모든 유형의 장애인에게 유용해야 하고, 적절한 직업재활 방법을 세워야 하며, 지역사회의 공개 노동시장에서 장애인을 위한 취업기회를 촉진시켜야 한다.

③ 기회균등의 원칙: 장애인을 위한 직업재활 및 고용정책은 장애인과 일반근로자 간의 동등한 기회원칙에 기초해야 한다.

④ 소비자 중심주의: 장애인을 위한 직업재활 및 고용정책을 시행할 때 직업재활활동에 종사하는 공공기관과 사설기관 간의 협력 및 조정을 추진하려면 취해진 조치를 포함하여 고용주와 근로자를 대표하는 단체와 장애인 단체의 협의과정을 통해 장애인의 의견이 반영되어야 한다.

⑤ 적용: 직업알선, 직업훈련, 취업 및 기타 고용에 관련된 직업재활프로그램을 수립하고, 적절한 기관이 수행하게 하며, 이를 평가하는 조치를 취하고 근로자를 위한 기존의 고용안정책은 가능하다면 필요에 따라 적합하게 변경시켜 사용해야 한다.

⑥ 소외지역 우선배려의 원칙: 농촌과 벽촌지역의 장애인을 위한 직업재활 및 고용안정의 수립과 발전을 촉진하기 위한 조치를 취해야 한다.

⑦ 전문인력에 의한 서비스 제공의 원칙: 국가는 장애인의 직업안내, 직업훈련, 취업 및 고용을 책임질 직업훈련교사, 재활담당자 등 적절한 자격을 갖춘 직원을 훈련하고 인력을 확보해야 한다.

표 13-2 ➡ 직업배치 과제표

문제	목표	전략
1. 직무 또는 훈련필요	직무 또는 훈련에 배치	가능한 직업을 수용하는가 고용주를 위해 준비하는가 고용주와 면접하는가 고용주 사이에서 변화할 수 있는가
2. 직업추천 거부	다른 일자리를 찾는다.	일대일 상담 설득
3. 비협조적이거나 방해하는 고용주	회사가 소수의 피고용자를 고용하고 유지하도록 한다.	고용주에게 성공적인 경험을 이야기한다.
4. 질병이나 일시해고	직업유지	회사와 논의한다. 재배치나 이직
5. 일을 그만둠	직업유지 다른 직업 배치 불평해소	성취동기를 돕는다. 개인적인 문제를 돕는다. 다른 직업을 알아본다. 노동시장을 탐색한다.
6. 법적문제를 가진 내담자	직업유지	심리적 부담을 덜어 준다.
7. 위험에 대한 개인 복지	건강과 복지증진	고용주에게 조언 경험을 바꾼다.

※ 자원은 전문가가 활용해야 할 정보나 프로그램, 그리고 인적 관계망이다.

직업배치 효과의 성공에는 다섯 가지 영역의 잠재적인 문제들이 포함된다.

- 신체: 최소한의 부산물과 치료적 증진을 위하여 어떤 단계를 거쳐야 하는가?
- 감정: 작업장 재배치에서 의욕상실은 감정적으로 어떤 문제를 가지는가?
- 재정: 손상 후의 소비보다 수입의 혜택이 더 많은가?
- 직업: 내담자는 직업적 전망이 있는가?

• 동기: 내담자의 동기에 위 네 가지 문제 영역 중에서 어떠한 것이 제일 큰 영향을 미치는가?

5. 작업장 재배치와 고용

작업장 재배치 기회의 보호를 위해서 전문적으로 요구되는 단계는 다음과 같다.

① 이전 손상을 가진 고용주와 상호 의사소통의 지속적인 경로를 연다. 장애관리 지출에서 극적인 개선의 기회가 된다.
② 이전 손상 고용주의 질문에 따르는 것은 다음의 내용을 포함한다.
  • 내담자가 좋은 노동자인가?
  • 고용주는 내담자의 이전 직업으로 돌아가는 것에 대해 조치를 취하는가?
  • 고용주는 내담자가 신체적 제한을 접하는 것에 대해 질적인 향상을 위해서 이 작업이나 혹은 다른 어떤 작업도 수정할 것인가?
  • 내담자의 좋은 그리고 나쁜 직업적 버릇은 무엇인가?
③ 작업장 재배치에서 협동의 효과는 자료수집의 진보, 다양한 해결요소, 내담자, 내담자의 배우자, 고용주 등에 의한다.

나아가, 새로운 고용을 발견할 수 있는 장소는 다음과 같다.

① 신문
② 고용안내소
③ 상공회의소
④ 기관

⑤ 전화번호부의 광고페이지
⑥ 재활제공자의 메모
⑦ 내담자 친구들 또는 친척들
⑧ 입에서 입으로

6. 예기되는 고용주 목표와 직업유지

직업배치전문가에게는 장애인 내담자 편에서뿐만아니라 고용주의 욕구와 기대와 관련한 서비스를 고려하여야 한다. 고용주는 무엇보다 사람을 채용함으로써 회사의 부가가치를 높이기 원한다. 따라서 여기에서는 고용주의 고용을 위한 목표형태와 고용능력요인검사에 대해 알아 본다.

1) 목표형태

예기되는 고용주에 의해 관계되는 고용을 위한 목표의 한 형태는 다음과 같다.

① 노동자는 어떤 경험을 가져야 하는가? 일을 하기 위한 능력을 어떻게 증명할 수 있는가? 이는 다음과 같은 자료들로부터 정보를 얻어 판단할 수 있다.
  - 내담자의 이력서
  - 시험 결과(시험은 감독관 지휘하에)
  - 추천장 또는 신용보증 서신
  - 협력자/상담사의 개인적인 관계에 의한 인상
  - 내담자 자신의 판매능력

② 노동자가 작업을 위한 신체적 능력을 가지고 있는가? 신체적 능력은 어

떤 직업에서는 필수적인 반면, 어떤 직업에서는 필수적이지 않다.

- 제한되는 목록에 신체적 수행
- 작업장 재배치를 위한 목표정보 또는 의사의 허락
- 협력자/상담사의 개인적인 관계에 의한 인상
- 내담자 자신의 판매능력

③ 미래의 권리 또는 가치상승을 위해 고려해야 할 사항이 있는가? 고용주가 장애인의 채용을 염두에 두고 있을 때에는 장차 회사에 어떠한 영향을 미칠 것인가를 생각하게 되고 여기에 대한 해답을 찾기 위해 다음 사항들을 고려하게 된다.

- 장애에 대한 검토
- 이차손상에 의한 이익 설명(알맞은 적용)
- 보험정책률의 기본적인 설명
- 내담자의 분명한 제한점에 대한 반복

④ 이 고용은 다른 노동자들의 노력보다 불리한 고용일 수 있는가? 특별히 장애인에게 적용되는 질문을 고려할 수 있다.

- 협력자/상담사의 인상에 대한 검토
- 장애의 설명

2) 고용능력요인검사

고용과 관련하여 중요한 인적 생산요소인 사람측면의 분석에 필요한 내용들은 다음과 같다. 이러한 내용들은 고용주의 관점에서 장애인을 노동인력으로 간주하게 된다는 점에서 매우 중요하다.

① 구직에 가장 중요한 요소: 다음은 입직에 있어서 특히 중요하게 고려되어야 할 요소들이다.

- 배우려는 의지를 나타낸다.

- 면접을 통해 긍정적인 인상을 보여 준다.
- 관련된 일을 경험한다.
- 안정적인 직업경력을 보인다.
- 적절한 훈련/교육을 받는다.
- 깨끗한 위생상태를 보인다.
- 이직할 때, 명확한 이유를 제시한다.
- 양호한 신체적 건강상태를 보인다.
- 적절하게 구직양식을 작성한다.

② 직업유지에 가장 중요한 요소: 다음은 직업을 가진 후 만족할 만한 생산성이나 직업만족에 이르게 하는 직업적응의 중요한 고려사항들이 된다.

- 주의 깊고 지시사항을 잘 따른다.
- 배우고자 하는 의지를 나타낸다.
- 모든 배당된 직무를 처리할 수 있는 능력을 나타낸다.
- 스스로 알아서 작업을 시작한다.
- 매일 정시에 출근한다.
- 동료와 잘 지낸다.
- 지적하는 잘못을 수용할 수 있다.
- 신체적 건강상태가 좋다.
- 회사에서 발전하기 위해 궁리한다.

7. 인간서비스 노동시장

1) 인간서비스 직원과 직업적응

산업구조 변화와 발전으로 인해 사회복지 같은 서비스 직종 중 특히 타인에 대한 배려와 보호, 그리고 대인관계가 중요한 인간서비스 노동시장은 전체적으로나 양적인 측면에서 좀처럼 연구되지 않았다.

장래 직업생활에 대한 진로사다리를 확립하는 것이 가능한 조직체들은 뛰어난 근로자들을 유지하고 끌어들이기가 더 쉬울 것이다. 근로자 만족은 직업전환—사람들이 직업을 바꾸는 활동—을 감소시킴으로써 그리고 고용전략에 소비되는 자원의 수요를 줄임으로써 고용주들에게 이익이 될 수 있다. 빠른 전직은 동료 근로자들이 지속적으로 변할 때 업무수행을 하는 데 어려움을 겪는 기존의 근로자들에게 역효과를 줄 수 있으며 조직체의 고객들 또한 고통받을 수 있다.

근로자 생산성(전직, career ladders, 노동자 만족, 고용조건)은 고용된 인구의 조직과 규모에 영향을 미친다. 직업선택과 개발의 과정에서 고려해야 할 것은 노동시장을 통한 정보의 흐름, 그리고 경제상에서 구조상의 변화의 속도, 노동시장 계획과 예측의 개념들이다.

공적으로든 사적으로든 인간서비스는 사회정책의 구체적인 표현이다. 사회정책은 정책적으로 결정된 인간서비스 조직과 그들의 활동을 지도하는 목표와 가치를 포함한다. 이러한 사회복지는 의식주와 친밀감, 사회적 관계라는 기본적인 욕구뿐만 아니라 사회적 지위를 상징하는 물질적 재화와 같은 보다 덜 기본적인 욕구와도 연관되어 있다. 특히, 사회정책은 일반적으로 경제계와 경쟁의 장이라는 시장 밖에서 일어나는 활동을 언급한다. 〈표 13-3〉

표 13-3 ➡ 인간서비스 구조

서비스 영역	비율(퍼센트)
사회보험	44.2(%)
교 육	26.1(%)
공공기금	14.8(%)
건강, 의료프로그램	5.8(%)
재향군인프로그램	5.7(%)
주 택	1.0(%)
기 타	2.4(%)
총 계	100.0(%)

은 1970년대 미국의 인간서비스 구조를 설명하고 있다.

많은 사회정책이론가들은 6대 사회복지분야에 고용프로그램을 추가시켰다. 이러한 사적 · 공적인 영역의 특징은 서로 다른 재정 수준뿐만 아니라 서로 다른 목표와 활동을 나타낸다. 인간서비스 조직들은 금전적 이익보다는 내담자에게 서비스를 제공하며 내담자 필요를 충족시킬 때 성공한 것으로 생각된다.

이윤을 추구하는 조직들은 상품과 서비스를 제공받는 소비자들로부터 거대한 자원을 받지만 인간서비스 기구들은 정부계약, 자선단체의 기부, 제한된 세금감면 같은 것에 의거한다. 공공기관을 위한 자금조성은 여러 이익단체의 정치적 압력에 의해 좌우된다.

인간서비스 직원은 중요한 임무를 지닌 서비스 제공자들로 내담자와 직접적으로 대면하는 사람들이다. 개인적으로 그들은 내담자에게 상대적으로 강한 의무감과 기본적 인도주의 정신을 가지고 있다. 직업의 다양성을 나타내고 전체 노동력에서 여성, 미성년, 젊은이들이 포함되고 강한 노동조합을 형성하고 있지 못한다. 인간서비스 직원들은 폭넓은 교육 수준과 훈련, 그리고 그들이 사용하는 광대한 기술들을 위해 수년의 기술적인 훈련을 요구한다. 사회의 한 구성원으로써 그들은 필요한 곳에 감정이입을 하고 접근에 쉽게 적응하고 변화하도록 할 수 있다.

서비스를 제공할 때, 재활전문가들은 직업에서 내담자 능력을 최고로 발휘할 수 있도록 개인적 기능수행을 도울 수 있는 개인적 조정을 배려해야 한다. 다른 보조기구에 의한 기능회복훈련이나 보조공학장치들을 시도해 본다면 그것은 개인의 특별한 작업수행을 도울 수 있을 것인가? 만약, 개인의 능력들이 인간공학을 통해서 증가되었다면, 개인의 일에서 관용, 이동의 순서, 속도나 한 과제현장에서 다른 곳으로의 전환을 할 수 있도록 향상시킨다.

이때 인간공학의 개념은 직업의 요구사항과 조건에 보다 충족시킬 수 있도록 이용되고 있다. 여기에서 초점은 먼저 개인을 직업에 순응하도록 적응시키는 것으로 작업벤치가 높고, 경사졌다면 다시 설계되어야만 한다. 직무공학의 정도 차이는 있으나 작업 자체를 변화시킨다면, 어떤 개인에 의한 수행을 할 수 있도록 해 준다.

직업적응에 대한 사회적 · 심리적 중요한 요소들은 때때로 간과하게 되며, 심지어 인사조직요소에서도 중요하게 다루지 않는다.

2) 직업배치서비스 조정

역사적으로 재활서비스를 찾는 사람들은 적절한 몇 가지 태도를 가지고 있다. 1960년대와 1970년대 동안에는 공립 및 비영리 재활프로그램들에 대한 소비자들의 한 가지 태도가 지배적이었다. 이 재활내담자 집단은 연령이 높고 보다 중증의 장애를 지닌 경향이 있었다. 그들은 고등학교 교육을 받았고, 단지 중간 정도의 직업경험만을 가졌으며, 직업재활서비스의 과거 수혜자들이었다. 대부분의 기준에 의하면, 이러한 특징은 직업배치의 성공에 도움이 되지 않았다. 사실, 이 사람들은 '최저의(marginal) 노동시장 잠재력' 을 가진 것으로 묘사되었다(DeLoach & Greer, 1979; Matkin, 1980; Vandergoot & Swirsky, 1980).

물론, 재활상담사들은 심지어 평가, 계획, 그리고 치료서비스의 완료 후에도 상당한 현장의 지원을 요구하는 많은 사람에게 서비스를 제공한다. 이러한 지원이 필요한 사람들은 만성 정신의학적 장애를 지닌 사람들, 중등도(moderate) 정신지체를 지닌 사람들, 또한 시설수용력을 가진 정신분열증을 지닌 사람들, 그리고 중도신체적 장애, 몇 가지 직업기술, 그리고 서툰 직업력을 가진 나이가 더 많은 사람들이다.

숙련된 기술을 요구하는 직업의 훈련은 종종 이러한 사람들에게 실현가능하지 않았다. 그러나 적절한 재활서비스들(예를 들어, 지원고용프로그램)을 통해 이 사람들은 '건물관리, 주방보조, 세탁소 종업원, 신발 수선공, 웨이터 보조, 제조업 근로자, 농장 근로자, 구장 관리인, 우편실 서기, 우편배달, 그리고 목수보조' 등과 같은 비숙련 직업에 고용되도록 적합하게 될 수 있다.

여전히 그러한 직업들을 획득하기 위해서는 종종 고용주들이 지원고용의 접촉을 확립하고, 직업지도의 몇 가지 책임을 맡도록 흥미를 일으킬 수 있는 적극적인 재활상담사의 도움이 요구된다.

재활서비스를 찾는 사람들의 유형에서의 최근의 경향은 두 가지 다른 집단을 전면에 가져왔다. 첫 번째 집단은 향상된 학교에서 직장으로의 전환서비스가 필요한 중도장애를 지닌 젊은이들로 구성된다.

장애를 지닌 사람들의 고용에 관한 미국 대통령위원회의 통계자료에 의하면, 65만 명의 장애를 지닌 학생들이 매년 고등학교를 졸업하거나 서비스를 받기에는 나이가 너무 많기 때문에 학교를 그만둔다. 이 집단에 대한 고용성과는 전형적으로 빈약해서, 단지 약 21%만이 완전 고용된다(Johnson & Atkins, 1987). 이 집단에 필요한 배치지원은 진로교육과 여름 프로그램과 직업인턴제를 통한 직업경험에 초점을 둔 학교 내 프로그램으로 시작한다. 상담사들은 학교의 완료 후에 필요한 배치개입의 정도를 결정할 때 독립적인 구직을 위한 학생의 능력을 고려해야 한다. 두 번째 서툰 직업력을 가진 나이 많은 인구집단은 직업적 태도와 관점의 변화가 요구된다. 긍정적인 방식을 통해 직업적 문제가 되는 행동들을 해결해야 한다.

3) 일반적인 고용주의 걱정을 처리하기

재활상담사는 장애를 가진 사람들의 고용에 관한 많은 고용주의 걱정과 마주치는 것을 기대할 수 있다. 예를 들어, 고용주들은 장애를 가진 사람들을 고용하는 것이 그들의 근로자 보상 보험률에 영향을 미칠 수 있는지에 대해서 걱정한다. 그들은 보험료가 올라갈 것을 우려해서 장애를 가진 구직자들을 가려낸다. 재활상담사들은 장래의 고용주들에게 정확한 정보를 제공함으로써 이 문제를 진정시킨다. 근로자 보상 보험률은 다음 두 가지 요인에 바탕을 두고 있다.

① 그것은 보험에 가입한 조직이 수행하는 작업의 성격에 기초한다(예를 들어, 보험료 할증률은 직업의 성취와 관련된 위험에 영향을 받는다).

② 그것은 회사의 이전의 사고율과 보상액, 그리고 보험업체가 부담한 의료비에 기초한다.

연구의 증거는 장애를 가진 근로자들이 비장애 근로자들보다 사고율이 더 높지 않다는 것을 보여 주기 때문에, "미국 상공회의소와 전국 제조업협회에서 행한 연구를 보면 279개 회사의 90%가 장애를 가진 사람들을 고용한 결과 보험료에 아무런 영향이 초래되지 않았다는 것이 밝혀졌다."는 사실은 그리 놀라운 일이 아니다(Sears, 1975).

미국 대부분의 주에서 이차상해로 인한 추가비용을 보상하는 기금을 제공하는 「이차상해법」을 제정하고 있다. 그러한 법들은 고용주들이 근로자들이 고용되어 있는 동안에 발생한 상해에 대해서만 보상을 하려고 하더라도, 상해를 입은 근로자들이 그들의 장애 전체에 대해서 보상받을 수 있도록 한다.

이차상해 기금은 일차상해에 의해서 유발된 장애보다 더 큰 장애가 유발되거나 혹은 이전에 존재하던 상해가 이차상해와 결합될 때 발생하는 문제들을 해결하기 위해 개발되었다. 이 기금은 신체장애인들의 고용을 촉진시키고, 그런 근로자들에게 이익을 제공하는 비용을 더 공평하게 할당한다. 이차상해 고용주들은 일차적으로 이차상해에 의해서 유발된 장애와 관련된 보상금만을 지불한다. 비록 근로자가 그의 결합된 장애와 관련된 수당을 받더라도 차액은 이차상해 기금으로부터 충당된다.

고용주들은 흔히 장애를 가진 사람들의 생산에 따른 잠재력에 대해서 의문을 가진다. 사실, 장애를 가진 사람들을 고용하는 데 대한 고용주 반응의 조사 결과들은 고용주의 일차적인 걱정이 장애를 가진 사람의 직업자격과 생산성에 따른 잠재력이라는 점을 강조한다. 따라서 재활상담사는 생산율, 이직, 그리고 장기결근 면에서 장애를 가진 근로자들의 업무수행 능력이 장애가 없는 근로자들에 필적한다는 연구 결과를 고용주에게 알린다. 유리한 업무자료들은 장애를 가진 근로자들과 장애를 지니지 않은 근로자들, 그리고 중도장애를 가진 사람들과 장애를 지니지 않은 사람들에 의해 생산되는 작업의 양과 질을 비교하는 연구들에서 이용 가능하다.

샌프란시스코와 포틀랜드에서 조사된 고용주들의 한 표본의 90% 이상에서 장애를 가진 근로자들의 수행은 다른 근로자들과 비교해서 '평균이나 평균 이상'으로 평가되었다(Zadny, 1980). 문헌은 고용주들이 정신적·정서적, 또는 의사소통장애를 지닌 근로자들에 대해 특별한 유보조항을 가질 수도 있음을 제시한다. 그러므로 장애를 지닌 사람들의 직업력에 관한 이전의 정보는 이 세 집단에 속한 사람들의 배치에 있어서 매우 중요하다(Johnson, Greenwood, & Schriner, 1988).

재활상담사들은 고용주들이 적절한 직무수정을 통해 많은 직업을 수행하는 장애를 지닌 사람들의 능력을 과소평가하지 않도록 격려해야 한다. 전형적으로 장애와 관련된 기능적인 제한점에 완전히 초점을 맞추는 것은 좋지 않다. 이는 그 사람이 적절한 직무수정을 통해 실제적인 작업과제를 수행하는 것을 보지 않고 그 사람이 할 수 있거나 할 수 없다는 잘못된 추론에 이르도록 할 수 있기 때문이다.

8. 직업성숙도 확인영역

다음의 행동들은 경쟁고용을 획득, 유지하는 데 있어 필수적인 직업성숙도 요소다. 내담자들이 직업준비가 된 것으로 고려되기 위해서는 작업성숙기술 영역에 있어서 100%의 평가를 획득해야 한다. 내담자는 구조화된 공식적 검사와 상황평가 기간 동안 다음의 직업성숙기술 영역에 있어 평가된다.

① 개인의 표현기술: 개인의 표현기술은 다음과 같은 외모와 표정, 그리고 자기자신을 효과적으로 꾸미고 관리하는 일에 관련된다.

- 프로그램 활동에 적절하게 옷을 입는다.
- 고용기준에 알맞게 개인위생 및 용모가 단정하다.
- 회사나 기관의 복장 등 규칙을 엄수한다.

② 협동: 협동은 직장의 대인관계에서 필요한 덕목으로 수평적 관계와 수직적 관계 모두에 관련된다.

- 적절한 태도로 감독자와 상호작용한다.
- 적절한 태도로 동료작업자와 상호작용한다.

③ 출근 및 시간엄수: 출근 및 시간엄수는 근로자로서 신뢰감을 형성하는 기초가 된다.

- 기간의 100% 훈련에 참여 또는 프로그램 기간 동안의 필요한 결근 또는 결석에 대한 허가를 취득한다.
- 훈련시간에 100% 정확히 정각에 오거나 또는 늦었을 때 납득할 만한 사유를 말한다.
- 휴식시간 후 100% 즉시 돌아오거나 혹은 늦었을 때 납득할 만한 사유를 말한다.
- 늦거나 결석할 때에는 감독자에게 100% 알린다.

④ 의사소통: 의사소통은 언어적 방식과 비언어적 방식 모두와 관련되며, 특히 자기 자신의 생각과 감정을 조절하는 역할이 중시된다.

- 기꺼이 지시에 따른다.
- 부적절하거나 특이한 언어의 사용은 자제한다.
- 적절한 방식으로 갈등을 처리한다.

⑤ 긍정적 작업태도: 긍정적 작업태도는 불량률과 사고재해를 줄여 주며, 창의적인 작업생산을 가능하게 한다.

- 기꺼이 할당된 과제를 받아들인다.
- 감독자의 교정을 수용한다.
- 시범과 지시에 주의를 집중한다.
- 과제들이 완수되었을 때 추가적인 과제들을 찾음으로써 직업적 동기

를 유지한다.

⑥ 작업역할 책임성: 역할 책임성은 독립적인 작업태도와 직무상 책임한계를 분명하게 해 준다.

- 자신의 잘못을 인지하고 적절한 행동을 취한다.
- 최소한의 감독으로 과제를 수행한다.
- 직무수행을 방해하는 개인적 문제들은 삼가한다.
- 작업구역과 장비를 깨끗하고 안전하게 유지한다.

⑦ 생산: 직업의 가장 중요한 부분은 생산으로 질과 양 모두와 관련된다.

- 꼼꼼하게 과제를 완수한다.
- 과제의 반복을 통해 철저성을 기한다.
- 시기적절하게 과제를 완수한다.
- 과제를 반복함으로써 속도가 향상된다.

〈표 13-4〉와 같은 행동관찰지의 활용도 전문가에 의해 권장된다.

표 13-4 행동관찰지

구분		-2	-1	0	1	2	점 수
항 목	하위항목	행동이 아주 저조	행동이 조금 저조	보통 수준	행동이 뛰어남	행동이 아주 뛰어남	
인지적	학습능력	읽기, 쓰기, 독해력 등이 국졸 수준 이하	같은 영역에 중졸 수준	같은 영역에 고졸 수준	같은 영역에 대졸 수준	같은 영역에 대졸 이상	2
	이해력	지시 및 내용을 전혀 이해 못함	지시 및 내용을 부분적으로 이해	파악이 적절	이해가 분명	내면의 깊은 뜻까지 파악	1
	자율성	여러 번 지시를 해도 수행을 하지 않음	여러 번 지시로 수행	지시에 적절하게 따라옴	능동적으로 행동	지도력 있고 모범적	2
	계획성	계획에 무관심	타율적인 계획성	구체적이지는 않고 자기의 주관이 있음	구체적인 계획수립	계획에 근거하여 행동수행	1

	주의력	아주 산만함	자기 것을 하면서 남의 것에 관심을 보임	자기의 것만 열심히 시행	단시간 수행을 한번에 함	장시간 동안 집중	2
	태도	거부적 · 공격적 무관심	지시가 없으면 거부적 · 공격적 태도를 보임	부정적인 말을 듣더라도 거부하지 않고 수용	대체로 협력적 태도, 자연스러운 태도	솔선적 · 자발적 관심을 보임	2
합 계							10

※ 기타: (특이사항, 관찰내용기록)

구분		−2	−1	0	1	2	점수
신체적	지구력	평가를 한번에 하면 피곤하여 측정불가능	평가를 한번에 할 수 있으나 규칙적인 휴식 필요	평가를 한번에 하나 피곤함을 조금 느낌	평가를 한번에 시행 근력 양호	다른 평가도 시행가능 근력 매우 양호	2
	상지기능	상지로 평가가 거의 불가능	손놀림이 조금 느림, 협응작업기능이 느림	보통의 손놀림 가능, 협응 작업가능	양상지의 기능에 제한이 없음	모든 기능이 숙련	0
	하지기능	실내이동 시 휠체어 필요	실내이동 시 보장구 필요	단시간이면 서서 평가가능	서서 하는 평가에 지장이 없음	실외이동에도 지장이 없음	1
	순발력	지시 등이 주어진 한참 후에 행동함	지시 등을 한번 더 재촉하여야 행동함	지시 직후에 조금 있다가 행동함	지시 후 바로 행동을 함	지시에 아주 민첩한 행동을 나타냄	2
	언어능력	단어의 발음에 많은 시간 소요	발음상 약간의 흔들림이 있고 단어를 반복함	발음은 정확하나 단어의 배열이 부적당	발음상의 문제가 전혀 없고 어조도 분명	표현력과 설득력이 풍부	1
	건강상태	치료 중이며 신체상에 무관심	신체과민성출현과 격일제 통원치료요함	건강관리에 신경을 쓰고 있음	약간의 운동능력 가능하고 치료할 필요없음	활력이 넘침	1
합 계							7

※ 기타 : 네 가지 행동 중 신체적인 면이 가장 떨어지는 편으로, 신체가 매우 약한 면이 약간의 영향을 미친다는 것을 알 수 있다.

구분		-2	-1	0	1	2	점수
심리적	정서안정	극도의 불안과 긴장으로 많은 시간 지연	약간의 안색변화와 직무수행에 지장 초래	평가시 약간의 긴장과 떨림이 느껴짐	평가시 안정감을 보임	어느 정도의 재치와 여유를 나타냄	1
	자신감	도움을 요청하고 의욕 감퇴	지시 반복과 감독을 요함	기본적으로 지시에 순응하여 행동	나름대로의 생각을 가지고 직무수행	구체적인 자기 사고와 계획수립	2
	자기수용	매사에 고집이 강함	설득으로 인해 잘못된 것을 인정	잘못된 것을 인정하고 시정함	적절한 자기수용을 위한 노력	객관적인 입장에서 자기개념 확립	2
	감정표현	감정표현을 전혀하지 않음	부정적·긍정적인 것 중 한 가지만의 감정표현	평가자에 의한 의도적·지시적 감정표현	스스로의 자유로운 감정표현	풍부한 감정표현과 반응	1
	독립심	모든 일에 자문을 구해야 하고 자립불가	약간의 원조필요하고 지연시간 증가	평상시 도움요청을 하는 일이 거의 없음	스스로 해결하려하고 직무수행에 차질없음	독립심 강함. 타인을 도와주기도 함	2
	안정감	불안으로 인해 몸이 심하게 떨림	손이 약간씩 떨림	행동의 변화 없이 잘 수행	침착하게 잘 수행	안정감으로 인해 여유를 가지고 수행	1
합 계							9

※ 기타 : 심리적으로 매우 안정된 상태이므로 사회생활을 하는 데 특별한 지장을 초래하지는 않을 것이며, 감정표현을 좀 더 풍부하게 할 수 있다면 더 바랄 것이 없다.

구분		-2	-1	0	1	2	점수
사회적	시간엄수	시간에 관한 관념이 전혀 없음	시간관념은 있으나 시간을 준수하지 않음	부분적인 시간 준수	모든 과업에 시간 준수	시간엄수와 시간을 효율적으로 사용	1
	도움요청	자존심을 내세워 도움요청 회피	도움요청이 필요할 때 머뭇거림	부분적인 일정한 과업에만 도움요청 표현	과업에 대한 적절한 도움요청 표현	도움요청 상황 이해와 적극적 요청	2
	의사소통	의사소통이 전혀 불가능	의사소통은 가능하나 표현력이 부족	보통수준의 의사소통	자유로운 의사소통	표현력과 설득력 풍부	1
	집단활동	집단활동의 완전한 회피	부분적인 집단활동 참여	모든 집단활동에 소극적 참여	적극적으로 집단활동에 참여하고 즐김	집단 동료와 협력, 신뢰관계 유지	2
	지시순응	지시를 완전히 무시	지시를 지연시키거나 순응하는 척함	감독자 앞에서만 순응하고 없으면 순응하지 않음	과업에 따른 지시에 소극적으로 순응	지시에 적극적으로 순응	2
	책임성	책임의 완전 회피	감독자가 있을 때에만 책임성을 느낌	맡은 과업에 대한 책임성취	자기과업의 역할책임과 타인의 책임분별	자신과 타인의 책임성 구분과 협력	2
합 계							10

※ 기타: 사회적 행동 여하에 따라 대인관계의 원만함을 어느 정도 인지할 수 있는데, 피검사자는 위와 같은 결과를 통해서, 또한 가까이서 지켜본 검사자에 의해 인간관계의 완벽성을 엿볼 수 있다.

표 13-5 ➡ 종 합

구분	항목						계
인지	학습능력	2	이해력	1	자율성	2	10
	계획성	1	주의력	2	태도	2	
신체	지구력	2	상지기능	0	하지기능	1	7
	순발력	2	언어능력	1	건강상태	1	
심리	정서안정	1	자신감	2	자기수용	2	9
	감정표현	1	독립심	2	안정감	1	
사회	시간엄수	1	도움요청	2	의사소통	1	10
	집단활동	2	지시순응	2	책임성	2	

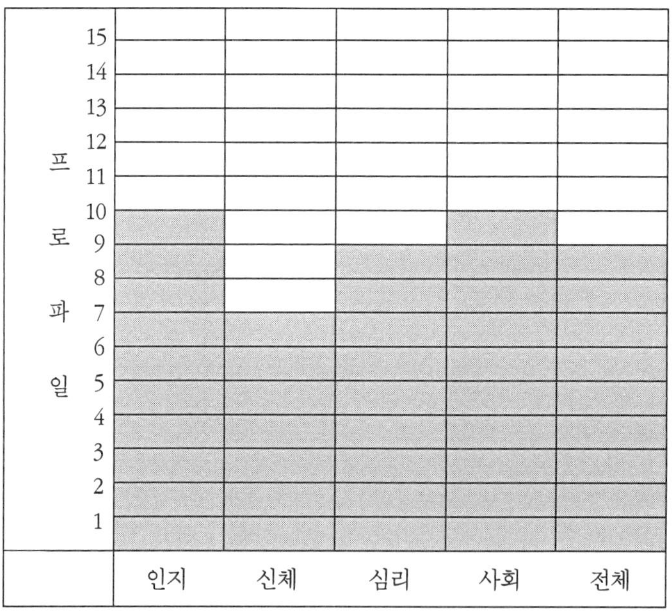

연습문제

1. 중증장애의 고용에 있어서 초점을 두어야 할 두 가지 요소는? (　)

① 기술과 능력

② 적성과 흥미

③ 대안과 능력

④ 기술과 적성

토론문제

1. ILO협약이 우리나라의 현 실정에 미치는 영향은?

제14장

작업장의 생태학

1. 직업재활에서의 의의

대부분의 사람은 생애과정 동안 하나 이상의 직업을 가진다. 미국 버몬트 주의 사후지도 연구에서는 젊은 장애인의 23%가 2년에 한 번씩 그들의 직업을 바꾸고, 63%는 4년에 한 번씩 그들의 직업을 바꾸는 것으로 나타났다.

사람들은 다양한 이유로 그들의 직업을 바꾼다. 예를 들면, 몇몇 사람들은 그들이 충분한 보수를 받지 못해서, 그들의 작업시간이 마음에 안 들어서, 그들의 사장을 좋아하지 않아서, 그들의 작업이 지루해서, 그들이 자신들의 생애방해 요인들을 발견해서 직업을 바꾸게 된다.

이와 유사하게 사람들은 직업을 완수해 내지 못해서, 지시사항을 따르지 않아서, 너무 자주 지각해서, 동료 작업자와 사이가 좋지 않아서 해고된다. 다른 경우 고용상태는 개인과 직업 사이의 부조화로 인해 변화한다. 높은 이직률은 바람직한 것일 수도 있고 바람지하지 않은 것일 수도 있다.

고용자의 견해로부터 이직은 몇 가지 예에서 바람직하고, 몇 가지 예에서는 바람직하지 않다. 만약 어떤 노동자가 월급이 적어 의식주와 같은 필수적인 것에 충분한 만큼의 돈을 쓸 수 없다면 그때는 더 많은 임금을 주는 직장을 알아보는 것이 매우 바람직하다. 그러나 다른 직업을 가지게 될 전망이 없는 상태에서 직업을 그만두거나 해고되는 것은 바람직하지 않다.

고용자의 입장에서 볼 때, 봉급의 인상 없이 같은 봉급으로 작업을 시킬 수 있다는 면에서는 좋겠지만, 생산하기 힘든 작업에서는 피고용인을 구하기 힘든 어려움도 있다. 장애인을 위해서, 직업유지는 바람직한 것으로 보인다. 이것은 장애인의 실업률이 매우 높다는 것에 근거를 둔 것이다. 실업률을 줄이기 위해 가능한 한 가지 방법은 노동자와 직업 간의 조화를 향상시키는 것이다. 장애인의 직업배치, 훈련, 사후지도, 직업적응을 도와주는 서비스 제공자의 노력도 직업이탈을 줄일 수 있다. 직업획득과 유지를 위해 중요한 두 가지 기본기술은 작업수행기술과 사회·대인관계기술이다.

직업 임무는 같고, 파는 제품도 같고, 봉급도 비슷하고 작업일정도 비슷하고, 직업적 임무를 수행할 능력을 똑같이 가지고 있지만 왜 어떤 사람이 한 곳에서는 해고를 당하고 다른 곳에서는 그렇지 않고, 한곳은 좋아하고 다른 한곳은 좋아하지 않는 것일까? 생태학적인 시각에서 고찰해 보면 답을 찾는 데 도움이 될 것이다.

직업배치에 있어서 먼저 고용촉진을 위한 전문가의 역할을 보면 다음과 같다.

적절한 직업에 장애인이 고용되는 것은 직업재활에서 단일의 중요한 목표였고 이러한 목표는 계속될 것이다. 사회가 직업윤리를 지지하고 장려하는 동안 재활은 이 목표에 대해 자원과 힘을 투입해야 한다. 이러한 도전을 대체하기 위해서는 직업배치 기능에 대한 지식과 노력을 보다 더 헌신적으로 해야 할 것이다.

재활전문가들은 모든 장애를 가진 사람들이 적절한 고용을 목표로 하는 체계적인 접근을 강조하고 발달시키기 위해 재활과정 속에 이 요소를 포함시킨다. 재활상담사들은 치료에 전문가가 되기보다는 직업배치에 전문가가 되기를 갈망하며, 이는 직업배치가 장애인들의 재활의 종료와 새로운 삶의 시작을 의미한다는 것을 뜻한다.

직업배치 임무는 재활상담사가 내담자에 대해 직접적인 중재노력을 수행할 때 이루어진다. 직업배치 업무를 수행하는 재활전문가는 직업배치를 위해 통상적으로 고용주를 방문하기 때문에 직업개발기법과 직업배치기술을 필요로 하고 또 역량을 기대한다.

직업재활프로그램에서 재활상담사는 내담자의 직업배치에 대해 주된 책임을 가진다. 내담자의 욕구가 나타나고 취업동기를 갖추었다고 볼 때 많은 직업배치 요인들이 재활상담사에 의해 주목된다.

재활전문가에게 필요한 책무성은 다음의 내용을 포함한다.

① 고용주들과의 연락
② 내담자의 직접적인 배치
③ 내담자의 고용가능성 촉진
④ 기록의 유지와 활동에 대한 보고서의 개발
⑤ 재활관련 프로그램과의 유효한 관계유지
⑥ 지역사회에서 고용서비스를 즉시 이용할 수 있도록 정리
⑦ 충고하고 함께 의지할 수 있는 사람의 활용
⑧ 내담자를 직업 준비시키려는 노력
⑨ 직업탐색기술의 개발
⑩ 직업배치의 효과를 결정해야 하는 내담자의 협력

기타 부가적인 의무는 다음과 같다.

① 내담자를 위한 현장훈련 기회 확인
② 내담자의 직업준비 결정

③ 재활상담사의 훈련
④ 배치사례에 대한 계속적인 만족수준 평가
⑤ 운영의 관리
⑥ 직업배치를 위한 옹호
⑦ 유망한 고용주의 면접

그러나 보다 중요한 것은 직업배치전문가가 포괄적인 안목을 가지고 접근하느냐다.

2. 생태학의 정의

1) 생태학의 중요성

생태학적 시각은 생태학적 심리학에 그 뿌리를 두고 있다. 생태학적 심리학은 개인간, 개인행동, 육체적인 그리고 사회환경적인 상호관계와 상호의존을 연구한다. 행동은 사람과 환경 간의 상호작용의 동적인 부분으로 보인다. 즉, 사람은 환경에 영향을 미치고, 환경은 사람에게 영향을 미치는 것이다.

만약 생태학자가 장애인의 장래 작업장으로 패스트푸드 식당을 연구한다면, 작업장과 작업의 직접적인 진행과정을 관찰해야 한다. 식당의 외형적 모형, 특징적 직업임무, 고객의 유형, 작업의 속도, 감독자의 경영방식, 동료간의 상호작용에 대해 기술할 것이다. 그러나 특정작업 임무를 완수하는 것보다 직업을 발굴하고 유지하는 것이 더 중요하다. 예를 들면,, 많은 장애인이 부적절한 사회적 행동으로 인해 직장을 잃게 된다는 조사 결과가 있다. 그러므로 잠재적인 작업장은 직업임무의 견지에서뿐만 아니라 그 이상의 더 많은 것이 고려되어야 한다.

각각의 개인적인 특성보다 사람과 환경 사이의 조화에 보다 더 중점을 두는 생태학적인 시각으로 고용상황을 연구하는 것이 성공적인 직장적응을 높여 준다. 직업배치와 유지의 최대목표는 작업자와 환경 간의 적응성을 최대로 높이는 것이다.

적응성은 개인의 행동이 환경의 기대치와 조화를 이룰 때 생겨난다. 장애인 작업자들은 작업장에서 기대되는 다양한 행동을 하거나 또는 적당한 기능을 위해 필수적인 특별한 기술이 부족할 수도 있다. 부적응이 발생하면, 개인의 행동은 바뀌어야 하고, 비정상적이고 무능력한 작업장에서의 상황이 변경되도록 해야 하며, 개인과 환경 사이의 변형이 요구된다. 일반적으로 개인행동의 변화에 초점을 맞추는 경향이 있으나, 변화가 요구되는 일정치 않은 환경적인 요소는 많이 고려하지 않고 있다.

2) 생태학의 정의

수많은 생태학적인 측면이 있지만 적절한 세 가지 정의는 물질적 생태학, 사회적 생태학, 조직적 생태학이다.

① 물질적 생태학: 물질적 생태학은 주로 환경의 건축적 · 물질적인 것이 행동에 영향을 준다는 것이다. 예를 들어, 매우 더운 여름에 냉방장치가 없는 곳에서 작업하는 것은 무척 힘들 것이다.
유사하게, 동료가 많은 험담을 한다면 일에 집중하기 힘들 것이다. 통풍과 디자인과 기계, 책상, 의자의 안락함과 같은 무형의 다른 것들도 작업의 효율에 잠재적으로 영향을 미친다. 따라서 개인과 직업 사이의 조화와 관련하여 물질의 생태학적 변수들은 주의 깊게 고려해야 한다.

② 사회적 생태학: 사회적 생태학은 1800년대 Taylor의 연구 이후 산업기술자, 경영전문가, 산업관리자에 의한 연구에 초점을 두어왔다. Taylor의 연구는 현대 time-in-motion 연구를 촉진시켰다.
Frank와 Lilian Gilbreth는 고용과 연관된 사회적 요인을 포함하기 위

해 Taylor의 연구를 확대하여 작업분석 영역을 발전시키기 위해 서블리그(therblig) 기호를 창안했다.

③ 조직적 생태학: 오늘날, 직무분석은 신체적인 생태학적 변수들과 관련된 정보를 얻기 위해 가장 빈번히 사용되는 방법이다. 직무분석은 장애인의 기능적 장점과 단점이 이들 요구사항에 조화될 수 있도록 직업의 요구사항에 대한 정보를 수집하고 활용하는 전반적인 과정이다.

재활기술에 있어서 대두되는 경향은 직무분석을 통해 잠재적 문제를 확인하고 적당한 수정을 가하는 것이다.

사회환경은 고용상황에서 개인과 집단 사이에 존재하는 내적 관계와 상호작용에 관련이 있다. 사회환경의 변화에서 많은 장애 근로자들이 부적절한 사회적 행동으로 인해 실직하기 때문에 근로자와 직업 사이의 조화를 강화하는 것이 중요하다.

3. 작업장 생태학에서의 전반적 고려 사항

직업배치에 대한 논의에서는 자신의 관심분야에 있는 직업을 성공적으로 준비하고, 획득, 유지하도록 도와주는 세 가지 요인들이 주목되고 있는데 이는 직업준비, 직업배치, 직업유지다.

어떤 기관들은 전문적으로 고용준비만을 훈련시키거나, 혹은 작업치료와 같이 특정 측면만을 중점적으로 다룰 수 있다. 다른 프로그램은 직업배치를 지원하기 위해 구성될 수도 있다.

세 가지 과정들은 일반적으로 동일한 재활요원이 서비스를 제공하여 모두 서로 조화롭게 이루어져야 하며, 재활기관의 관점에 따라 포괄적이든 아니든 이상적인 직업배치프로그램은 직업능력개발을 통해 잠재적인 생산성을 실제적으로 신장시키는 것이다.

능력개발을 통해 얻은 기능을 노동시장에서 활용할 때는 실제적인 직업선택 범위를 확대할 것이다. 따라서 직업배치는 개인의 잠재적인 생산성과 직업탐색기간 동안 노동시장과의 접촉을 늘리는 일에 관련된다.

실제적인 직업배치과정은 재활과정의 초기단계에서 분리되어서는 안 되며, 그것은 노동시장에서의 경쟁력을 준비하는 방향으로 유도되어야 한다. 효과적이고 포괄적인 직업배치프로그램에서 내담자와 고용주 욕구와 과정이 일치된다면 전문가의 역할과 서비스가 이론적이지 않고 보다 조직적인 관점에서 보이게 된다. 만일 직업배치에 대한 독특한 욕구가 확인되었다면, 재활서비스 및 활동들은 그것을 충족시키기 위해 이루어질 수 있다.

재활상담사는 근로자의 작업현장과 조정이 가능한 환경조건 사이에서 의사소통의 라인을 형성하는 것을 도와줄 수 있다. 재활전문가는 근로자가 작업장에서 장애인에 대한 반응을 고려하는 데 있어서 원조하여야 하며, 장애근로자가 작업장에서 일할 때 가능한 보조의 원천 및 근로자와 감독자 간의 관계를 고려하도록 도와야 한다.

재활상담사는 내담자가 작업장으로 돌아오는 것을 준비하도록 도울 수 있다. 여기에는 장애의 독특한 특성과 작업장으로 돌아오는 문제에 관해 직장상사나 동료들을 교육하도록 돕는 일반적 훈련이 포함된다.

장애인의 최종 재활목표인 직업획득과 유지를 위해서 지속적인 지원체계 중의 하나인 사후지도에서 직업감독은 필수불가결한 요소라 할 수 있을 것이며, 궁극적인 재활의 성패를 좌우할 수 있는 중요사항으로 인식되고 있다. 여기에는 직업배치에서의 감독과 진전을 평가하는 것이 포함된다. 직업배치 그 자체의 감독과 평가뿐만 아니라, 직업에의 조화와 작업의 어떤 변화에도 대처하기 위해 직업분석의 모든 면을 관찰해야 하는 포괄적인 업무를 담당해야 한다.

중재전략의 목적은 직업 요구사항과 잠재적 고용인의 능력의 조화가 이상적이지 않은 상황에서 직업을 재구성하는 것이다. 중재는 직업지향적이어야 하며 고용인의 측면에만 초점이 주어져서는 안 된다. 직업지향적인 분석은 개입전략을 구성하는 데 좀 더 적절하다. 논의된 대로, 직무분석은 직무와 환경에 따라 고용주에 의한 기능적 요구조건과 관련된 직무를 확인하는 데 알맞다. 직업요구는 실제 작업장에서 직무과제를 수행하는 고용인의 주의 깊은 관찰을 통해 얻을 수 있다. 이들 관찰은 중재를 계획하는 데 필요한 직접 정보를 서비스 제공자에게 제공할 것이다.

주의 깊은 직무분석과 직업수정은 종종 장애를 가진 개인의 고용을 성취하는 데 좋은 결과를 가져다준다. 전형적으로 잠재적인 치료나 수정의 목록은 확인된 문제를 해결할 수 있는 잠재적 중재전략으로 간주된다. 이러한 문제에 대한 수많은 해결책이 있을 때 최고의 선택은 직업배치를 위해 고려되고 있는 개인에 기초하여 이루어져야 한다.

4. 미래의 직업세계 준비

미래의 직업시장에서는 지속적인 학습, 숙련된 자기촉진, 자기동기화, 융통성과 문화적 영향을 수용하는 것을 요구할 것이다. 그러나 미래의 직업세계는 개인의 흥미, 기술, 재능을 개발하여 발휘할 기회를 제공한다.

1) 인기직업

① 행정/관리/경영직: 고등교육 정도를 요구하며, 장기간의 훈련과 직업적 준비를 요하게 된다.

② 교수직: 현장에서 필요한 계획과 생각을 전달하고 피교육자들을 효과적으로 교육하는 일에 관련된다. 적어도 석사학위 이상이 요구된다.

③ 전문체계 개발: 기계적인 지원, 개인적인 지원을 중심으로 하여 경영체계나 전산 프로그램 등의 일을 수행하게 된다.

④ 매매업과 판매전문직: 생활편의와 자유시간을 활용할 수 있다는 장점이 있지만 항상 면밀한 계획과 다른 사람들의 마음을 움직일 수 있는 능력

을 갖추어야 한다.

⑤ 서비스직: 사업(business)서비스, 건강서비스, 교육적 서비스, 사회적 서비스 등 주로 대인관계를 중심으로 하는 인적 서비스에 관련된다.

⑥ 조언/상담사: 노인병, 동기유발, 스트레스 관리 등 다른 사람들에게 도움이 되는 정보를 제공하고 상담을 통해서 마음의 위안이나 문제해결에 이르게 한다.

⑦ 컴퓨터와 관련된 기술: 디자이너(page designer), 웹마스터 등 컴퓨터의 활용이나 프로그램의 작성 등과 같이 개인 컴퓨터를 활용한 직업에 관련된다.

⑧ 교사: 교사는 여전히 사회적으로 수요가 높은 편이며, 특히 성인교육에서 장차 수요가 증가할 것이다.

2) 기타 직업

기술연구 분석가, 모든 물리과학자(화학자, 지질학자, 지구물리학자, 해양학자, 기상학자를 제외한), 특수교사, 언어병리학자와 청각학자, 의료기록 전문가, 외과 수술의사, 법률가 보조원, 치과 보조원(조수), 내과 보조원(조수), 교도관, 탐정(형사), 정산 사무원, 교사보조와 교육교정자, 데이터 프로세서 장비수리공, 양식장과 온실경영자, 유가증권과 투자정보 서비스 종사자 등

3) 비전망 직업

교통수단과 시설관리자, 광산기술자, 석유기술자, 물리학자와 체육학자, 컴퓨터 조작자와 컴퓨터 주변기기 조작자, 개인 서기, 은행직원, 기름과 석유화학 종사자, 삼림 · 임업작업 종사자, 통신장비기술자 · 설비자 · 수리공, 가스와 정유공장 종사자.

직업에 있어 중대한 변화요인에서 좋은 직업은 보다 높은 교육을 받은 '가

진 자' 에게 돌아갈 것이고, 낮은 교육을 받은 부족한 사람들은 '못 가진 자'로 낮은 수준의 직업을 부여받을 것이다. 미래에 있어 컴퓨터는 현재 많은 사람들이 수행하는 많은 기능을 대신할 것이고, 수많은 직업들이 자동화에 의해 사라질 것이다.

4) 급성장하는 직업

학사 정도의 높은 교육 수준을 요구하는 성장 직업군에는 시스템 엔지니어, 컴퓨터 엔지니어, 물리치료사, 주거상담사, 작업치료사, 특수교사, 기기분석가, 언어병리학자, 교육면접관, 관리(경영)분석가가 포함된다.

미래 직업시장에서 성공하기 위해서는 자기계발과 증진, 자기상품화, 자기 동기부여가 필요할 것이다. 여기서는 융통성 있는 직업생활과 자신의 기술을 상품화하는 직업과 자영업이 증대된다. 직업의 세계는 변화하기 때문에 10년 후의 직업선택을 고려한 직업선택권을 가진다면 일생 동안 직업생활을 할 기회를 가질 것이다.

직업시장 분석에는 다음과 같은 요소가 고려된다.

① 현 경제상황에서 당신을 위한 직업은 어디에 있는가?
② 직업을 제안하는 사람은 누구인가?
③ 고용자가 주는 보수는 얼마나 많은가?
④ 어떤 과정을 통해 고용자가 원하는 자질을 갖춘 사람이 되는가?

5) 진로개발

직업재활의 최근경향을 살펴보면 다음과 같다.

① 지원고용이 가능한 중복장애인들을 엄밀하게 고려하여 지역사회에 기

초한 경쟁 고용환경의 직업들을 찾고자 하였다.

② 과학기술이 직업재활에 적용되었다.

③ 중증장애인을 위하여 가능한 직업을 더욱 다양하게 확대했다.

직업배치기술은 또한 상황평가, 개별상담, 직업개척과 배치 후의 포괄적인 사후지도에 이용된다. 전문적 활동에도 불구하고 내담자와 고용주 사이에 적당한 직업배치가 항상 첫 번째 시도로 이루어지는 것이 아니기 때문에 여러 번의 직업배치가 요구된다.

계속적으로 변화하고 증가되는 경쟁적인 직업시장에서 어떤 특별한 직업탐색전략이 고용 결과로 나타날 것인지에 대한 어떠한 보장도 없다. 성공적인 직업탐구를 행하는 것은 쉽지 않고 또 단순히 당장 고용하려는 사람이 문제가 아니라 종사할 직업의 장래 진로가 무엇이냐가 문제다.

직업탐색전략도 이전의 고용기회가 새로운 기회로 전이하거나 교육을 통해 획득된 기술을 증명해야 하는 고용주의 요구에 따른 자격을 적합시키는 방법을 알아야 한다는 것을 의미한다. 때문에 여기서는 현재뿐만 아니라, 미래의 고용주에게 제공해야 할 것을 계속적으로 배우고 일할 수 있는 능력이 있다는 것을 나타내야 한다.

직업탐색과 진로를 전략적으로 관리하고 진행하는 과정에는 전략분석, 전략계획, 전략수행의 세 가지가 있으며, 이에 따라 직업들의 요구와 다양한 고용주의 기대에 대한 능력과 자격증, 강점, 약점, 기회, 두려움에 대한 분석을 수행한다.

진로개발에서는 보다 구체적으로 다음과 같은 과정을 통해 정교화된 목표를 성취할 수 있다.

① 강점의 목록: 적절한 작업환경, 승진교육, 최신훈련, 폭넓은 지식, 의사소통기술에 있어서 장점들을 발견하고 목록에 기재한다.

② 약점의 목록: 직업적 강점뿐만 아니라, 실업경험, 빈번한 전직과 같이 약

점들도 동시에 파악되어야 한다.

③ 전략적 계획도구: 진로개발에 필요한 전략적 계획도구로는 다음과 같은 자원을 활용할 수 있다.

- 직업센터: 현재 또는 이전의 전문대나 대학에 있는 직업센터는 훌륭한 진로개발의 도구로 활용할 수 있다.
- 실험적 교육 프로그램: 인턴십, 간단한 프로그램은 관련된 작업경험을 제공한다.
- 데이터 베이스: 이력서를 관리하는 편리한 방법이다.
- 직업명부: 새로운 직업활동, 구인광고 등을 통해 개략적으로 직업명부를 작성하여 활용한다.
- 통신매체: 대중우편과 전화캠페인과 같은 통신매체도 진로개발에 적극적으로 활용될 수 있다.

진로개발 계획이 직면하고 있는 것 중 선별된 여러 현재 문제들은 전문가가 이러한 새로운 상황에 적응할 수 있을 만한 적절한 시간을 갖지 못하고 있다는 것이며, 그러므로 특별한 주의를 필요로 한다. 만족할 만한 정보, 서비스, 그리고 직업배치는 진로계획자에게는 잘 보이지 않을 수 있다.

전문집단에 있는 지도자들이 변화를 받아들이는 것과 이러한 주제들이 일반 직업계획 절차에 의해서 해결될 수 있는 방안을 적극적으로 모색하려 하는 것과는 별개의 문제다. 문제의 독특성을 인식하고, 특수한 요구를 전달하는 체제를 적용하려고 노력하며, 혁신을 하려고 자발적으로 나섬으로써 전문가는 적절한 해결책을 찾을 수 있다. 진로정보를 진로계획과정과 관련시켜 어떻게 습득, 평가, 유용화할 것인가를 이해시키고자 하는 것이다.

진로개발과정에서 필요로 하는 정보의 기본 구성요소를 기술하는 데에는 진로개발 정보에 대한 친밀성이 포함된다.

6) 미래의 직업정보

직업정보는 책무, 면허, 작업상태, 보수, 발전단계, 근로자의 공급과 수요에 대한 현재와 예측, 그리고 미래 정보에 대한 자원을 포함한 지위, 일자리 그리고 직업에 대한 유용하고 쓸모 있는 자료를 제공한다.

직업정보의 중요한 형태는 취업에 대한 요구사항, 작업조건, 보수, 그리고 수요와 공급의 경향을 포함하고 있으며 또한 승진과 다른 정보자원들도 포함하고 있다.

① 취업에 대한 요구사항: 지원자의 개인적 성격, 준비도, 훈련 정도, 그리고 경험, 직업배치 방법과 지위획득 방법에 관련된 요소들을 포함하고 있다.

② 작업의 조건: 책무, 시간, 건강 그리고 기타 유사한 것과 관련되어 있다.

③ 보수: 단지 급료나 봉급만 포함하는 것이 아니라 유능감과 같은 보이지 않는 보상, 다른 이들에게 서비스를 제공하고 있다는 만족감, 그리고 협력에 대한 소속감 등을 포함하고 있다.

④ 수요와 공급의 경향: 단기 미래 그리고 장기간에 걸쳐서 직업에 고용될 수 있는 기회를 담고 있다.

⑤ 승진: 특정 직업에 있어 근로자가 추가훈련 또는 경험을 통해 개선된 작업상태를 획득할 수 있는 일반적인 기회와 관련되어 있다.

교육정보는 관련 교육과정의 제공, 입학에 대한 요구사항 그리고 학생생활의 조건과 문제들을 포함한 모든 현재와 가능한 미래의 교육 또는 훈련기회와 요구사항에 대한 유용하고 쓸모 있는 자료다.

궁극적으로 직업배치는 개인의 직업적 욕구와 능력들이 특정 직업이 제공하는 보상과 요구조건들에 일치되는 경우에 이루어진다. 많은 경우, 직업배치는 장애 내담자의 특정한 제한점 때문에 지장을 초래하게 되고 이러한 제한점들이 만족할 만한 직업배치를 어렵게 한다.

7) 장애인이 작업현장에 복귀하고 나서의 문제

장애인이 작업현장에 복귀하고 나서 해결하고 다루어야 할 문제들은 다음과 같다.

① 장애인뿐만 아니라 다른 사람들과 함께 일할 수 있도록 한다.
② 배치, 사고 대책, 적절한 임금을 보장한다.
③ 심리 치료적 요소 및 장애인 자신의 정신적 문제를 해결한다.
④ 사회적 피드백 장치가 필요하다.
⑤ 직장에서 자기 자신을 이해하는 태도를 지도한다.
⑥ 가정환경의 분석과 사회환경 적응을 지도한다.
⑦ 장애 근로자를 고립시키지 말아야 한다.

5. 성공적인 직업면접

1) 면접준비

① 자기 자신을 알라: 자기 자신의 세계관이나 가치관 등 자기 자신에 대해 정확히 이해하는 것이 가장 중요하다.
② 면접을 위해 공부하라: 면접장으로 들어가기 전에 준비와 공부를 해야 한다. 좋은 인상을 주기 위해 회사를 연구하고 실적 보고서, 구인관련 지식을 가지는 것, 생산품 그리고 서비스, 일반적인 사업전략, 가치, 시장성장을 위한 계획, 도전을 위한 비결에 관해 가능한 한 많이 배워야 한다.

③ 좋은 인상 남기기: 면접에서 첫인상만큼 중요한 것은 없다. 늦지 않도록 하며 적절하게 옷을 차려 입고 악수를 할 때 정중히 하는 것이 좋다.

④ 부정적 사고에서 긍정적 사고로: "소심한 경향이 있습니다."라는 등 자신에 관한 부정적인 서술을 결코 하지 마라. 면접에서 침묵은 결코 좋은 것이 아니며, 심사위원에게 답변을 하기 전에 마음속으로 질문에 대해 생각할 마음의 여유를 갖는 것이 중요하다.

2) 취업 후보자로서의 자질

정보시스템 산업은 최근에 주요한 인력변화를 경험했다. 이는 수개월 주기로 기술이 바뀌기 때문에 매우 유동적이다. 적당한 직업을 찾는 것보다 더 중요한 것은 그 직업에 대해서 자신이 이상적인가 하는 점이다. 무엇을 준비하기 위해 어떻게 알고 있나? 여기에 오늘날의 정보산업 시장에 관한 최고의 후보로서의 자질 등이 있다. 산업기술, 현장경험, 의사전달 기술, 융통성은 매우 중요한 덕목이다.

어떠한 직업에 배치가 될 것인가에 따라서 장애인의 재활과정은 달라질 수 있다. 장애인들이 어떠한 기능을 습득하는 데 있어서 일반표집군들보다 습득시간이 지연될 수 있으므로 재활과정에서 훈련을 통한 직업배치는 그곳에서의 적응 또한 빠르게 할 수 있다.

연습문제

※ 다음 직업들의 장래 전망성을 기록하시오.

1. 광산기술자 (　　　　　)
2. 특수교사 (　　　　　)
3. 치과 보조원 (　　　　　)
4. 은행직업 (　　　　　)

토론문제

1. 대학을 새롭게 졸업하는 사람을 위해 가장 전망 있는 직업은?

제15장

관련 법제도와 시사점

1. 네 가지 주요 법률의 내용

1) 주요 법률 내용

현대사회에서 직업은 금전적 보상뿐만 아니라 하나의 사회화, 사교 수단으로서도 큰 의미를 갖는다. 만약, 장애인이 직업을 가지지 못한다면, 장애의 부정적 효과는 두 배로 가중되는 것이다. 미국에서 장애인의 권리를 보호하고 차별을 금지하는 네 가지 법률은 1973년의 「재활법」 504장, 1984년의 「Carl Perkins법」, 1990년의 「미국장애인법(ADA)」, 그리고 1990년의 「장애인교육법(IDEA)」 B장이다. 1973년 「직업재활법」에서 「재활법」으로 전면개정된 이 법률은 「미국장애인법(Americans with Disabilities Act: ADA)」 제정의 기초를 제공한 모법으로 간주되는데 당시로는 획기적이며 포괄적 장애인 인권법이었다고 여겨진다. 미공법(P.L.) 94-102라는 명칭의 「개별장애인교육법(Individuals with Disabilities Education Act: IDEA)」은 1973년 재활법과 마찬가지로 1975년 「전장애아교육법(Education for All Handicapped Children Act)」이 근간이 되었는데, 장애인의 교육을 연방정부에서부터 주정부, 그리고 지방 교육청까지 제대로 보장해 줄 수 있는 가이드라인을 제시하고 있다. 또 전환교육서비스와 직업평가, 그리고 장애학생을 일반교육 현장에서 분리하는 것이 아닌, 일반교육 환경 내에서 장애학생들에게 특별한 교육적 지원을 제공함으로써 통합시키는 것을 주요 핵심으로 설정해 놓고 있다. 특히, 「전장애아교육법」은 교육상의 비차별적 평가와 개별화 교육과정을 중요시하고 있다.

의회에 의한 연방정부 「칼퍼킨스법(The Carl D. Perkins Vocational and Technical Education Act)」은 1984년 최초로 제정되어 경기부양을 목적으로 직업교육과 기술훈련의 수준을 한층 높이기 위해 연방정부의 재정을 투입하였다. 1998년과 2006년에 각기 한 차례씩 개정된 이 법률은 직업교육보다는 다소 포괄적인 의미의 진로와 기술교육으로 명칭을 바꾸었고, 기술교육의 준비 측면을 강조하고 예산의 5% 범위 내에서 주정부가 행정비용을 사용할 수 있도록 허용하고 있다. 특히 학교교육과 산업현장의 연계를 중시하여 직업훈련의 실효성을 높이는 동시에 지역사회의 책무성을 강조하는 쪽으로 방향을 전환하였다. 또한 교육훈련프로그램의 질적인 향상과 개선을 꾀하도록 노력하여 50개주 전역에 약 130억 달러라고 하는 엄청난 규모의 재정 투입을 통해 진로와 기술교육 프로그램을 지원하고 있다. 이런 연방정부의 관심과 지원은 장애인의 직업기술 수준도 한층 높이는 기반을 제공하고 있다.

네 가지 법률의 특징은 구체적 법률 집행 가이드라인뿐만 아니라 법률 준수의 강화와 문제제기에 필요한 내용들을 세부적으로 명시하여 법률의 입법의도를 충분히 달성하도록 알차게 짜인 구성과 포괄적 내용을 토대로 하고 있다. 이러한 입법 이전에도 미국은 1948년 신체장애를 이유로 공무원 채용을 제한하지 못하도록 의회가 포고한 후 20만 명이 넘는 장애인들이 이후 25년 동안 경쟁시험을 통해 연방정부의 직업을 갖게 되었다(Arthur, 1967). 1965년도 23만 명을 채용하고 있는 402개의 연방정부 기관들에 대한 US Civil Service Commission의 광범위한 조사 결과 그들의 10분의 1이상이 장애인 피고용자들로 노동력을 구성하고 있다는 것이 밝혀졌다(Arthur, 1967). 또한 Civil Service Commission의 이 조사에서 신체적 최소 요구조건들을 설정하기 위한 분석 결과 15,000개의 다른 종류의 정부직업들에 대한 수천 개의 새로운 직업이 공훈제도(merit system)하에서 장애인들에게 허용되었다

표 15-1 직업배치 관련 주요 입법 내용

영역/법률	ADA	1973 재활법	1990 IDEA	1984 Perkins법
적용범위	공공서비스, 대중 교통, 편의 시설에서 차별금지	504장은 정부 보조를 받는 공공 및 개인시설의 차별금지	법규B장은 무상 및 관련 공공교육에서 차별금지	직업교육과 관련 훈련프로그램에서 차별금지
책무성	공공기관은 ADA 조건을 기관명, 주소, 전화번호와 함께 공표	ADA와 동일	정기적 감사와 모니터링	정기적 감사와 모니터링
행정조치	50인 이상 직원을 둔 기관은 차별 관련 정책, 절차, 서비스 그리고 규정이 없는지 평가보고 해야 한다.	15인 이상 직원을 둔 보조금 지급 시설은 자기평가와 변경계획을 수립해야 한다.	법규B의 순응 여부를 3년 단위로 보고	교육기관은 IDEA에서처럼 3년 단위로 Perkins법 제2편 순응보고
일정준수	25인 이상 전일제와 시급제 직원을 고용한 기관은 즉각 장애인에게 고용 기회를 제공하고 나머지 기관은 순차적 준수	즉각 준수	교육기관과 계약업체는 즉각 준수	Perkins보조금 지급기관은 즉각 준수
항소과정	전부기관에 ① 항소제기 ② 고소고발 필요 시 기관중재	정부기관에 ① 항소제기 ② 고소고발 필요 시 기관중재	법정소송 이전에 반드시 법적 절차(due process) 진행	ADA나 IDEA와 동일
장애의 정의	주요 생활활동 제한	ADA 제504조와 유사	3세에서 21세 사이의 특수교육 및 유사서비스 욕구를 지닌 사람	Perkins 자체 준거

(Arthur, 1967). 오클라호마 시에 있는 틴커 공군부대(Tinker Air Base)의 피고용인들 중 약 20%가 신체장애인들로 구성되어 있다(Arthur, 1967). 미 공군, 육군, 해안경비대(coast guard), 해군 모두 장애인 고용을 위한 조정관(chief coordinator)을 워싱턴 시에 1960년대 이전부터 두고 있다(Arthur, 1967).

법률제정을 통한 제도의 완비, 시설 및 설비와 전문인력들의 확보는 장애인 고용이라고 하는 국가목적 달성에 필요조건임을 부인할 수 없다. 물론 입법과정에는 일반대중의 의식 수준이나 입법기관의 철학과 의도도 매우 중요하다. 입법에 의해 영향을 받거나 이해관계에 변화가 발생하는 당사자들은 법률의 내용에 대해 민감해질 수 밖에 없다. 따라서 장애인직업배치와 개발이라고 하는 당면과제 앞에서는 직업재활전문가와 서비스를 이용하는 장애인들만이 아니라 고용주 역시 중요한 서비스 소비자 계층이라는 인식이 필요하다. 예를 들면, 장애인고용에 따라 각종 재정적 인센티브나 벌칙을 부과받게 되는 잠재적 고용주들을 생각해 볼 수 있다. 이들은 정부기관이 제공하는 보조공학 기기나 편의설비들에 관한 구체적 내용에 관해 흥미를 가지거나 세부적 안내를 받고 싶어 한다. 또한 고용주들은 편의설비와 보조공학 장비의 제공이나 법규 준수에 필요한 정보와 절차들에 대해 궁금하게 생각한다. 이런 맥락에서 직업개발 및 배치 전문가들은 법규의 내용이나 법 준수 사항들에 관해 상세하고 친절하게 안내할 수 있어야 한다.

인지장애나 정신장애와 같은 특성들을 지닌 사람들에 대해서는 특히 법규의 적용이나 공학 보조기기와 장비의 사용에 따른 명료하고 충분한 가이드라인이 필요하다. 합리적 편의제공(reasonable accommodation)이라는 용어는 어떤 직무의 필수 기능에 관한 기록과도 관련이 있는데 직무수행에 필요한 최소한의 조건들(the minimum requirements)이나 직무상의 책임(responsibility)을 의미하기도 한다.

기본적으로 합리적 편의제공은 입사지원 과정의 변경, 작업환경, 근로자 수행 직무들을 변경하여 장애인도 동등한 고용기회를 가지도록 만드는 것이다. 따라서 고용주는 직무상의 편의제공을 통해 어떤 직접적 위험들이 제거되거나 완화될 수 있는지 알기를 원한다. 장애인 채용을 꺼리는 고용주 저항은 대체로 다음과 같은 부정적 태도로부터 기인한다(JARC, 23(3), 37-40).

① 직장에서 다른 사람과 사이좋게 지내는 능력
② 이직 염려
③ 잦은 결근
④ 고용 및 산재 보험료의 증가
⑤ 낮은 생산성
⑥ 작업장 개조 비용

2) ADA 제정과정

미국 장애인 국가심의회(National Council on Disability: NCD)는 대통령에 의해 임명된 15인 전후의 사람들로 구성된 상원에서 인준되는 독립된 정부기관이다. 1978년 미국 교육부 내에 자문기관으로 설립되었다가 1978년 재활법의 개정을 통해 독립기구로 개편되었다. NCD는 ADA 초안을 마련하였고 장애인에게 영향을 미칠 수 있는 공공정책에 관한 현안들을 심사하고 분석하여 문제점과 개선책을 대통령과 하원에 건의하게 된다(서광윤, 1992).

NCD는 1986년 조사보고서를 통해 1973년 재활법이 지닌 차별금지의 명확하고 일관성 있는 기준 마련, 여기에 따르는 기준과 정의, 개인 및 법인에 의한 차별금지, 평등기회 부여의 구체적 기준과 이행 일정의 제시, 건축 · 교통 등 관련 위원회의 최소지침 제정, 처벌규정과 권리옹호 제공에 관해 건의하였다.

이런 일련의 입법활동과 절차들을 통해 ADA의 성공을 확신시키는 요인은 다음과 같다(서광윤, 1982, pp. 31-32).

① 인권이라는 보편적이고도 명쾌하며 간결하면서도 강력한 이념의 정립

② 보편타당한 이런 이념을 입법화를 통해 실천가능하게 만듦
③ 명확한 ADA 당면 목표의 설정
④ ADA 실천에 필요한 재정경비를 공사 고루 부담시킨 점
⑤ ADA 각 영역의 실천을 위한 책임부서와 시행시기의 명시
⑥ 발달된 주정부와 지방정부의 자치능력과 전문인력, 조직, 기구의 정비
⑦ 기업의 이해와 협조
⑧ 국민의 폭넓은 이해
⑨ 훌륭한 장애인과 장애인 단체의 리더십
⑩ 모든 장애관련 기관의 협조정신과 협조기술

ADA가 장애인의 권리에 관한 포괄적인 법률이라는 점은 세계가 인정하고 이를 참고해 왔다. 입법목적의 달성이나 교육과 관련하여 ADA는 교육자들에게 별다른 고려나 수정 없이 학교프로그램이나 활동에 참여할 수 있도록 한다. 또한 ADA는 역사적으로 다음과 같은 5가지 주요 원리에 기초한다.

① 개인에게 초점 맞추기
② 통합
③ 기회평등
④ 물리적 접근성
⑤ 합리적인 책임과 보조물, 서비스의 준비

ADA 제정과정상에서 나타나는 이런 특별한 기본정신은 사회 모든 영역에서 장애를 이유로 한 차별을 없애고자 하는 것이었다. 이러한 차별문제와 관련하여 ADA보다 훨씬 이전에 제정된 1964년 미국 개정 「민권법(Civil Rights Act)」은 핸디캡에 기초한 차별을 특별히 금지하였고, 1973년 「재활법」은 정부 재정지원을 받는 기관들이 불필요하게 분리되거나 상이한 서비스를 제공하는 일은 차별성 있는 것이라고 규정하였다(Laski, 1979). 이 「재활법」은 그

기관으로부터 제공되는 모든 원조, 수혜서비스들은 장애인의 참여 기회를 거부하지 않아야 하며, 장애를 지니지 않은 다른 사람들에게 제공되는 것과 동일한 정도로 효과적으로 제공되어야 한다고 보고 그렇지 않으면 다른 사람들이 향유하는 원조, 수혜, 서비스의 기회, 권리, 특권을 제한하는 것이라고 문서화하였다(Laski, 1979). 뚜렷한 차별 요소뿐만 아니라 차별효과를 지니는 요소들까지 금지하여 국가는 소극적 동등처우에 그칠 것이 아니라 적극적으로 동등기회를 제공하는 일이 장애에 기초한 차별을 제거하는 데 필수적이라고 본 것이다. 이 법의 법률적 강화는 통합, 적극적 계획(action), 그리고 의미 있는 서비스의 조건들에 초점을 둔다.

이와 관련하여 시카고 정부의 재정보조를 받는 모든 버스회사는 장애인에게 충분히 접근가능한 버스를 구입하여야 하고, 미국 교통부가 1973년 「재활법」 504장의 이행을 강제하도록 해야 한다는 Loyd 판결은 유명하다. 시카고 지역 운송국(Chicago Regional Transportation Authority)의 항소이유는 장애인들이 일방적으로 버스를 이용하도록 만드는 보편적 접근(universal access) 대신에 장애인을 위한 별도의 특수 버스 서비스가 법규의 504장의 조건을 만족시킨다는 것이었다. 그러나 법정 판결은 시 정부와 기관들은 적극적인 (affirmative) 의무가 있으며, 불필요하게 분리된 서비스를 금지한다고 판시하였다(Laski, 1979).

뒤이은 적극적 행동조건의 판결에서도 청각장애 학생의 입학을 편의시설과 서비스 제공에 필요한 추가비용을 이유로 거절한 대학의 항소를 기각하였다. 이러한 법원의 결정이 중요한 이유는 장애인이 효과적으로 이용할 수 있는 서비스의 기준은 서비스의 수정(modification)과 같은 처우를 통해 평등하게 제공받을 수 있어야 한다는 점과 소극적인 방식의 접근성만 보장하는 것과 같은 동등 처우는 차별을 구성한다는 점이다. 심지어 1974년 Lau와 니콜스 사례에서는 비영어 사용 학생들에게 영어를 사용한 교육도 1964년 개정 「민권법」의 6장(Title VI)에 대한 위반이라고 판정하였다(Laski, 1979).

2. 차별 사례와 체크리스트

1) 구체적 차별 사례

다양한 취업기회를 보장하기 위해 장애인의 자아상과 가치감을 고취시키는 것은 물론 장애를 지니지 않은 대상자들에 대해 올바른 의식을 심어 주어야 한다. 이러한 배려는 개인에게 그가 속한 사회의 문화와 기초적 삶의 기술을 가르쳐 주며, 자아실현을 할 수 있는 기회를 제공해 준다. 전문가에 의한 사회 속에서 장애가 형성되는 조건을 분석하고 소수집단에 대한 편견이 어떻게 역할을 하고 작용하는가에 대한 탐구는 우리 사회가 장애를 극복하는 계기를 마련해 줄 뿐만 아니라 거시적 정책마련과 더불어 재활과정에 전인적 도움을 가능하게 하는 매우 시급하고 절실한 과제다.

우리나라의 고용차별 사례들은 무수히 많지만 택시회사에서 차를 바꾸면서 오토가 아닌 스틱으로 차를 뽑아 장애인을 한꺼번에 해고한 사건, 중도에 장애를 입어 쉬운 업무를 달라고 했더니 더 힘들고 바쁜 업무를 주는 바람에 퇴직할 수밖에 없었던 일, 장애 때문에 병가를 냈지만 더 이상 일을 할 수 없다며 복직을 시켜 주지 않으려고 했던 일 등이 있다.

또 장애인들이 교육훈련 기회와 관련된 차별의 예를 살펴보면, 장애인을 위한 직업훈련 직종이 너무 한정되어 있다는 것이다(장애인복지신문, 1990. 3. 2.). 2000년 『한국장애인인권백서』에 의하면, 초등학교 이하의 학력이 전부인 여성장애인이 80% 정도인데, 교육 수준이 낮을수록 일상에서 더 많은 차별을 받는 것으로 나타났다.

「장애인고용촉진 및 직업재활법」 제3조는 서비스, 일상생활, 노동 등 여성장애인의 권리에 대한 내용이 담겨 있으나 의무규정이 아니라 선언적 차원의 임의조항이고, 구체적인 시행령과 제도적 장치가 마련되어 있지 않아 실효성이 떨어진다. 여성장애인은 '장애'를 가졌다는 이유로 이혼과 함께

양육권 포기를 요구받고, 심지어는 낙태를 강요받기도 하는데, 단적인 예로 지난 1999년 김홍신 의원의 조사에 의해 밝혀진 시설생활자들의 강제불임사건이다. 장애가 대물림되는 것이 아님에도 불구하고 시설만이 아니라 일반 가정에서 부모의 뜻에 따라 행해지는 것으로도 나타났다. 여성장애인, 특히 정신지체를 갖고 있는 여성장애인들은 방어능력의 부족으로 성폭력의 위험에 노출되어 있다. 『한국장애인인권백서』(한국장애인단체총연맹, 1999)에 따르면 취학 시 특수학교 진학을 강요당한 경험과 일반학교의 입학을 거부당한 경험이 있는 사람이 응답자의 45.9%인 것으로 나타났다. 또 입학 때 특별조건(각서 등)을 요구받은 경우도 45.0%로 나타났고, 적절한 학교가 없어서 진학하지 못한 경우도 42%로 나타나 장애인 교육차별과 교육권 침해도 심각한 것으로 드러났다.

교사로부터 차별이나 부당한 대우, 학급 친구들로부터의 따돌림이나 놀림, 학급의 학부모들로부터의 항의나 따돌림도 심각하고, 교육환경의 부재도 차별과 부당한 대우를 심화시키고 있다. 2000년 1월 청주대학교에 편입원서를 제출하려던 황선경(29세, 시각장애 1급, 한성대학교 졸업) 씨는 "개교 이래 시각장애인이 학교를 다닌 적이 없다. 편의시설이 마련되어 있지 않아 오히려 역차별을 당할 것이다."라는 학교 측의 거부에 대해 소송으로 맞섰고, 드디어 학교 측은 '입학을 허가할 테니 소를 취하해 달라.' 고 요청해 왔다. 역차별은 부당한 차별을 받는 쪽을 보호하기 위하여 만든 제도 · 장치가 너무 강하여 오히려 반대편이 처벌받음을 의미한다. 그러나 그 과정에서도 '학교에서 사고가 났을 경우, 전적으로 본인의 책임, 학교에 어떤 것도 요구하지 않겠음.' 이라는 내용이 기재된 각서를 요구받기도 했다. 또 서울교육대학에 특차합격했지만 '신체검사'에서 한쪽 시력이 없다는 이유로 부당하게 탈락한 김훈태(시각장애 6급) 학생도 장애우권익문제연구소와 함께 소송을 제기했고, 그 후 학교 측의 합의 요청으로 입학허가를 받았다. 1999년 12월 서원대학교에 원서를 접수하려다 학교 측이 '장애인 편의시설이 없다.' 는 이유로 거부하여 원서 자체를 제출하지 못했던 서주현(뇌성마비 1급) 씨는 손

해배상청구소송에서 500만 원의 배상판결을 받았으며, 학교 측에는 50만 원의 벌금형이 부과되었다.

연세대 인문학부에 입학한 뇌성마비장애인 윤두선(35세) 씨는 학교 다닐 일이 큰 걱정으로 강의실 문이 좁아 휠체어를 타고는 들어갈 수 없고 도서관 입구 역시 통과하기가 불가능하였다. 수업시간이면 다음 강의를 위해 이동할 걱정에 집중이 안 되고 간신히 강의실을 옮기고 나면 온몸이 땀에 흠뻑 젖어 파김치가 될 지경이었다.

2) 우리나라 국가인권위원회(2009)의 체크리스트

모든 개인이 가지는 불가침의 기본적 권리를 보호하고 그 수준을 향상시켜 인간의 존엄과 가치를 높이는 국가인권위원회는 장애를 이유로 하는 고용상 차별을 평가하고 시정하기 위해 체크리스트를 만들었는데 다음과 같은 내용들을 담고 있다.

채용과정

① 모집자료, 채용광고 등은 장애인이 동등하게 이용 가능하다.

② 지원서와 기타 양식은 장애인이 스스로 인식하고 작성할 수 있는 형식으로 제공되고 있다.

③ 모집 장소는 장애인의 접근이 가능하다.

채용 이후

① 사업장의 접근성

- 사업장의 주 출입구와 이동통로에는 높이 차이가 없어 휠체어를 이용하는 장애인의 출입이 자유롭다.
- 문은 휠체어를 사용하는 사람이 통과하기에 충분히 넓다.
- 건물 내에서 회의실, 훈련실, 식당, 휴게실 등의 공간에 접근하거나

다른 층으로 이동하는 데 어려움이 없도록 턱 낮추기, 경사로, 엘리베이터 등의 필요한 수단이 제공된다.

• 화장실은 장애인근로자가 이용하기에 적합하다.

② 사업장 내에서의 의사소통 및 업무수행

• 사용자는 장애의 특성과 유형을 고려하여 장애인 근로자가 비장애인 근로자와 동등하게 정보에 접근할 수 있도록 편의를 제공하고 있다 (접근성이 보장된 인트라넷 등).

• 장애의 특성을 고려하여 장애인 근로자가 인지할 수 있는 작업지침서 및 작업 지시서가 제공된다.

• 정보접근 및 업무수행을 위하여 화면 낭독 · 확대프로그램, 무지점자 단말기, 확대 독서기, 인쇄물 음성변환출력기 등 장애인 보조기구가 제공된다.

• 필요한 경우 의사소통 및 업무수행을 위하여 낭독자 및 수화통역자를 제공한다.

• 장애의 유형을 고려하여 작업수행을 위한 높낮이 조절용 작업대 등 시설이나 기계, 장비를 설치 또는 개조한다.

③ 교육 훈련

• 장애인이 쉽게 접근할 수 있는 장소와 시설에서 교육 및 훈련이 이루어진다.

• 장애의 유형을 고려한 교재(점자자료 등)가 제공되며, 필요한 경우 낭독자 및 수화통역사와 같은 보조인력이 제공된다.

• 사용자는 필요한 경우 높낮이 조절용 책상, 화면 확대프로그램 등 교육에 필요한 보조수단을 제공한다.

• 교육 · 훈련을 외부업체에 위탁할 경우에도 장애인 근로자에게 정당한 편의가 제공될 수 있도록 한다.

④ 시험평가

• 사용자는 장애인 근로자를 위하여 시험 및 평가를 위한 적절한 보조

수단(확대시험지, 특수키보드 등)이나 보조인력을 제공한다.

- 장애의 특성 및 유형을 고려하여 시험 및 평가시간을 연장한다.
- 시험 및 평가를 함에 있어 장애의 특성을 고려한 평가방식(시험방식의 변경)을 운용하여 동등한 경쟁을 할 수 있도록 한다.

⑤ 직무나 근로정책의 조정

- 사용자는 필요한 경우 장애인 근로자의 재활, 기능평가, 치료 등을 위하여 작업일정 및 근로시간을 변경한다.
- 정당한 편의를 제공하기 위하여 사업장 방침을 적절히 조정 · 변경한다.

이러한 내용들을 살펴보면 고용상의 차별은 고용의 유리한 조건이 되는 교육에서부터 승진과 퇴직에 이르기까지 전 영역에서의 절차나 과정에 세밀한 고려를 필요로 한다.

우리나라 장애인고용공단에서는 연구를 통해 〈표 15-2〉와 같은 노동시장에서의 장애인 고용 차별 사례들을 제시해 놓아 참고할 만하다.

이런 내용은 장애인 직업개발과 배치에서 다루어야 할 전문가의 지식 영역으로서 중증장애인들이 실질적 고용목표를 달성하기 위해 재활전문가가 배려해야 할 매우 중요한 이유들을 담고 있다. 예를 들면, 아무리 법률의 내용이 체계적이고 잘 짜여 있다고 하더라도 시행 세칙의 해석과 적용이나 하위 규정에서 잘못 다룰 수 있는 것이다. 입직이나 승진과 같은 고용과정뿐만 아니라 실직 시 재취업 방식과 장애인고용관련 자조단체들을 육성하는 문제에도 관심을 기울여야 한다. 장애인고용을 위해서는 여러 가지 차원과 수준에서의 배려가 필요한데, 이를 요약하면 〈표 15-3〉과 같다.

표 15-2 노동시장에서의 장애인 고용차별

구 분	주요 내용
모집 및 채용단계	• 채용공고에 장애인을 배제하는 문구나 신체 또는 외모에 대한 조건을 명시하여 장애인의 응시자격이나 기회를 제한 • 장애인의 접근성 등 장애에 적합한 시험환경의 부재 • 모집 및 채용단계에서의 정당한 편의 제공 부재 • 모집 및 채용단계에서의 장애인 여부 조사를 위한 의학적 검사 실시
사업장 접근성	• 장애인이 사업장에 접근할 수 있는 정당한 편의 제공 부재
배치 및 직무조정	• 직무배치나 직무변경 시 정당한 편의 제공 부재 • 근로시간, 편의시설, 작업설비 공간, 출퇴근 차량 등의 배려 부재
교육 및 훈련	• 교육 및 훈련 시 정당한 편의 제공 부재 • 직무수행능력 향상과 승진 기회가 부여될 교육 및 훈련 참여에 있어서의 장애인 차별
업무수행 및 의사소통	• 장애인 근로자가 해당 직무를 수행하는 데 있어 비장애인과 동등한 근로조건에서 일할 수 있도록 하는 정당한 편의 제공 부재 • 비장애인 근로자에게 제공되는 정보가 장애인 근로자에게도 동등하게 전달될 수 있는 편의 제공 부재
시험 및 평가	• 시험 및 평가에서 장애인에 대한 정당한 편의 제공 부재
임금 및 복리후생	• 임금 및 복리후생에서의 장애인 차별
승 진	• 승진에서의 장애인 차별 • 장애인이 승진을 위한 근무평정 절차에 동등하게 참여하기 위하여 필요한 정당한 편의 제공 부재
정년, 퇴직 및 해고	• 정년, 퇴직 및 해고에서의 장애인 차별
노동조합 가입 및 활동	• 노동조합 가입 및 활동에서의 장애인 차별
의학적 검사 및 기록	• 채용 이후 장애인 여부를 조사하기 위한 의학적 검사 실시

출처: 남용현, 최종철, 류정진(2010). p. 54.

표 15-3 ➡ 장애인 고용에 있어서 고려 사항

구분	내용
고용주 측면	이윤추구, 생산성 확대, 고용 장려금, 낮은 금리, 직무지도원 파견, 시설설비, 세제혜택
장애인 측면	근로의식, 적합한 직종, 개인기술, 직종변경 시의 직무대체 방법
사회경제적 측면	시장경제 흐름, 경기활성화, 침체 고려
시설환경	편의시설 설치, 재활공학 응용 및 적용
법적 근거	의무고용, 고용관련 법률, 최저임금 제외
전문가 측면	전문성 배양, 지역노동시장, 고용측면, 과정 이해
사회의식	장애인에 대한 편견극복, 장애인도 일할 수 있다는 인식, 고용의무가 아니라 친구로 대하는 태도, 자발적 고용

연습문제

1. 다음 중 최초의 포괄적 장애인 인권법으로 고려되는 것은? (　)

   ① ADA

   ② 1973 재활법

   ③ IDEA

   ④ Perkins 법

2. 다음 중 NCD를 의미하는 것은? (　)

   ① 대통령 고용위원회

   ② 국가장애인협의회

   ③ 장애인국가심의회

   ④ 장애인개발협회

토론문제

1. 장애인 취업을 기업주 또는 기업의 관점에서 고용의 단계별 접근방법에 접근에 관해 토론하시오.

2. 장애인 고용을 복지패러다임에서 시장(경쟁고용) 패러다임으로 전환하는 데 필요한 조건과 사항을 논의하시오.

3. 장애인 고용 이념을 별도 장으로 다루어야 하는가?

종합문제

1. 직무분석의 도구에 따른 특징으로 적절하지 않은 것은?

① 면담: 요구분석이나 직무분석, 주체분석을 수행하는 최상의 수단

② 관찰: 인터뷰나 면담에서보다 좀 더 객관적이고 효율적

③ 인터뷰: 필요한 직무를 빼먹거나 기억해 내는 데 실패할 가능성

④ 설문조사: 특정 직무에 관한 심층 분석에 어려움이 있음

2. 직무분석표의 내용에 포함되어야 할 영역 중 기질에 대한 내용이 아닌 것은?

① F: 객관적 견해관련 감정사고

② S: 정해진 기준, 인내력 요구, 상황에 적응하는 능력

③ D: 지시통제상황 아래서 작업하는 능력

④ H: 특정 가능한 객관적 기준에 의해서 의사결정

3. 노동시장과 다른 상품시장 간에 상이점을 기술하시오.

4. 직무분석의 주요 용도에 대해 기술하시오.

5. 미국의 재활은 목표지향적 프로그램인가?

6. 직업배치 계획수립에 따른 기본적 요소는 무엇인가?

7. 직업배치에 필요한 상담사의 역할과 기능은 무엇인가?

8. 재활상담사의 기능을 직업배치와 관련하여 설명하시오.

9. 직업배치에서 마켓분석이란 무엇인가?

10. 직무감독자에게 제시할 수 있는 기본적인 질문을 설명하시오.

11. 고용 후 서비스에 대해 설명하시오.

12. 팀워크를 설명하시오.

13. 장애인에게 독립생활은 매우 중요한데 이를 위한 서비스의 전달모형 중 독립생활 센터의 재정지원을 받기 위한 자격조건과 주요 지원내용을 몇 가지 기록하시오.

14. 지원고용의 절차를 쓰고 그에 대해 필요한 활동을 기술하시오.

15. 장애인 직업배치에서 일반대중의 태도에 대한 중요성을 논의하시오.

16. 전문직의 윤리적 행위를 개선할 수 있는 방안과 윤리적 딜레마의 극복전략을 설명하시오.

연습문제 및 토론문제 정답

제1장 직업개발의 필요성과 의의

연습문제

1. ② 2. ① 3. ②

토론문제

1. 심층적 조사
2. 포괄적 조사
3. 포괄적 조사
4. 심층적 조사
5. 개인적(인격적)인 접촉을 통해 얻은 정보는 시간과 노력, 양 측면에서 다른 방법에 의한 것보다 정보를 획득하는 데 비용이 적게 든다. 이 정보는 형식적인 자원을 통해 얻게 된 것보다 질적으로 더 낫다.
6. 장애인들은 많은 점에서 정상적이고, 좋은 직업에 고용된다는 것을 알리기 위한 캠페인을 하는 것이다.
7. 직업개발사들은 유용한 종류의 직무분석을 해야 한다.
   직업개발 시 예기치 못한 방법, 표준적이지 못한 문제들을 해결해야 한다.

8. 재활프로그램이 계획되고 실행되어 온 자원체계들을 아는 개인들로부터 획득된다고 본다.

제2장 직업배치의 개념과 의의

연습문제

1. ③ 2. ② 3. ④

토론문제

1. ① 우리 사회에서 가장 좋다고 생각되는 직업 다섯 가지(이유)

▶ 직업의 종류

1. 직업재활 상담사
2. 프리랜서
3. 공무원
4. 방송 PD
5. 컴퓨터 프로그래머

▶ 이유:

- 보수가 좋다.
- 자기 시간을 가질 수 있다.
- 자기의 능력을 최대한 발휘하는 것이 가능하다.
- 사회적으로 인정받을 수 있다.
- 장래가 안정적이다.

② 개인이 직업을 가지는 데 있어서 중요한 것 다섯 가지(이유)

▶ 직업의 조건

1. 돈
2. 적성, 홍미
3. 안정성
4. 여가시간(자기 시간 활용)
5. 사회적 지위, 명예

▶ 이유: 물질이 최고다.

③ 개인이 원하는 직업이 요구하는 조건 다섯 가지(이유)

▶ 직업이 요구하는 조건

1. 직업적 능력
2. 대인관계
3. 직업윤리
4. 욕구들, 동기
5. 보수
6. 기타 : 성실한 자세, 시간엄수

▶ 이유: 무슨일이든지 능력을 갖춘 사람이 잘할 수 있다.

④ 원하는 직업을 얻기 위해 갖추어야 할 조건 다섯 가지(이유)

▶ 개인의 조건

1. 학력, 자격 수준
2. 자격증
3. 건강
4. 사회성(인간관계)
5. 성실성

▶ 이유: 앞의 조건들은 고용주나 기업이 요구하는 객관적인 기초요소다.

3. 개인적 · 경제적 · 사회적 · 가정적 욕구

4. 자기 자신과 다른 사람의 상황에 대한 이해를 증진시킨다.

5. 긍정적 측면: 일의 보람과 자아성취감
부정적 측면: 정신적 · 신체적 소모에 따른 피로도

6. 상담사의 직업의 목적성을 임명하는 vocational이란 용어를 가능하면 적게 사용하는 것이고, 또 다른 방침은 직업으로서의 상담활동을 강조하는 것이다.

7. 자치권, 지위, 보상권을 증가시켜야 한다.

8. 고용주를 방문하고 일자리를 구하는 과정에서 이 일이 자신의 일이 아니라고 하는 태도라 할 수 있다.

9. 정보의 생산자와 수요자 사이에서의 지속적인 대인관계를 통해 양질의 정보가 보장된다.

10. 좋은 중개인 역할을 하는 사람으로 중개인이 연락의 역할을 하고 시장의 양측에 관한 깊은 지식을 필요로 한다. 내담자와 고용주 모두에 대한 지식이 필요하다.

제3장 직업배치과정

연습문제

1. ① 2. ③ 3. ⑤ 4. ④ 5. ②

토론문제

1. 내담자는 고용주와 접촉하고, 사후지도에 필요한 행동을 수행하는 안전한 직업으로 이끌도록 해야 하며, 전문가(상담사)는 성공적인 직업을 찾는 데 중요한 모든 요소와 관계를 가지는 것을 내담자에게 가르쳐 주어야 한다.
2. 과업분석 단계
3. ① 지식에 관한 것과 ② 경험적 문헌에 존재하는 내용을 습득하는 것이다.
   직업개발을 위한 지식관련 조사는 유효한 기술을 산출하도록 시행되어야 한다.
4. 경험에 기초한 설명을 진술하는 도구(방법)는 없으므로 경험적 · 기술적인 설명과 경험에 근거하여 규정하기는 간단하지 않다.

제4장 직업배치 계획

연습문제

1. ③ 2. ④ 3. ③

토론문제

1. D: 환경(언제, 어디서, 무슨 단서나 사인에 대해 반응했는가?)
   E: 성취(즉각적인 목표나 과제 결과)
   C: 행동의 목적으로써 사물, 자료, 사람
2. ① 직업정보의 다양성-기본적으로 요구되는 프로그램들의 필요에 따라 유형이나 접근방식은 다양해야 한다.
   ② 정확성-자료는 정확해야 한다.
   ③ 포괄성-전체적이고 전반적인 내용을 포괄해야 한다.
   ④ 프로그램 관련성-프로그램과 관련되어 있어야 한다.
   ⑤ 연구와 사용목적에의 부합성

제5장 직업배치 전략

연습문제

1. ③ 2. ②

토론문제

1. ① 직업재활사에 의해 개인의 자료가 정리되어 위탁된다.
   ② 정보에는 의료, 정신병리적인 것이 포함되며, 직업적 제한을 주는 요소들을 극복하기 위해 면접 등을 통해 상황에 맞는 적절한 기술을 가르쳐 준다.
   ③ 사회복지사, 의료적 관련자, 감독자, 시설의 부원들이 여기에 참여한다. 개별기술을 개발하는 데 평가기술의 선택과 계획, 특별한 평가서비스 등이 그 내용이다.
   ④ 평가과정에서는 직업재활 이상의 선택권 개발이 나타난다. 예를 들면, 직업적응훈련, 특별한 기술, 구직기술훈련 등이 있다.
   ⑤ 직업배치에서는 직업상담사에게 다시 되돌아오는 내담자에게 필요한 일의 준비를 고려해야 한다. 직업배치과정은 시설로부터 직업상담사, 직업배치상담사에게 책임성이 나누어진다.
   ⑥ 고용주가 장애인에 대한 확신이 서면 고용을 하고, 직업재활에 책무성을 우선시하여 사회적 책임성으로 장애인을 고용한다.
2. 사회가 점차 산업화됨에 따라 장애인의 노동력이 필요하게 된다. 산업체 제휴프로그램(PWI)이 개발되면서 경제계와 직업재활계 사이의 간격이 좁혀졌고, 장애인의 능동적 활동이 요구된다. 경제계에서는 능률성과 생산성을 요구하는데, 장애인은 그 요구에 대처하기 위해 스스로 노력해야 하고, 고용주도 참여해야 한다. 양측 간의 노력이 필요하다.
3. 파트너십은 역사적이고 전통적인 접근에 대한 생각의 변화로부터 시작한다. 파트너십은 재활전문가가 재활전문가로서의 태도와 습관을 비롯해 지도자와 전문가로서 기능을 갖추어 기업과 직업과 협동하는 것으로 바뀌었다. PWI는 새로운 기능과 수행에 의해 이루어지고 있고 서로의 의사소통이 중요하다고 강조한다. PWI 지도자와 재활전문가에게 교육을 함으로써 자문을 해 주며, 자문은 직업탐색, 아이디어 개발에 도움을 준다. 또한 기대되는 근로자들이 수행하는 능력을 보여 줌으로써 기업의 선택에 도움을 준다. 자문기관은 적절한 교수과정, 교과서 등의 개발에 관해 일을 행함으로써 도움을 제공한다. 예전의 기업은 단지 요구에 의해 일을 시키고 자신들이 배려하는 사람으로 장애인을 인식했지만 현재의 기업은 장애인을 자신의 일에 도움

을 주며 서로 관계를 맺는 사람으로 인정하며 장애인을 긍정적으로 받아들이고 이러한 기능을 돕는 것으로 자문위원회를 가진다.

4. 작업상의 장애를 가진 사람에게 산업과 훈련에서 실시되는 교육이다. 이는 훈련이나 배치에 참여하게 하고, 기업에서 자문의회를 구성한다. 뉴해번모형은 자문위원회로서 성과중심 전략을 사용하며 책임성이나 책무성을 중시한다. 따라서 계획, 모니터, 계속적인 평가수행을 구조화시켜야 한다.
   이 모형은 직업재활 목표 → 공동체 → 산업과 사업 → 근로자와 직업의 성공적 매치 → 활동적 참여 등의 순서로 이루어지며, 파트너십을 강조한다.

제6장 구직활동에 영향을 미치는 요인

연습문제

1. ① 2. ②

토론문제

1. 긍정적이고 적극적인 전문가는 직업배치 단계에서 지속적으로 내담자의 특별한 욕구에 관심을 가지고 대응해 나가게 된다.

제7장 산업재해 장애인의 직업배치

연습문제

1. ⑤

토론문제

1. 직업배치 체계 속에서 일은 개인의 정체성과 자기-가치의 분별에 대한 중요한 공헌자라는 신념이 가중되고 있다. 비록 중요시되는 정도는 직업재활이 존재하는 동안에 수시로 변할 수 있지만 항상 변하지 않는 재활의 중요한 목표는 노동시장에 장애인을 진입 또는 재진입하게 하는 것이다. 여기서 직업배치와 관련한 특별한 기술은 재활상담사 교육과 재활하는 사람들의 고용 후 훈련 내에 배려를 고려하는 것을 중시한다.
   1959년 직업재활상담사에게 요구되는 기술들의 분리가 시도되었는데, 여기서는 '중요사건기법' 이 주요 직무조건을 결정하기 위한 재활상담사의 작업에 적용되었다. 이때 상담의 기능을 강조하고 심리학적인 지식과 인간행동의 이해에 기초를 두고 기술과 태도를 연관시켜 심리학적인 예비교육이 재활상담사 훈련을 위한 발판을 제공하게 되었다. 그러나 이 시기에는 특별하게 노동자들을 직무에 배치하기 위해 요구되는 기술들을 언급하지 않았다. 10년 후 이 상담사의 역할기능 작업과제와 특징에 관련한 기초 정보수집을 연구하였는데 그 결과는 8개의 직무기능에 의해 조사될 수 있는 것을 보여 준다. 최근에는 그것이 좀 더 정확하게 상담사 기술과 기술 수준을 특징짓는 것에 영향을 미쳐 상담사의 294개의 직무과제를 목록화하였고, 이후 직업배치를 위해 특별하게 관련되는 14개를 연관시켰다. 직업재활상담에서는 상담 역시 중요하지만 직업배치를 위한 기술뿐만 아니라 고용 후 훈련 등도 함께 연관시켜야 하기 때문이다.

2. 상담사는 직업재활 가능성을 실현하기 위한 지지와 원조를 보내야 하며 다음과 같은 기능을 갖추어야 한다.

① 진단적 기능-흥미, 적성, 내담자 정보 등을 포괄적으로 알고 있어야 한다.

② 지역사회 기능-지역사회와 연계하여 재활기능을 확충해야 한다.

③ 상담기능-직업재활에 대한 것과 자신의 문제 등에 대해 상담을 할 수 있어야 한다.

④ 기록 및 보고-내담자 사례기록들을 기록 및 보고해야 한다.

⑤ 교육적 기능-적절한 정보를 제공하고, 교육을 통한 구직기술을 제공해야 한다.

이외에도 상담사는 내담자에게 적합한 것들을 제공해 주고 동료와 고용주들이 장애인들에 대한 이해와 연계하여 내담자에게 충분한 서비스를 제공할 수 있도록 하기 위해 많은 것을 갖추어야 한다.

3. ① 구직 내담자와 함께하는 구직활동-내담자의 고용에 대한 정보제공, 구직의뢰에 대한 서비스 제공, 직업인터뷰를 위해 내담자와 이야기하기

② 지역사회에서 직업기회 개발-고용주와 활동목록 작성, 지역사회를 대상으로 활용 가능한 자원개발, 내담자의 적합성 여부를 판정, 내담자에게 적절한 현장경험 제공

4. ① 적절한 훈련의 제공-너무 잦은 훈련은 낮은 배치수행을 야기하기도 하기 때문에 훈련의 양이 배치수행의 전부는 아니다. 따라서 적절하다고 생각되는 것을 판단한 결과에 바탕해 훈련을 실시해야 한다.

② 직무수행 사정-질문을 통해 내담자에게 적합한 직무를 판단하고 적절한 배치훈련을 제공하는 것이 중요하다. 배치훈련 제공, 급속한 산업변화 욕구에 알맞는 기술 제공, 적절한 욕구사정(상담, 검사 등의 활용을 통해)이 전문가의 역할에 기여

할 수 있다. 직무수행은 내담자에게 필요한가의 여부와 내담자의 흥미 여부와의 관계를 통해 결정해야 하며, 내담자뿐만 아니라 전문가, 고용주 측면의 모든 측면에서 생각할 수 있다.

5. 직업재활기관은 적격성 판정, 재활기관과 내담자와의 관계 이해, 경영전략에 대해 변화를 주는 노력, 구조가 맞지 않을 경우의 변화 노력, 직업과정과 보상체계에 대한 노력을 해야 한다. 이러한 노력을 통해서 내담자, 기관, 고용주 간의 측면이 매끄럽게 형성되고 적용될 수 있다. 따라서 기관은 항상 변화하고자 하는 준비를 가짐으로써 즉각적인 대처를 할 수 있도록 해야 한다.
6. 직업배치에 임하는 상담사는 연락자, 피훈련생, 직업적 자원소개, 보호자 역할을 수행한다. 그러나 직업배치 책임의 실패와 다양한 수행기대는 낮은 성공적 배치를 야기할 수 있다. 상담사가 자신의 역할을 포기하거나 기대에 상응하지 않는다면 성공적인 직업배치가 이루어지지 않으므로 상담사의 역할은 적격성 여부에 따라 이루어질 수 있다.
7. ① 기관–장애인들에게 적절한 프로그램 제공, 변화하는 구조에 즉각적으로 대처, 사업체와의 연계, 내담자에게 다양한 지원 제공
   ② 전문가–직업재활서비스에 대한 적격성 확립, 내담자의 욕구 파악, 적극적인 지원
   ③ 대학–실질적인 내용 제공, 전문적인 영역의 교과과정 설정, 전문가 양성

제8장 직업적응훈련

연습문제

1. ② 2. ① 3. ⑤ 4. ③ 5. ④ 6. ⑤ 7. ② 8. ⑤

토론문제

1. 직업에 만족하여 계속하여 직업을 유지해 나가고, 고용주 역시 만족하여 고용을 유지하는 것을 말한다.
2. ① 직업환경의 적합한 기능적 모형의 사용–모델링(동료체계에 용이)
   ② 직무지도원–내담자를 원조하는 책임을 가진 시설의 고용인
   ③ 불완전한 전략으로 전문가나 자기 원조그룹에서 만들어진 만족스러운 직업적응을 위해 장애인을 원조하는 것

3. 직업적응은 직업환경과의 조화를 유지하고 이루기 위하여 탐색하는 개인들을 위한 지속적이고 역동적인 과정이다. 동료와 감독자의 유대관계, 시간엄수, 출석 등의 문제들과 같은 고용능력에 있어서의 기본적인 제한을 극복하기 위한 노력과 함께 직업재활 시설 내에서의 내담자에게 제공되는 서비스 프로그램의 한 종류다. 반면, 미네아폴리스 프로그램은 직업적응을 개인의 직업생활을 통하여 지속되는 과정으로 보았다. 직업강화는 다른 직업기술과 태도를 포함하는 넓은 과정의 관점에서 최고가 될 수 있게 하는 것이다. 직업의 확립이 진로강화과정의 중요한 부분이 된다. 자신의 일의 확립을 이루도록 함으로써 진로를 강화시키고 진로를 강화시킴으로써 진로적응이 최대로 이루어질 수 있다.

제9장 취업 후 서비스

연습문제

1. ②

토론문제

1. Hawthone 연구는 직장에서의 인간관계론의 시초다. 즉, 조명과 같은 직업환경과 생산성은 서로 관계가 적다. 그에 비해 동료 근로자와의 관계에 의해서 생산성은 좌우될 수 있다. 동료집단과의 상호관계는 직업집단의 힘, 격려, 강화의 근원이 될 수도 있고, 반대로 적응하지 못하면 자신이 좀 더 적응을 잘할 수 있는 직장으로 떠날 수밖에 없게 된다. 즉, 동료 근로자 또는 집단에 의한 상호작용에 따라 직업적응이 좌우될 수 있으며, 나아가 생산성 측면에도 영향을 미칠 수 있다.
2. 직업적응에 있어서 필요한 중재로는 두 가지가 있다. 먼저 ① 예방은 여러 모델들로 설명할 수 있는데, 이들을 종합해 보면, 성공적인 직업적응을 이룬 모델을 두어 모델링 효과를 높이고, 이미 직업적응을 경험한 내담자의 이야기를 듣게 한다. 그리고 근로자들 간의 관계를 지원, 보조하고, 사후지도 상담집단에서 유사하게 나타난 문제행동을 분석하여 미리 예방하게 한다. 다음으로는 ② 처치의 방법이 있는데, 이는 직업적응이 이루어지는 동안 나타난 개인적인 문제에 봉착해 있는 사람에게 접근하는 것으로 행동시연을 통해 이루어진다.

   직업적응 중재가 모든 상황에서 성공적인 것은 아니지만, 예방과 처치의 형태를 잘 사용하면 문제를 해결할 수 있을 것이다.

3. 진로개발은 인생의 중간 혹은 진로결정단계에서 개인이 봉착하는 문제를 다루는 것인데, 여기서는 이러한 위기를 개인이 다룰 수 있는 방법들을 보조하는 중재가 필요하다. 중재의 기술들은 불안을 감소시키며, 관리기술, 대처기술의 개발 등을 포함한다. 또한 개인적인 상담과 진로상담을 통하여 개인에 대해 더 잘 알아야 한다. 또 다른 중재로는, 진로변화를 다루어 진로개발을 도모하고, 노동시장으로부터 퇴보하는 것과 관련된 문제들을 다루어야 한다.

4. 효율적인 직업배치는 직업재활상담사에게 있어서 하나의 중요한 과제다. 역사적으로 재활상담사에게 직업배치는 명쾌한 임무로 적용되지 않았으며, 직업배치 이전까지만 책임을 지도록 되어 있었다. 그러나 전통적으로 직업배치단계는 직업개발에서 중요시되었다. 직업배치가 배출이라는 의미에서는 종료점이었으나 그것이 발전하여 직업배치 후에 현장의 연계, 직업개발에 대한 직업배치의 책임이 돌아오게 되었다. 이것은 사후지도라는 의미로 확장이 되어, 책임이라는 것이 상담사의 역할로 중시되었다.

5. 빈약한 직무수행은 명백하지 않은 책무성의 기능이 될 수 있다. 상담사의 직업배치를 위한 책임의 정도는 직업재활 정책과 재활시설뿐만 아니라 정부체계의 정책 내에서 또한 변경된다. 왜냐하면 다양한 지역의 사무실이나 부서로부터의 감독자는 서로 다르기 때문이다. 직업배치전문가 사용에 상반되는 직업배치 체계와 관련된 다방면의 지식을 가지는 상담사의 우위를 논하는 문제는 아직 해결되지 않았다. 그러나 직업적 책무성의 명확화, 다양한 수행으로 유도하기 위한 전문가의 실천은 불만족스러운 직업생산성과 낮은 직업배치 기록을 개선할 수 있다. 그래서 직업배치의 책무성은 자신에게 주어진 일에서 좋은 성과를 거둘 수 있도록 하기 위한 책임으로 생각할 수 있다.

6. ① 직업재활의 목표를 지역사회 내의 직업에 둔다.
② 지역사회 내의 직업은 실업계 고용주의 영향력 아래에 있다.
③ 직업재활 및 고용이 성공하기 위해서는 고용주와 재활계 양쪽의 헌신이 필요하다.
④ 장기적인 헌신은 능동적인 참여와 관여를 요한다.
결국, 장애인 직업개발과 직업배치는 실업계와 실업계의 이해 없이는 이루어지지 않는다.

제10장 직무분석

연습문제

1. ⑤ **2.** ③ **3.** ②

토론문제

1. 직무분석이 하나의 직위만을 대상으로 할 때 이를 직위분석이라고 한다. 하지만 직무는 여러 가지 유사한 직위들을 포함하는 뜻으로 더 많은 연구 단위다.

2. 근로자 분석은 과제보다는 근로자들이 직무를 수행하는 것을 중심으로 분석하고, 작업활동을 강조한다. 면접이나 시험, 관찰 등을 이용한다.

3. ① 직업재활에서 직무분석 시 산업에 대한 상담사의 관점은 어떠한가?

새로운 근로자를 채용할 때, 재활전문가가 잠재적인 원조에 대해 명확히 한다면 정보는 빠르게 주어진다.

② 직무를 분석하기 위해 매번 전문가가 개별 사업장의 구체적인 직무를 고려해야 하는가?

잠재적인 근로자의 특성과 관계없이 동일하게 사용한다.

4. ① 재활전문가로 하여금 가치 있는 중요한 일부 정보를 수집하는 것을 잊지 않게 하고, 또한 ② 상담사가 반복하는 것이나 고용주와 접촉할 때 강요하는 것을 돕거나 이미 정보를 준 인사관리자를 돕는다.

5. 같은 작업장 내에서 단시간, 장시간 일하는 곳에 한 가지 또는 여러 가지 작업을 연합, 제거, 재분배, 결합, 분리하는 직무에 의한 과정이다.

제11장 내담자 분류와 인적 자원 관리

연습문제

1. 제2유형 **2.** 제4유형

토론문제

1. ① 신분 ② 임금

2. ① 오류의 교정

② 현실과 기대 사이의 간격 축소

③ 노동시장으로의 근로자 유입

④ 내부 노동시장으로의 연결

3. ① 산업 및 실업계와의 지속적인 의사소통
② 기관들이 제공하는 훈련 프로젝트 참여
③ 직업배치 후 긴밀한 사후지도
④ 재활센터에 고용주와 인사담당자 초청

제12장 환경조정

연습문제

1. ③ 2. ⑤

토론문제

1. 작업연구는 직무수정, 작업재구조화에 활용할 수 있다.
2. 인간공학은 직업의 요구들을 보다 더 충족시키기 위해 적용되어야 한다.
3. 개인의 특별한 작업수행을 원조하고, 과제현장을 다른 곳으로 전환할 수 있도록 해야 한다.
4. 환경수정은 장애인들의 신체적 · 정서적 환경을 고치거나 그들을 위해서 원조를 제공하는 과정이다. 이의 장점은 노동자가 일하는 데에 생산성, 융통성, 적응성을 향상시키고, 수행할 과제의 폭넓은 양에 대한 수용력을 증가시키는 데 있다.

제13장 직업재활전문가와 장애인 고용

연습문제

1. ③

토론문제

1. 미래의 방향설정과 평가기준 마련

제14장 작업장의 생태학

연습문제

1. 비전망 **2.** 전망 **3.** 전망 **4.** 비전망

토론문제

1. ① 서비스 부문

가장 전망이 밝은 모든 직업 중 약 절반 이상을 차지한다. 서비스 부문의 일은 회계, 도 · 소매, 컴퓨터 소프트웨어 개발, 상담, 보험, 은행, 공공사업, 병원 등의 분야를 포함한다. 컴퓨터 소프트웨어 개발회사는 어떤 특별한 언어와 기술영역을 습득할 것을 권한다.

또한 PC 네트워크의 성장으로 네트워크 관리에 능숙한 사람이나 고급언어에 능숙한 프로그래머는 산업의 폭넓은 분야에서 직업을 선택할 기회가 있다. 컴퓨터 과학 분야의 졸업자가 아니라도 컴퓨터 업종 분야에 취직할 수 있다. 또한, 컨설팅 회사들은 엔지니어링, 컴퓨터과학과 기술적 문제를 가진 내담자의 일을 돌보아 줄 일반전공의 졸업자도 모집한다. 모든 소프트웨어 개발회사는 회계, 마케팅, 판매, 생산관리에서 소프트웨어 개발과 관계 있는 직종의 사원을 필요로 한다.

② 학위 + 직무 = 임금

전반적인 어떤 직업의 초봉은 종종 노동공급과 수요의 문제다. 수요와 공급의 요인에 추가하여, 졸업생들이 받아야 하는 교육의 수준과 직업에서의 활약이 임금의 결정요인이 되고 있다.

③ 계획을 가져야 한다.

실업률과 같은 경제지표는 큰 신문 기삿거리다. 캠퍼스 현장 인터뷰 계획을 위해 방문하는 많은 고용주들은 그들이 과거에 성공적으로 고용해 온 몇몇 주요학교에 의존하거나 그들의 협력교육기관이나 인턴학생들을 통해 고용할 것이라고 말한다.

제15장 관련 법제도와 시사점

연습문제

1. ② **2.** ③

토론문제

1. 기업주가 직업개발 및 배치서비스의 고객이라고 생각할 때 다양한 마케팅 방법을 생각할 수 있다.

2. 복지는 공짜가 아니라는 인식과 개인의 인적 특성들을 개발하는 데 필요한 과정을 마련해야 한다.

3. 장애인 고용에 필요한 사회적 장치 마련에는 폭넓은 사회적 공감대의 형성과 함께 일반대중의 이해가 선행되어야 한다. 또한 입법 논리와 정당화를 위한 기반 마련이 필요하다.

종합문제 정답 및 해설

1. ②

2. ②

3. 1) 다른 상품시장에서는 동일한 상품에 동일한 가격을 매길 수 있으나 노동시장에서는 같은 정도의 직업능력의 노동력일지라도 기업 간, 지역 간, 연령 간 등에 의해 격차가 있다.

2) 다른 상품시장에서 상품에 가격을 매기는 것은 상품을 파는 쪽이지만 노동시장에서는 노동력을 사는 쪽이다.

4. ① 선발배치-작업자의 모집과 선발을 위해 정확한 직업자료를 제공한다.

② 작업자의 활용성을 제고-입직 수준에서 입직기회를 개방하기 위하여 작업자의 승진과 직무전환에 관계되는 직무관계를 결정한다. 장애인의 활용을 위하여 직무에 요구되는 신체적 요건을 측정하여 직무조정을 제안한다.

③ 직무재설계-노동력의 효율적인 활용을 위하여 직무를 재설계하는 것으로, 반숙련공에게 취업의 기회를 주고 일을 제대로 해내지 못하는 작업자와 훈련생의 작업배치를 지원한다.

④ 직업훈련-훈련의 필요성을 결정하고 훈련프로그램을 개발하며, 훈련 교과과정의 내용, 훈련기간, 훈련생의 선발에 필요한 자료를 제공한다.

⑤ 산업안전-직무상의 위해요인을 밝혀 산업재해를 예방한다.

5. 직업배치는 전 재활과정의 통합된 분야로 간주되며 재활대상자의 직업목적을 정하는 것부터 시작된다. 그다음 직업평가, 서비스 전달(상담, 치료, 훈련), 고용기회 탐색과 같은 고용성과에 대한 고려가 지속된다.

장애인 직업배치방법은 많이 있으며, 각각의 직업배치 상담사는 성공하기 위한 자신만의 독특한 스타일을 개발할 것이다. 직업배치방법의 몇 가지 예를 들면, 신문의 구직광고를 구독하여 직업을 파악하는 것, 노동부 직업안정사무소와의 접촉, 고용주와의 서신연락, 전화와 방문, 직업재활대상자 스스로 직업탐색에 가능하도록 준비하는 것, 시험고용이나 직무분석, 그리고 직업개발과 같은 고용주와의 공동노력 전개 등이 있다.

재활대상자를 성공적으로 배치하는 것은 수많은 영역의 구체적인 지식이 필요한 일이다. 직업배치전문가는 재활대상자에 대한 깊은 지식은 물론이고 그 지방 노동시장, 노조, 산재보상법, 임금 · 근로시간 법규 등에 관한 전문적인 지식이 있어야 한다.

6. 직업배치 계획은 내담자와 재활상담사 모두에게 직업배치에 소요되는 시간의 절약과 과제의 구조화 등 많은 장점을 제공하며 보다 효과적이고 성공적인 직업배치를 가능하게 해 준다. 계획수립에 따르는 기본적 요소들은 다음과 같다.

① 구직기술훈련 필요성 사정
② 생계유지에 필요한 자원과 기타 보상책
③ 가족과 친지와 같은 비공식적인 자원의 효과를 극대화할 수 있는 직업획득에 필요한 잠재적 자원들
④ 관계된 상담사 및 구직자 책임의 명료화
⑤ 고용 후 서비스들
⑥ 구직신청과 진보를 확인할 수 있는 전 과정에 대한 합리적 추진 일정표

추진일정표에서 제시되는 준거는 내담자가 수행해야 할 활동에 대비하도록 하고 현실적 기대와 적절한 속도를 유지할 수 있도록 한다. 특히 직업관련 특성 외에 똑같이 중요한 요소들은 외모, 추천 여부, 열정, 구직에 소요되는 비용, 교통비용, 가사문제, 여가, 피복비 등이다.

7. 직업배치와 관련해 재활상담사에게는 다음과 같은 구체적 역할과 기능이 요구된다.

① 내담자의 직업적 · 심리적 · 사회적인 모든 정보에 조화로운 직업적 영역을 제시한다.
② 내담자의 장애에 따른 결과 및 직업적 영향을 파악한다.
③ 내담자와 함께 그들의 직업적 가능성과 장점을 발견하고 이해한다.
④ 내담자에게 필요한 직업적응과 관련된 요인을 상의한다.
⑤ 직업개발 및 직업배치활동을 한다.
⑥ 내담자가 적극적으로 상담에 참여하도록 격려하고 고무시킨다.
⑦ 개인 및 지역사회 자원을 효과적으로 사용하도록 도와준다.
⑧ 재활에 적합한 법률 및 고용정책에 관한 지식을 지닌다.

재활상담사 교육과정에 있는 직업배치의 영역은 아무리 강조해도 지나치지 않다. 직업배치에 능한 재활상담사야말로 효과적인 상담사이며 사례관리자다. 따라서 재활상담사의 교육과정 속에 다음의 지식영역이 포함되어야 한다.

① 진로발달이론
② 고용가능한 태도 및 행동개발
③ 장애인의 직업배치에 있어서 중요한 사회적 장벽들에 대한 이해
④ 직업정보원천
⑤ 직무수정 및 재구조화

⑥ 관련 법률

8. 재활상담사의 교육과정에 포함된 지식영역을 토대로 재활상담사는 다음의 구체적 기능을 수행할 수 있어야 한다.

① 직업정보 원천의 이용

② 직업배치 파일의 개발

③ 직무분석의 수행

④ 구체적 직업에 필요한 교육 및 훈련조건들의 파악

⑤ 내담자의 직업적 선택에 대한 권고와 훈련 고려에 필요한 직업적 정보의 이용

⑥ 장애인 고용에 따른 고용주의 염려에 대해 적절한 정보를 제공하는 일

⑦ 장애인의 직업을 발견하기 위한 노력의 조직 및 고용주 원조

⑧ 직업배치의 효과측정을 위한 고용주의 추수면접

9. 직업재활은 내담자의 적절한 직업배치에 대한 의무뿐만 아니라 적절한 부수적 서비스 제공에 대한 의무를 규정하고 있다. 마켓분석과 마켓분할은 효과적인 마케팅을 위하여 원하는 것, 필요한 것, 인식, 태도 그리고 만족도를 분석하는 것이다.

분석된 마켓과 규정된 마켓분할, 그 중재는 현실욕구와 필요성을 위해 존재하며, 개인의 고유한 구분변수는 전략에 응용된다. 왜냐하면 재활중재는 재활하기 위해 서비스를 제공받는 사람과 가능성 있는 고용주를 확실하게 연결해야 하기 때문이다. 이것이 이루어질 때 중개에는 고용주뿐만 아니라 재활내담자 서로의 신뢰를 위한 서비스 구조가 발달하기 시작한다.

① 직업재활을 접하는 고용주에 대한 자문

② 유자격 장애 인원의 수용을 촉진하기 위한 고용주의 업무배치평가

③ 고용주의 필요조건에 따른 지원자의 선별과 평가

④ 고용주의 필요에 맞추어 중개하기 위한 적절한 훈련의 준비

⑤ 직업배치의 사후지도와 고용주에 대한 지지 준비

⑥ 직장관련 문제와 업무배치 또는 장애 직원의 산업재해를 포함하는 전환에 이르는 일반적 상담 준비

통신은 마케팅 계획의 핵심이다. 이는 목표 마켓에 대한 서비스와 생산에 관련되며, 중개를 정상적이고 친밀하게 하는 매개물이다. 몇 가지 접근법은 광고, 대중관계, 판촉물 판매, 그리고 개인적 관계망을 포함하며, 이들 모두는 재활중개의 마케팅 노력에 일부분 적용될 수 있다. 마켓방법의 선정은 각종 기회와 캠페인 목표에 의존하게 될 것이지만 목표 마켓에 대한 서비스와 생산의 자연스런 중개와 관련을 위한 기본 의도는 동일해야 한다.

재활중개 마켓에 영향을 주는 현대적 광고기술은 이익이 된다. 여기서는 종종 매스컴과 광고전단을 이용하기도 하며, 통신전략은 마케팅 계획목표의 달성을 위한 노력을 극대화하고 중개관리는 계획된 광고 안내에 대한 재정자원을 고찰한다. 의사전달은 분명하고, 사업적이고, 중개를 통한 생산과 서비스의 유용성이 있어야 한다. 그것은 설교를 내포한 의미, 죄의식 또는 박애추구방식이어서는 안 된다.

교육과 유용한 정보의 수준을 증가시킴으로써 광고 또는 통제된 통신은 모든 대중 또는 선택된 부분을 반영하는 모든 공공기관에 대한 가장 유용한 방법이라는 것을 증명한다. 잘 계획된 통신전략에는 중개대표에 의해 고용주와 함께 성공적인 사후지도 기회를 늘리기 위해 마켓의 명확한 검사가 준비되어야 한다.

어떤 조직 마케팅이든 생산과 서비스의 분류를 위한 최선의 방법들을 매우 주의 깊게 결정해야 한다. 유사한 재활중개활동에는 인사관리, 전문사회, 지역사회 조직, 배치대행사 같은 것이 있으며, 이는 적절한 방향들의 개발을 위한 다양한 활동으로 보일 수 있다.

직무감독의 역할은 직업배치에서 내담자 감독과 진전을 평가하는 일을 포함한다. 또, 직업배치 그 자체의 감독과 평가뿐만 아니라, 직업에의 조화와 변화에도 대처하기 위해 직무분석의 모든 측면에서 관찰하는 것을 포함한다.

① 내담자 수행과 직업환경 그 자체와 사후지도를 위해 계획적으로 행해지며, 내담자 부모와 고용주 모두에게 기대되는 것이다.

② 내담자 수행에 부정적인 영향을 끼칠 문제가 발생하거나 가까운 장래에 영향을 미칠 수 있는 문제나 중요 사항들을 다루기 위해 계획된 방문은 직업과 관계된 행동문제를 토론하기 위해 계획된다.

③ 무계획적인 방문은 책임을 지고 있는 내담자의 위기에 대처하기를 필요로 하는 긴급상황에서 이루어진다. 일단 위기상황이 해결되면 중요한 피드백 정보가 모아져야 한다. 어떠한 이유로 사건이 일어났는지 주의 깊게 그 상황을 평가해야 하고, 우발사건에 대한 대처계획도 세워야 한다.

④ 학생이 더 이상 형식적인 훈련을 하지 않고, 고용된 후 계획적 또는 무계획적 방문형태의 사후지도를 하는 것은 고용주에 대한 지속적인 지원을 보여 주는 중요한 것일 뿐만 아니라 프로그램에서 피드백을 얻을 수 있는 기회이기도 하다.

직무감독의 빈도는 주로 내담자 개인의 문제에 달려 있으나, 일반적 실행은 내담자, 가족, 고용주와 피훈련생 또는 감독자가 직업배치 후, 1주에 적어도 한 번 방문하여 이루어진다. 직무분석이 잘 이루어지면, 직업의무나 사회의 기대되는 행동들이 개인별 직업평가 형태를 기초로 형성될 수 있다.

10. 직업의 종류나 직업특성에 관계 없이 직무감독자가 물어야 할 몇 가지 기본적인 질문은 다음과 같다.

① 회사의 기대 수준까지 수행합니까? 그렇지 않다면 왜 그렇습니까?

② 지난 방문 때보다 향상되고, 지속적으로 수행합니까? 아니면 그때보다 못합니까?

③ 직무와 관련기술에 어떤 문제라도 있습니까? 있다면 그것이 무엇이며, 어떤 요소들이 그와 같은 문제를 발생시킵니까?

④ 직무환경에서 변화된 것이 있습니까? 있다면 무엇입니까?

⑤ 직무관련 기대에서 어떤 변화가 있습니까? 있다면 무엇입니까?

⑥ 추가적인 지원이나 보조방식으로 필요하거나 원하는 것이 있습니까?

⑦ 진급이나 봉급인상을 위한 기회는 어떠합니까? 가능성이 있다면, 그러한 자질을 가질 수 있기 위해 필요한 것은 무엇입니까?

11. 발달장애인들에게 서비스를 제공하는 재활기관에서는 흔히 회전문 증후군(revolving door syndrome)을 경험한다. 많은 동일한 내담자들이 본질적으로 같은 서비스를 제공받기 위해 다시 반복하여 돌아온다. 이런 증후군이 지속적으로 늘어나고 있으며 상담사에게 좌절의 경험을 제공한다.

내담자를 고용시키기 위해 중재하는 시간은 제한되어 있으며, 내담자의 직업배치를 유지시키는 데 필요한 장기간의 지원에 적절한 기금이 제공되지 않기 때문이다. 미국에서 고용 후 서비스는 중증 장애인을 위해 강구되었다.

미국재활서비스국(Rehabilitation Services Administration: RSA)의 1977년도 재정통계에 따르면 303,328 사례가 재활서비스를 제공받지 못하고 이들 중 단지 7,680(2.5%)명만이 서비스를 제공받았다.

직업배치과정 그 자체가 지속적으로 변화하고 있다. 내담자중심 배치모델(client-centered Model)은 전통적인 선택적 직업배치 모델에서 대안을 제공하였고 내담자들은 특별한 직업을 위해 훈련되어, 주로 상담사의 노력에 의해 배치되었지만, 내담자 중심모델은 내담자 자신이 직업을 찾는 기술을 발전시켜서 직업을 찾을 때 상담사의 조력에 더해 자신의 원천을 이용할 수 있도록 하는 것이다. 이들 집단은 직업을 찾은 후에도 그 기능을 지속할 수 있으며, 자조집단으로 서서히 변형된다.

내담자가 고용을 유지하는 데 잠재적인 도움이 될 수 있는 두 번째 영역의 활동은 옹호다.

① 상담

② 개인적응훈련

③ 개인이 좀 더 적합한 곳에 고용되도록 돕는 배치 서비스
④ 건강 서비스
⑤ 직업을 유지하기 위한 보충적인 훈련
⑥ 교통수단의 보조

시설에 기초하여 상담사가 고용 후 서비스의 필요성을 인식하면, 내담자는 직업재활서비스 기관에 의뢰될 때의 이점을 강조해야 한다. 상담사는 최소의 비용과 다음의 가능한 이익을 도모할 수 있다.

① 직업배치 유지하기
② 고용주가 상담사의 서비스를 이해하고 배치 후 계속 내담자와 접촉하면서 직업기회를 제공하도록 고무시키기
③ 직업기회, 직업정보, 적응장벽과 직업요구에 대한 지식 늘리기
④ 직업배치계획과 과정의 유효성과 효과성에 대한 피드백 제공하기

12. 재활영역은 여러 가지 전문분야로 이루어져 있으므로 서비스 이용자의 재활욕구와 보다 효율적인 재활서비스를 제공하기 위해서는 적절한 팀워크가 필수적이다. 팀워크는 재활서비스 소비자의 욕구에 따라 적절하게 구성되어야 하고, 재활전문가 자신의 전문영역 이외에 다른 재활서비스 소비자의 욕구에 따라 적절하게 구성되어야 한다. 이는 재활전문가 자신의 전문영역 이외에 다른 재활분야에 대한 이해 및 적절한 의사소통기술 및 인성 등이 요구되는 쉽지만은 않은 작업이라고 할 수 있다.

전문가의 경험에 가장 현저하게 영향을 미치는 세 가지 주요한 요소는 다음과 같다.

① 팀의 다른 구성원의 태도
② 전문 치료사들의 개인적이고 전문적인 기여
③ 치료사들이 일하는 팀 세팅 유형이다.

팀워크를 하는 전문치료사의 경험에 영향을 미치는 요소에는 결정을 하는 데 있어서 접근성을 가지는 것과 영향을 미치는 것, 팀 동료들과의 관계를 잘하는 것, 팀에서 발생하는 실무에 대한 다양한 모델들에 대한 좋은 경험을 하는 것 등이 있다.

팀워크의 접근에서는 이런 내부적인 요인뿐만 아니라, 외부적인 요인에 대한 조사가 필요한데, 즉 해당 재활기관의 기관장 및 전문치료사들의 팀워크에 대한 인식 정도가 궁극적으로 팀워크에 가장 크게 영향을 미칠 수 있다.

상담사들이 일하는 환경의 유형은 그들이 그들의 임상장면에서 자율적이라고 느끼는 범위를 결정하는 주요한 요소가 된다. 팀 동료와의 관계와 팀 동료로부터 받는

존경은 전문상담사 직업만족에 중요한 것으로 나타났다. 이는 그들의 자율성에 대한 인식을 향상시키기 때문에 직업만족에 긍정적으로 영향을 미친다.

명확한 역할한계를 가지는 것은 전문가들의 직업만족에 긍정적으로 영향을 미치며, 팀 상황에서 성공적으로 일하는 능력에 영향을 미친다. 자율성, 팀 동료와의 긍정적 경험, 자기결정 접근성, 다양성, 의사소통기술은 전문가들의 인식과 수행에 바람직한 영향을 미친다.

13. 독립생활센터는 지역사회를 기반으로 한 비영리, 비거주 시설이다. 1978년의 재활법 개정안에서는 독립생활센터의 설립과 각종 재활서비스의 이행을 적극 권장하고 있다. 이 법에 의하면 연방정부의 재정지원을 받으려면 '운영위원의 51% 이상이 장애인일 것' '한 사람 이상의 장애인 관리자를 둘 것' '한 사람 이상의 장애인 직원을 둘 것' '두 가지 이상의 서비스를 제공할 것' 의 조건이 만족되어야 한다.

독립생활센터에서는 다음과 같은 서비스의 제공이 이루어진다.

① 정보제공과 의뢰의 기능으로 주거생활에 관한 정보, 개인보조원, 대독자, 수화통역사에 대한 의뢰, 보조기, 점자판, 청각장애인용 전화기(TTD) 등의 보조장비에 관한 정보제공을 포함한다. 기타 시민권, 복지정책, 교통수단, 지역사회의 장애인 자조집단에 대한 안내도 주요 기능이다.

② 독립생활 기술훈련으로 요리, 청소, 물건사기, 개인보조원(유료 도우미), 관리훈련, 금전관리교육, 사회기술훈련 등을 포함한다.

③ 동료상담의 기능으로 장애인을 독립생활참여자를 위한 역할모델로 활용하여 법률적인 문제, 예산 세우기, 개인적인 문제에 대처하기, 보다 효과적으로 그리고 보다 쉽게 지역사회에서 곤란을 극복할 수 있는 수단을 강구하기 등의 문제해결에 대한 도움과 정보를 제공한다.

④ 개별적 · 총체적 옹호의 기능이다. 고용의 취득과 유지, 결혼, 자녀양육, 재산소유, 공공건물의 접근권 보장, 평등한 교육의 기회, 선거권, 의료서비스 사용시 장애인이 권리의식을 가지고 자기주장을 펴도록 원조하는 개별적 옹호와 물리적인 장애물을 제거하고 공공정책에 영향을 주려는 총체적 옹호의 두 가지 차원의 기능이 있다. 미국의 RSA는 직업재활(vocational rehabilitation: VR)과 독립생활재활(independent living rehabilitation: IL)을 중요한 두 가지 정부서비스로 규정하고 있다.

14. 지원고용이 의뢰되면, 지원고용 대상자에 대한 지원계획 및 직업조정 → 배치 → 계속적인 지원 → 종결의 순으로 지원고용활동이 이루어진다.

① 사업체 직종개발-지원고용에 대한 의뢰가 들어오면 지원고용 대상자에 대한

직업진로계획을 수립한다.

이 단계에서는, 첫째 지원고용 대상자의 삶에 가장 밀접하게 관련되어 있으면서 유용한 정보나 지원을 제공할 수 있는 사람들로 직업진로계획팀을 조직한다. 둘째 팀워크 조성 및 팀회의를 하고, 셋째 정보수집의 활동이 이루어진다. 넷째, 수집된 정보들을 정리하고 요약하여 소정의 정보양식을 작성한다.

이 단계에서의 직종개발은 사업체 개발을 통해 이루어지는데, 먼저 지역사회 조사를 통해 적합한 고용의 유형을 확인하고 직종을 개발하며 세무서, 구청, 전화번호부의 검색과 활용 등을 통해 잠재적인 고용주를 탐색한다. 직업의 적합성 비교 · 분석을 통해 직무분석을 마치고 사업체 직무조사 양식이 작성되면, 그 결과를 특정한 지원고용 대상자의 직업진로 계획과정에서 작성된 개인정보 및 취업정보양식의 고용선별 요소와 비교 · 분석하여 실제직업으로의 연결가능성 여부를 결정하게 된다.

여기서는 또한 지원계획 및 직업조정과정을 거치게 된다. 이때 적합성 비교 · 분석 결과 선별요소 중 부적합한 요소는 직업교사나 관련인이 어떻게 지원을 해 나갈 것인가를 계획하게 된다. 지원의 내용과 방법은 명료하고 구체적으로 진술하는 것이 좋다. 직업교사의 단순히 기술적인 지원을 하는 방법 외에 물리적인 작업환경이나 작업 순서 및 내용을 다소 변경하여 지원고용 대상자의 능력에 적합하도록 구조 및 직무를 조정하는 직업조정방법을 시도한다.

② 배치-현장 오리엔테이션과 기초적 사정이 끝나면 합의된 최초 근무일에 실제 배치가 이루어진다. 배치가 이루어지고 작업이 시작되면, 직업교사는 현장훈련을 시작한다. 훈련 및 교수의 구체적인 형태는 과제의 난이도와 지원고용 대상자의 개인적인 특성이나 학습상태에 따라서 다양하게 선택, 적용된다. 관제분석표와 기초선 평가자료를 참고로 적합한 교수전략의 유형을 선택하여 적용한다. 일반적으로 많이 쓰이는 유형으로는 언어적인 교수, 역할 모델링, 반복적인 교수, 행동연쇄법, 그림촉진법 같은 것이 있다.

③ 계속적인 지원전략-지원고용의 중요한 특징 중의 하나가 계속적인 사후 서비스를 제공하는 것으로 작업동료 및 상급자와의 관계, 권익보호활동, 수행능력평가가 이루어진다.

④ 종결-지원서비스를 종결하기 위한 결정은 지원고용 대상자, 직업진로 계획팀, 고용주의 직업교사들의 상호 협의를 통하여 이루어진다. 사례가 종결된 이후에도 문제가 발생하면 언제든지 연락이 될 수 있도록 비상계획을 수립하여 놓아야 한다. 그리고 부적응이 발생하면 처음의 과정을 반복하여 적합한 지원고용이 이

루어지도록 한다.

15. 장애에 대한 사회인식과 태도를 다루는 일이 재활에 있어서 중요한 이유는 장애의 개념에서 장애가 개인적인 수준에만 국한되는 것이 아니라 사회적 수준에 사회적인 불리(handicap)로 이어지기 때문이다. 장애는 손상(impairment)이라는 실체와 함께 주변환경에서 그것을 장애라고 인식하는 면과 개인이 사회(주변)로 피드백 받아서 본인 스스로 장애를 인식하게 될 때 비로소 장애로 작용한다.

이렇듯 장애의 신체적인 손상, 개인적 수준에서의 손상은 의료적 심리적 재활을 통해 다룰 수 있다. 그러나 사회보편의 인식이 부정적일 때에는 궁극적인 재활에 해당되는 재사회화가 더욱 어려워지고 불가능할 수도 있다. 또 장애 개인이 뛰어 넘기 어려운 장벽은 물리적인 환경보다는 사회적 인식의 장벽이라고 한다. 사회적 인식과 태도가 긍정적이고 수용적이라면 개인이 느끼는 사회적 불리가 훨씬 경감될 것이다. 장애가 장애로 인식조차 되지 않는다면, 그런 명명(labeling)에서 생겨나는 차별도 없어질 수 있다.

장애를 대중과 다른, 대중에서 일탈된 무언가로 생각한다면 이는 그 대중의 범위 자체를 넓혀 버리는 다양성의 일부로 볼 수 있을 것이다. 무엇보다 사회적 인식과 태도에서 오는 심리사회적 장벽이 재활의 큰 방해요소가 되므로 이것이 제거되어질 때 재활의 효과는 극대화될 수 있으므로 사회인식과 태도를 다루는 일은 중요하다. 우리 영화 〈꽃보다 아름다운 그녀〉에서도 장애의 재활에 있어서 한국보다 미국사회가 긍정적인 이유도 같은 맥락으로 볼 수 있는 것 같다. 또한 사회인식과 태도의 변화, 입법과 정책의 변화를 가져올 수 있고 그로 인해 사회적 · 공적 서비스의 폭이 넓어질 수 있는 것도 그 이유 중에 하나다.

16. ① 전문인 양성에 있어서는 지식적인 측면 및 학문적인 측면에서만 교육을 행할 것이 아니라, 윤리적인 측면에서의 교육이 밑바탕이 되어야 하며, 전문가 개개인의 윤리관은 올바로 세워야 한다.

② 각 개인의 수준에만 맡긴다면 윤리만을 왜곡될 수 있으므로 전문가집단에서 따를 수 있는 윤리안이 있다면 좀 더 객관적일 것이다(예: 윤리강령, 윤리법, 윤리원칙 등).

③ 전문직의 행위의 윤리성을 평가 · 지적할 수 있는 제도적 기반 마련(전문가의 행동에 제약이 가해질 수 있지만 결과를 위해 비윤리적인 과정이 수용될 수는 없으므로 제재기구의 존재도 필요할 것 같다.)

윤리적 딜레마 극복전략 문제, 즉 윤리적 딜레마의 발견, 딜레마 해결을 위한 규칙과 원칙발견, 가능한 윤리적 오리엔테이션에 대한 행동과정의 도출, 각각의 행농과정에 따른 잠재적 결과 고려, 최선의 행동과정의 선택과정으로 이루어진다.
이 과정에서 딜레마가 발생되면, 그 가운데서 반드시 의사결정이 이루어져야 한다. 의사결정이 얼마나 더 윤리적인가는 사람에 따라 달라질 수 있지만 어느 정도는 보편성에 입각하여 결정할 수 있다.

부록

부록 1 고용주/감독관 체크리스트

이 름 : 날 짜 :
고용주 : 직 업 :
장 소 : 작성자 :

※ 유의점

1. 이 양식은 관찰과 기회가 있는 협력자에 의해서 완성될 수도 있다. 다음의 문항들을 완성하고 특별히 등급 정도를 이용하여 평가하시오. 각각의 문항에 대해 경험을 사용하고 필요 시 적합한 설명을 덧붙이시오.
2. 만약 해당 항목을 관찰할 기회가 없었다면 관찰할 기회가 없었음을 뜻하는 N에 표시하고 구체적으로 반응을 기록하시오.

등급

N = 관찰할 기회가 없거나 적용할 수 없다.
1 = 고용 수준보다 현저하게 낮은 상태
2 = 고용 수준보다 약간 낮은 상태
3 = 고용 수준에 괜찮은 정도
4 = 괜찮은 단계 이상으로 독특성이 강하다.
5 = 뛰어나서 매우 모범적인 실행을 보인다.

영역/항목	평가등급
직업습관	
1. 장비와 도구를 능숙하게 다룬다.	N 1 2 3 4 5
2. 안전한 작업행동으로 처리한다.	N 1 2 3 4 5
3. 작업시작을 주도한다.	N 1 2 3 4 5
4. 타당한 이유가 있을 때를 제외하고는 제시간에 일을 한다.	N 1 2 3 4 5
5. 일을 할 수 없을 때 미리 연락한다.	N 1 2 3 4 5
6. 감독의 지시에 따른다.	N 1 2 3 4 5
7. 적절한 의견과 일에 대한 판단력을 보인다.	N 1 2 3 4 5
8. 새로운 기술을 배우는 의지가 있다.	N 1 2 3 4 5
9. 도움이 필요할 때 요청한다.	N 1 2 3 4 5
태도와 지식	
10. 다른 근로자들과 함께 능률적으로 작업한다.	N 1 2 3 4 5
11. 감독자와 함께 능률적으로 작업한다.	N 1 2 3 4 5
12. 감독 없이도 능률적으로 작업한다.	N 1 2 3 4 5
13. 직업에 대한 긍정적인 태도를 가진다.	N 1 2 3 4 5
14. 자기 자신에 대한 긍정적인 태도를 가진다.	N 1 2 3 4 5
15. 작업을 향상시키기 위해 요구되는 지식과 기술을 알고 있다.	N 1 2 3 4 5
16. 새로운 기술을 빨리 습득한다.	N 1 2 3 4 5
17. 작업을 개선하기 원한다.	N 1 2 3 4 5
18. 현재 직무관련 고용획득을 위해 필요한 기술을 가졌다.	N 1 2 3 4 5
19. 현재 직무관련이 없는 고용 수준을 획득하기 위해 필요한 기술을 가졌다.	N 1 2 3 4 5
20. 전일제 고용을 위해 필요한 동기를 가졌다.	N 1 2 3 4 5
21. 이 사람을 기꺼이 고용하겠습니까? ① 예 ② 결정하지 못함 ③ 아니요	
22. 내담자의 주요 장점은 무엇입니까?	
23. 내담자의 주요 약점은 무엇입니까?	

부록 2 작업훈련평가 체크리스트

피훈련생: 기록날짜:

	항상	보통	때때로 해당되지 않음	전혀 해당되지 않음
지시 이해	______	______	______	______
비판 수용	______	______	______	______
감독과 동료와의 협동	______	______	______	______
동기화	______	______	______	______
감독 없이 일하기	______	______	______	______
규칙 준수	______	______	______	______
적절한 외모	______	______	______	______
생산목록 만들기	______	______	______	______
지속적인 작업수행	______	______	______	______
만족할 만한 작업성취	______	______	______	______
작업 동안 주의집중 유지	______	______	______	______
합리성	______	______	______	______
신뢰감	______	______	______	______
정확한 도구사용	______	______	______	______
자기표현능력	______	______	______	______
간단한 셈하기	______	______	______	______
간단한 독해	______	______	______	______

부록 3 세탁부 관찰 체크리스트

장소: 날짜: 관찰자:

횟수코드

1-필요할 때마다	3-일주일에 한 번	5-한 달에 한 번
2-일주일에 2~4번	4-한 달에 2번	6-한 달에 한 번 이하

[기술영역 평가 체크리스트]

직업프로그램 목표는 다양한 직업경험을 가진 학생들에게 제공하고, 피훈련생이 나이가 들어감에 따라 실행가능한 것처럼 보이는 직업유형의 수를 점진적으로 좁힌다. 직무분석의 표본은 피훈련생에게 학생의 선호, 다른 기술들, 진보의 가능성, 즉 고용장소의 장래선택과 관련되는 것 등에 관하여 정보를 제공하게 된다.

피훈련생이 고용된 지역사회와 관련하여 결정된 각 직업유형의 핵심기술을 성취하고 우선 각 직업유형에서 지역사회의 최소 10가지 직업을 인지하는 것과 관련된다. 인지된 직업들은 접촉되고 관찰은 직업유형의 성공적 수행에 요구되는 작업과 그에 관련된 기술을 인지하기 위해 고안된다.

[세탁부 직업유형]

평가과정: 식당에서 피훈련생을 관찰하시오. "테이블을 닦으시오."라고 지시하고, 직무분석에서 1단계를 혼자 수행하도록 5초의 여유를 주시오. 만약 피훈련생이 정확히 행동한다면 (+)를 기록하고, 2, 3단계 등을 진행하시오. 만일 피훈련생이 정확하지 않게 반응하고, 과정 중의 한 단계를 수행하거나 혹은 5초안에 실행하지 못했다면 (−)를 기록하고 평가를 중지하시오. (−)로 남은 모든 단계를 기록하시오. 격려나 강화하지 마시오.

특수기술들의 세부 목록에서 일반기술이 수행된다. 다음 특수기술은 일반기술에서도 요구되고 특수기술에서도 요구되는 비율이다. 특수기술들을 포함하는 핵심기술은 지역사회 피훈련생들이 참고한다.

장애인을 위한 직업프로그램의 개별적 설계를 해야 하고 작업경험을 야기하는 변수들을 설정한다.

[세탁부 작업유형에서의 핵심기술리스트]

<table>
<tr><th rowspan="2">부 문</th><th colspan="2">세탁부 핵심기술리스트</th><th rowspan="2">(%)</th></tr>
<tr><th>전반적 기술</th><th>특수한 기술</th></tr>
<tr><td rowspan="20">I.
세탁항목</td><td rowspan="20">더러운
세탁물
항목들</td><td>베갯잇</td><td>100</td></tr>
<tr><td>수건</td><td>100</td></tr>
<tr><td>(욕실용) 매트</td><td>100</td></tr>
<tr><td>침대커버</td><td>70</td></tr>
<tr><td>담요</td><td>90</td></tr>
<tr><td>쿠션 베개</td><td>10</td></tr>
<tr><td>샤워 커튼</td><td>80</td></tr>
<tr><td>휘장 커튼</td><td>10</td></tr>
<tr><td>매트리스 패드</td><td>90</td></tr>
<tr><td>걸레</td><td>100</td></tr>
<tr><td>식탁보</td><td>60</td></tr>
<tr><td>냅킨</td><td>60</td></tr>
<tr><td>바지</td><td>40</td></tr>
<tr><td>작업복</td><td>50</td></tr>
<tr><td>정장(드레스)</td><td>30</td></tr>
<tr><td>셔츠</td><td>30</td></tr>
<tr><td>오버코트</td><td>20</td></tr>
<tr><td>앞치마</td><td>30</td></tr>
<tr><td>모험복</td><td>10</td></tr>
<tr><td>대걸레</td><td>10</td></tr>
<tr><td rowspan="7">II.
세탁주기에
의한 항목들
준비</td><td rowspan="3">더러운
세탁물
분류</td><td>재질의 종류</td><td>100</td></tr>
<tr><td>색의 종류</td><td>30</td></tr>
<tr><td>만일 심하게 얼룩졌다면 분리된 빨래더미에 배치</td><td>100</td></tr>
<tr><td rowspan="4">얼룩다루기/
더러운 세탁물</td><td>세탁용수 만들기</td><td>10</td></tr>
<tr><td>세탁용수 안으로 빨래 넣기</td><td>70</td></tr>
<tr><td>얼룩에 제거제 직접 착색시키기</td><td>10</td></tr>
<tr><td>감독자가 체크하도록 한쪽에 놓기</td><td>30</td></tr>
</table>

부 문	세탁부 핵심기술리스트		(%)
	전반적 기술	특수한 기술	
II. 세탁주기에 의한 항목들 준비	적절한 장소에 손상된 빨래 놓기	손상된 물건 버리기	33
		손상된 빨래 조사지에 기록하기	33
		박스에 넣거나 걸레로 쓰기	56
		관리자에게 주기	56
	세탁기에 넣기	세탁기에 가득 넣기	90
		특정 개수만큼 넣기	10
		적정량 넣기	10
III. 세탁기 가동	세탁주기 고정	우선공급된 빨래 기록하기	10
		세탁시간 지정	20
		직물 유형별 지정	20
		주기지정 버튼 누르기	40
		적당한 품목을 위해 컴퓨터 카드 끼우기	20
		지정버튼 누르기	20
		사용에 내의류 차트 조회하기	40
		적절한 항목으로 기계 한쪽에 다이얼 고정하기	40
		지정 동안 비상버튼 끄기	10
	세탁기에 세정제 넣기	필요량 측정하기	22
		자동방출세정제의 공급기록	78
		자동방출을 위한 용기 보충하기	67
		세탁기 안에 세정제 넣기	22
		세정제 넣은 후 물 넣기	11
		세탁회전에 앞서 기계에 연화제 넣기	67
		세탁회전 동안 기계에 연화제 넣기	33
	기계 켜기/끄기	기계 켜기	100
		세탁 후 기계 끄기	80
	세탁기에서 내리기	기계에서 통으로 젖은 빨래 싣기	100
		옮기는 마지막에 실은 빨래	20

<table>
<tr><th rowspan="2">부 문</th><th colspan="2">세탁부 핵심기술리스트</th><th rowspan="2">(%)</th></tr>
<tr><th>전반적 기술</th><th>특수한 기술</th></tr>
<tr><td rowspan="9">IV. 건조기 가동</td><td rowspan="5">건조할 품목 준비</td><td>건조기로 빨래 옮기기</td><td>100</td></tr>
<tr><td>건조 전에 세탁된 빨래 분류하기</td><td>22</td></tr>
<tr><td>중간쯤 넣기</td><td>80</td></tr>
<tr><td>건조기 안에 지정된 빨래 수 넣기</td><td>30</td></tr>
<tr><td>먼저 시트 끄르기</td><td>10</td></tr>
<tr><td rowspan="4">건조주기 설정</td><td>건조시간 설정</td><td>100</td></tr>
<tr><td>적정온도 설정</td><td>60</td></tr>
<tr><td>바르게 빨래 넣기</td><td>20</td></tr>
<tr><td>냉각기간 설정</td><td>90</td></tr>
<tr><td rowspan="19">V. 세탁한 빨래개기, 쌓기, 보관하기</td><td rowspan="5">건조기에서 내리기</td><td>적절한 건조조건 기록할 차트 사용</td><td>30</td></tr>
<tr><td>통에서 빨래 내리기</td><td>100</td></tr>
<tr><td>빨래 내리고 통 건너에 놓기</td><td>70</td></tr>
<tr><td>여전히 젖어 있다면 다시 건조하기</td><td>100</td></tr>
<tr><td>보관통에 빨래 넣기</td><td>10</td></tr>
<tr><td rowspan="2">손으로 세탁한 빨래 접기</td><td>주름 펴고 빨래 접기</td><td>10</td></tr>
<tr><td>필요한 만큼 라벨 붙이기</td><td>10</td></tr>
<tr><td rowspan="2">빨래 쌓기</td><td>끝을 맞추어 쌓기</td><td>100</td></tr>
<tr><td>색에 의해 쌓기</td><td>40</td></tr>
<tr><td rowspan="10">빨래 보관하기</td><td>시트 쌓고 베갯잇 묶기</td><td>20</td></tr>
<tr><td>더미에 특정 수만큼 쌓기</td><td>30</td></tr>
<tr><td>매장별 분류</td><td>10</td></tr>
<tr><td>크기에 의해 쌓기</td><td>20</td></tr>
<tr><td>재질에 의해 쌓기</td><td>10</td></tr>
<tr><td>테두리 유형에 의해 쌓기</td><td>10</td></tr>
<tr><td>분리된 보관실에 가져가기</td><td>20</td></tr>
<tr><td>보관실 선반에 놓기</td><td>80</td></tr>
<tr><td>물품항목 세기</td><td>10</td></tr>
<tr><td>배달되는 통에 넣기</td><td>10</td></tr>
</table>

부 문	세탁부 핵심기술리스트		(%)
	전반적 기술	특수한 기술	
VI. 일반적 의무	세탁실 청소	외관 닦기	80
		마루 쓸기	70
		마루를 대걸레로 청소하기	10
		보풀통 비우기	100
		대걸레 빨기	70
		통 청소	10
		배수관 청소	10
		건조기 청소	10

부록 4 기술영역 평가 체크리스트

직업명: 작업유형:

장소: 시행날짜:

지시:

1. 내담자 능력 범위 내에서 개별적으로 직업에 적용하여 다음 기술 영역을 평가하시오. 어떤 기술항목에서 의무적인 실행의 최소기준을 선택하는 것이 필요합니다.

예 A: 내담자는 할 수 있다. (하나-최소의 기준을 선택하시오.)

a. 도움 없이 걷기

b. 보조장치 이용하여 걷기(지팡이, 목발 등)

c. 휠체어 조작하여 이동하기

d. 다른 피고용인에 의해 휠체어로 이동하기

예시된 대답은 건물이 장벽이 있고 휠체어가 접근하기 어려움을 가리킨다. 이 시설에 고용된 어떤 내담자는 휠체어 사용 없이 이동해야 한다.

다음의 요소들을 사용하는 기술항목들을 평가하는 것이 요구된다.

예 B: a. 어깨 ①②③④

b. 팔 ①②③④

c. 손 ①②③④

d. 다리 ①②③④

e. 발 ①②③④

항목을 평가하는 데 사용되는 반응내용은 다음과 같이 정의된다.

① 부적절: 고용을 위해 개인을 평가할 때 고려되지 않는다.

② 약간 중요: 고용을 위해 개인을 평가할 때 고려되나 결정적 요인은 아니다.

③ 중요: 프로그램 시작을 위해 개인의 평가에서 중요하게 고려되고 결정적 요인이 될 수 있다. 최적능력 이하의 가능한 분야와 기술은 고려되나 약간의 개선과 진보가 요구된다.

④ 필수: 고용을 위해 절대적으로 필요하다.

2. 조사서에 기록된 10가지 항목에 V표시를 함으로써 고용에 가장 필요한 것으로 고려되는 우선기술영역을 평가하시오.

1) 의뢰내용 확인하기

a. 이름 ①②③④

b. 주소 ①②③④

c. 전화번호 ①②③④

d. 나이 ①②③④
e. 고용주의 이름 ①②③④
f. 고용주의 주소 ①②③④

2) 다음과 같은 기본적 의사 전달하기
a. 갈증 ①②③④
b. 배고픔 ①②③④
c. 병 ①②③④
d. 고통 ①②③④
e. 용변 ①②③④

3) 주어진 안전신호에 적절히 반응하기
a. 언어적으로 ①②③④
b. 신호를 통해(몸짓) ①②③④
c. 신호로부터(사이렌, 벨 등) ①②③④

4) 다음과 같은 시기에 동료들과 접촉을 시작하기
a. 작업에 도움이 필요할 때 ①②③④
b. 동료로부터 작업재료를 요구할 때 ①②③④
c. 작업완성의 평가를 요구할 때 ①②③④

3. 고용에 대한 장애인의 준비

1) 다음과 같을 때 감독자와의 접촉
a. 작업을 할 수 없다. ①②③④
b. 작업에 필요한 재료가 바닥나다. ①②③④
c. 일을 마무리하다. ①②③④
d. 작업을 계속하기에 피곤하거나 너무 아프다. ①②③④
e. 물을 마시고 싶거나 휴게실에 가고 싶다. ①②③④
f. 작업에 실수를 저지르다. ①②③④

2) 훈련 수준(최소기준들을 선택하시오)
a. 1단계 훈련
b. 2단계 훈련
c. 2단계 훈련 이상

3) 지시를 따르기(최소기준을 선택하시오)
a. 2개 이상의 조언(메모)
b. 하나의 조언(메모)
c. 두 개의 조언(메모)

■ 직업 유형

훈련교사: 피훈련생: 날 짜: 장 소: 훈련명:														
과정	단계 내용													
①														
②														
③														
④														
⑤														
⑥														
⑦														
⑧														
⑨														
⑩														
⋮														

부록 5 고용능력검사

순 위	중요성	직업을 가지는 데 가장 중요한 요소
1	3. 38	배우는 의지의 표현
2	3. 77	면접을 통해 긍정적인 인상을 보여주기
3	3. 85	직무와 관련된 경험을 보여주기
4	4. 23	견고한 직업의식을 보여주기
5	4. 77	적절한 훈련이나 교육을 받기
6	5. 54	좋은 습관의 깨끗한 외모를 보이기
7	5. 69	이직의 경우 명백한 이유를 제시하라
8	6. 15	좋은 신체조건을 보여주기
9	7. 62	신청서를 깔끔하게 완성하기

순 위	중요성	직업을 유지하는 데 가장 중요한 요소
1	2. 92	정중히 지시사항을 잘 따르기
2	3. 54	배우고자 하는 의지를 증명하기
3	3. 77	모든 주어진 임무를 처리할 수 있는 능력을 보이기
4	4. 69	스스로 시작할 줄 아는 태도
5	5. 00	매일 제시간에 직장에 출근하기
6	5. 08	다른 동료들과 잘 지내기
7	5. 69	충고를 수용할 수 있기
8	7. 00	신체적인 조건을 좋게 유지하기
9	7. 31	회사를 발전시킬 수 있도록 궁리하기

요 약

작업명: DOT 직업명 및 코드번호:

감독자: 사업체 전화번호:

회사명 및 주소:

작업요약/설명 :

같은 작업장의 같은 곳에서 일하는 근로자의 수

1 2 3 4 5 6 7 8 9 9이상

같은 작업장의 다른 곳에서 일하는 근로자의 수

1 2 3 4 5 6 7 8 9 9이상

환경적 · 사회적 상태

1. 실내	8. 기계적 위험이 있는 곳	14. 위험한 도구를 사용하는 곳	20. 드문 타인과의 접촉
2. 실외	9. 전기적 위험이 있는 곳	15. 바닥이 어지러운 곳	21. 혼자서 작업
3. 더운 곳	10. 화상의 위험이 있는 곳	16. 높은 곳에서의 작업	22. 감독 하에서 작업
4. 추운 곳	11. 방사선의 위험이 있는 곳	17. 강한 빛을 쬐이는 곳	23. 공격에 노출된 작업
5. 습기찬 곳	12. 환기가 잘 안 되는 곳	18. 악취가 나는 곳	24. 시간 외 근무
6. 소음이 심한 곳	13. 물건을 옮겨야 하는 곳	19. 대인관계기술을 요하는 곳	25. 보호장비/보호장구의 사용
7. 진동이 심한 곳			

작업분석

일반적 사업 자세

26. 걷기(혹은 이동)	27S. 허리 굽히기/웅크리기	28. 서기
29. 앉기	30S. 31. 무릎 구부리기	

물체 조작 시 높이와 무게

120cm 혹은 그 이상	39cm ~ 120cm 사이	39cm 미만
32. 0 ~ 11kg	38. 0 ~ 11kg	44. 0 ~ 11kg
33. 0 ~ 22kg	39. 0 ~ 22kg	45. 0 ~ 22kg
34. 0 ~ 55kg	40. 0 ~ 55kg	46. 0 ~ 55kg
35. 0 ~ 110kg	41. 0 ~ 110kg	47. 0 ~ 110kg
36. 110kg 이상	42. 110kg 이상	48. 110kg 이상
37S. 저장	43S. 분배/분할	49S. 저장

물체 조작

50S.	51. 양손 조작	53S. 54. 37㎝ 이상 팔 뻗기	57S. 58. 손가락만 사용
	52. 한손 조작	55S. 56. 어깨 위로 팔 뻗기	59S. 60. 60㎝ 혹은 그 이상의 부피가 큰 물체 옮기기

물건 옮기기

운반	64. 2 ~ 110kg	68. 한손으로 밀기/당기기	72. 11 ~ 22kg
61. 2 ~ 11kg	65. 110kg	69. 양손으로 밀기/당기기	73. 11 ~ 55kg
62. 2 ~ 22kg	66. 22kg 물체를 9m 이상 옮기기	70. 밀기/당기기(비대칭적)	74. 11 ~ 110kg
63. 2 ~ 55kg	67. 분배/분할	71. 저장	75. 110kg 이상

말하기와 듣기

76. 개별적인 의사표현	78. 전화상의 의사표현	80. 대중과 50% 이상의 대화
77. 개별적인 의사수렴	79. 전화상의 의사수렴	81. 고도의 청력을 요하는 작업

운전/기계 조작

82. 오른손 조작	84. 발 조작/페달 조작	86. 선 자세에서 발 조작
83. 오른손 조작	85. 앉은 자세에서 발 조작	

빈번하지 않은 행동

87. 다리로만 오르기	89. 머리 돌리기	
88. 팔과 다리로 오르기	90. 등 돌리기	
91. 무릎 구부리기	94. 기기	97. 속도(민첩성)
92. 허리 구부리기	95. 등으로 기대기	98. 달리기
93. 무릎 꿇기	96. 뛰기	99. 던지기

시각적 요구

의사소통	측정	이동
100. 읽기와 쓰기	104. 고정된 방법	106. 운전
101. 작업거리	105. 정밀한 측정기구 사용	107. 걷기
102. 정규형태	108. 위험으로부터의 회피	
103. 지도감독		

강도요구의 분류(노동부 강도단계)

109. 좌식(25kg)	110. 가벼운 작업(50kg)	111.보통 작업(70kg)	112. 무거운 작업(100kg)

걷기, 서기, 앉기의 인성

	15분	30분	1시간	2시간	3시간	4~6시간	6시간 이상
걷기	113	114	115	116	117	118	119
서기	120	121	122	123	124	125	126
앉기	127	128	129	130	131	132	133

그 밖의 필요조건

134. 평균 이상의 목소리	136. 수평상태 작업	138. 전체 몸 사용
135. 매우 큰 소리	137. 장시간 앉아서 작업	139. 허리를 주로 사용(55kg)

운 전

140. 드물게
141. 규칙적으로
142. 단기출장
143.운전이 주된 임무
144. 운전중심의 임무
145. 운전사가 차를 가지고 운전

작업장의 장벽

146. 주차
147. 주차장 접근
148. 장애인 주차시설
149. 3m 60cm 넓이
150. 진입로(Ramp)
151. 120cm 넓이
152. 경사로(slope)
153. 난간(handrail)
154. 계단너비(landing)
155. 출입구
156. 출입문
157. 80cm 넓이
158. 충분한 공간
159. 바닥의 문턱
160. 엘리베이터
161. 접근성
162. 바닥상태
163. 조작성
164. 점판부착
165. 미끄럼 정도
166. 문
167. 손잡이
168. 문턱의 유무
169. 출입성
170. 방해물
171. 화장실
172. 80cm 넓이
173. 출입성
174. 연결통로
175. 개소대 이용성
176. 조작성
177. 복도
178. 복도 출입문
179. 90cm 넓이
180. 이동거리
181. 지지 손잡이
182. 건물의 대칭성
183. 식수대
184. 청결성
185. 조작성
186. 전화
187. 공공성
188. 135cm 넓이
189. 75cm 넓이
190. 이동의 편의성

논 평

직무분석자:

검증자:

직무분석 일자:

부록 6 직무 적합성 비교 및 지원계획서

이름 : 고용 전문가 :
작성자 : 사업체명 :
작성일 :

고용선별 요소	직업과 연결 가능성 좋음-G, 나쁨-P, 요구됨-SN	필요한 지원 정도/지원계획
작업시간대		
임금		
출퇴근 기술		
물리적 환경(이동성)		
활동변경		
시간인식		
과제의 변화에 대한 인내력/연속성		
들거나 운반하는 힘		
지속력		
비율/작업속도		
과제에 대한 집중력		
의사소통		
셈하기/읽기		
사회적 상호작용		
청결/외모		
강화의 제공 정도		
스트레스 요인		

부록 7 사후지도 평가양식

[고용주/직무 감독자 평가표]

내담자명 : 작업코치명 :

고용주 : 날짜 :

주소 : 직무 :

작성자 :

※ 주의: 본 양식은 내담자를 관찰하고 감독하는 기회를 가지는 사람에 의해 작성되어야 한다.

※ 기재요령: 당신이 감독하고 있는 내담자를 다음의 문항에 비추어 최대한 기억과 경험에 가까운 응답을 하여 주시고 필요하다면, 비고난에 진술을 덧붙여 주시기 바랍니다 (항목 중 당신이 관찰할 수 있는 기회를 가지지 못한 특성들에 대해서는 N에 ○표를 하시기 바랍니다.).

다음의 척도에 의거하여 해당되는 번호에 ○표 하시기 바랍니다.

〈척도〉

N = 관찰기회 없음, 해당 없음 1 = 초보자 수준에 현저히 미달함

2 = 초보자 수준에 조금 미달함 3 = 초보자 수준 정도

4 = 초보자 수준을 넘어서 강점을 지님 5 = 월등함, 매우 훌륭한 성취를 보임

영역/특성

	척도	비고	작업습관
1. 장비와 도구들을 능숙하게 사용한다.	N12345		
2. 작업과정을 안정하게 유지하기	N12345		
3. 작업의욕을 보이기	N12345		
4. 타당한 이유가 있을 경우를 제외하고는 제시간에 출근하기	N12345		
5. 작업할 수 없는 경우에는 전화연락하기	N12345		
6. 상급자의 지시 따르기	N12345		

	척도	비고	작업습관
7. 작업에 있어서 적절한 의사결정과 판단하기	N12345		
8. 새로운 기능 습득하기	N12345		
9. 도움필요 시 질문하기	N12345		
태도와 지시			
10. 다른 동료들과 효과적으로 일하기	N12345		
11. 상급자와 효과적으로 일하기	N12345		
12. 직업적 지시감독 없이 일하기	N12345		
13. 작업에 대한 긍정적 태도 지니기	N12345		
14. 자신에 대한 긍정적 태도 지니기	N12345		
15. 작업개선을 위해 필요한 지식, 기술 이해	N12345		
16. 새로운 기술의 조숙한 습득	N12345		
17. 자신의 작업을 개선하려는 욕구	N12345		
18. 현재의 직업과 관련되지 않은 초기고용에 필요한 기술습득 정도	N12345		
19. 현재의 직업과 관련되지 않은 초기고용에 필요한 기술소지 정도	N12345		
20. 전일제 고용에 필요한 동기부여	N12345		

21. 당신은 위 사람을 계속 고용할 생각이 있습니까?
   ① 예
   ② 결정을 못 하겠음
   ③ 아니요
22. 위 내담자의 주된 장점은 무엇이라고 생각하십니까?
23. 위 내담자의 주된 약점은 무엇이라고 생각하십니까?

부록 8 초기면접 사례기록

내담자: 김○○(남)
주민등록번호: 610＊＊＊-1066614
생년월일: 1971년 ＊월 ＊일
주소: 대구시 남구 대명3동 2288번지
장애유형: 지체부자유 2급(소아마비)

김○○씨는 지체부자유 2급이며 출생 후 3세 때 소아마비로 양하지에 마비가 왔다. 목발 같은 보장구를 필요로 할 정도는 아니지만 양다리에 힘이 없고 다리를 절뚝거려 일반보행에는 문제가 없지만 장시간의 보행은 무리다.

신장 173cm에 몸무게 64kg이며, 2차적 장애로 지능장애를 겸하고 있다. 2남 1녀의 장남이며 아버지는 엘리베이터 회사의 사원이고 어머니는 가사일을 하시며 남동생은 교사직을 가지고 있다. 내담자와 시간을 가장 많이 보내는 누나는 지능이 약간 떨어지며 직업이 없다. 누나와 집에서 함께 있는 시간이 많아 혼자 있는 것을 싫어하고 집에서 떠나는 것을 극히 싫어한다. 또한 어릴 적에 누전으로 인한 사고를 2번이나 당해 전기를 만지는 것을 두려워한다.

일반 고등학교를 졸업하여 따로 직업훈련을 받은 적은 없으나 이웃이 운영하는 공장에서 어답터 조립을 했으며, 월급이 적고 건강이 나빠져 그만두었다. 그러나 전자부품을 조립하는 업체에 취업하거나 가능하면 기술훈련 받기를 희망했다.

[평 가]

소아마비로 인한 다른 기능장애의 여부를 알아보기 위해 의료평가를 실시하였다. 결과는 전체적으로 신체의 힘이 약하고 체격적으로도 왜소, 우측하지 힘이 약하고 관절의 굽힘이 원활하지 못해 뻣뻣하다.

작업평가로는 손의 기민성을 알아보기 위해 Valpar 2번과 Purdue Pegboard를 실시했는데 30%로 중간 이하의 수준을 나타냈다.

부가적으로 심리검사인 MMPI를 실시했는데 동기에 대한 통찰은 낮고 망상적 경향이 있으며, 비사고적 행동과 과한 도덕성의 엄격 등으로 심리상담이 요구된다.

[조치사항]

내담자의 의뢰와 업체의 구인시기가 적당하며 내담자가 전자조립업계에 대한 높은 흥미와 의욕을 보여 일단 대중전자에 취업 후 계속적인 심리상담 서비스를 제공하기로 하였다. 그러나 한 달도 채 되지 않아 그만두게 되었는데 내담자는 분위기에 적응하기 힘들다는 것이 이유라고 했으나 고용주는 지시의 비수용과 동료들, 특히 나이 어린 동료들에게 있어 자신의 의견을 고집하여 마찰을 빚은 것을 이유로 들었다. 내담자와 재상담 실시 후 전자조립 쪽으로 다른 취업자리를 알선했으나 월급과 내담자의 작업태도의 불성실로 인해 다시 나오게 되었다. 위의 상황과 심리상담과 결과로 보아 내담자에게는 무엇보다도 작업태도에 대한 직업교육과 폭넓은 직업적 능력을 개발하는 것이 필요하다고 보아 1년간 서비스를 제공하였다.

구체적인 서비스로는 집에서 떠나기를 싫어하는 것을 고려하여 가족치료와 지속적인 심리상담, 직업훈련 프로그램을 실시하였다.

이후 서비스를 임시만료하고 계속적인 내담자의 취업요구를 고려하여 현상태를 파악하기 위하여 평가를 실시한 결과 전의 직업현장에서 빚어진 문제들, 즉 지시나 감독을 수용하는 것에 있어서는 문제가 없었으나 아직까지 새로운 사람에 대한 경계와 자신보다 어린 사람에게 자기의 주장을 내세우는 것은 여전했다. 직업을 갖고자 하는 의욕은 높았으며 직업학교 훈련기간 동안 손의 교치성이 높아졌고 가족들과도 안정적인 관계를 유지하고 있었다.

직업상담 결과 이전 직업의 경험과 직업훈련을 통해 조립작업에 자신감을 가지고 있었다.

의뢰가 들어온 업체 중 내담자가 할 수 있다고 생각되어진 것에는 전화기 부품조립, 비닐가방 손잡이 만들기, 칫솔조립이 있었으나 직무분석 결과 환경 면에서 더 독립적이고 임금, 사업체의 위치 등으로 인한 여건들이 내담자 욕구를 충족하고 내담자와 상담결과 본인도 동의하여서 고용주와 면접 끝에 취업이 확정되었다.

처음 취업하여 작업숙달은 별 문제가 없었고, 감독자의 지시수용도 높아 별 문제가 없었으나 여전히 동료와의 관계 속에서 힘들어하고 있었다. 상담사는 지지로 내담자를 격려하며 동료와의 면담에서 발견된 문제들을 지속적으로 상담하며 재교육시켰다.

또한 회사에서도 연합체육대회 등을 통해 내담자가 동료들과 더 가까이 지낼 수 있는 기회를 제공하는 등으로 인해 내담자의 동료들과의 관계문제들도 점차 줄어들었다. 문제가 개선됨에 따라 내담자와 고용주 모두 만족한 상태로 현재까지 근무 중이며 회사 내 다른 작업훈련프로그램에도 참여하여 능력영역을 넓혀 가고 있다.

[직업준비도 평가양식]

내담자 : 김OO　　날짜 : 97. 4. 15.　　재활기관명 :OO　　담당자 : 최OO

1. 직업능력: 아래 A, B, C 평가척도를 이용하여 평가항목들을 체크하시오.

A: 평균 성인 수준　　B: 다소 장애가 있음　　C: 많은 장애가 있음

(1) 인지능력

A ① 손-손가락 교치성　B ② 기억　C ③ 학습력

A ④ 읽기 능력　B ⑤ 어휘 사용력　A ⑥ 더하기 빼기의 셈하기 능력

(2) 운동-이동능력

A ① 손-손가락 교치성　A ② 상지 사용능력　B ③ 하지 사용능력

(3) 의사소통능력

A ① 말하기　B ② 이해력　A ③ 시력

A ④ 듣기　A ⑤ 기타 촉감, 후각, 미각

(4) 일반보건

A ① 신체적 강도　B ② 체력　B ③ 정서적 안정　B ④ 의식수준

(5) 기타 :

2. 직업 욕구: 다음의 A, B, C 평가척도를 이용하여 평가항목들을 체크하시오.

A: 강한 욕구　　B: 약한 욕구　　C: 욕구 없음

(B, C체크 항목은 기타란에 구체적 내용을 기재하시오.)

A (1) 직업을 자기개발의 기회로 간주한다.

A (2) 직업활동을 즐기며 작업시간을 자신의 중요한 생활의 일부로 간주한다.

B (3) 직업적으로 불확실한 위험을 감수할 수 있다.

B (4) 직업을 갖기 위해 현재의 활동들을 포기한다.
(5) 기타 :

3. 유용한 직업: 다음 A, B, C 평가척도를 이용하여 평가항목들을 체크하시오.

A: 문제 없음 B: 약간의 문제 있음 C: 명백히 문제 있음
(B, C 체크 항목은 기타란에 구체적 내용을 기재하시오.)

A (1) 취직에 의해 야기될 수 있는 직업적 갈등
A (2) 취직에 의해 야기될 수 있는 재활서비스 이용상의 갈등
A (3) 취직에 의해 야기될 수 있는 사회적 · 시민적 책임상의 갈등
A (4) 취직에 의해 야기될 수 있는 가사책임상의 갈등
A (5) 취직에 따른 중요한 타인들의 심리적 지지
A (6) 취직이 양육책임을 방해할 수 있는 가능성
A (7) 매일매일의 출퇴근 수단의 확보
(8) 기타 :

4. 직장 적응능력: 다음 A, B, C 평가척도를 이용하여 평가항목들을 체크하시오.

A: 문제 없음 B: 약간의 문제 있음 C: 명백히 문제 있음
(B, C 체크 항목은 기타란에 구체적 내용을 기재하시오.)

A (1) 손톱, 발톱 깎기, 목욕, 양치질을 정기적으로 한다.
A (2) 머리손질과 용모를 깨끗이 한다.
A (3) 복장을 단정하고 적절하고 깔끔하게 한다.
B (4) 새로운 사람을 사귀고 친구로 삼는다.
A (5) 소규모 동료집단에 협조적으로 참여한다.
B (6) 공격적이거나 부적절한 정서표현을 한다.
A (7) 고용주의 걱정과 욕구를 이해할 수 있다.
A (8) 지시나 감독을 수용한다.
A (9) 시간을 잘 지키고 신뢰할 수 있다.
(10) 기타: 작업태도교육으로 지시의 수용이나 협조능력은 향상되었으나 때때로 자신의 의견을 고집하는 경향이 있다.

5. 작업준비도의 결정

다음의 영역을 '예' '아니요'와 물음표를 사용하여 평가하시오.

예 (1) 능력: 내담자는 고용가능한 기능적 능력을 가졌습니까?

예 (2) 욕구: 내담자는 고용에 필요한 작업활동 욕구가 있습니까?

예 (3) 유용성: 교통수단 등 내담자는 고용될 만큼 충분한 경쟁력을 갖추었습니까?

예 (4) 적응능력: 내담자의 외모, 사회적 기술, 직업태도는 일반고용에 적합합니까?

6. 내담자의 직업준비도 수준을 높일 수 있는 제안:

7. 결론: 내담자는 현재상태에서 직업배치되어야 합니까?

[직무분석 및 조정양식]

1. 직업상담에서 고려된 직업명: 전화기부품 조립

2. 위 직업의 초보수준의 작업요구조건을 내담자가 지녔는지 아래 각각의 문장에 예, 아니요로 표시하시오.

예	아니요	
○		요구되는 학력: 제한 없음
○		면허/자격증: 제한 없음
○		개별 훈련: 제한 없음
○		경력: 제한 없음

3. 다음의 직무과제 수행능력 과제 1, 2, 3, 4, 5 란에 위 직업에서 요구되는 직무과제 내용을 기재하고 앞에서처럼 각각의 문항에 예, 아니요로 표시한 후 문항 우측의 각각의 척도에 체크하시오.

예	아니요		인지	이동-운동	의사소통	감각	일반건강
○		직무과제 #1: 부품위치 파악	○				
○		직무과제 #2: 소부품 조립	○		○		
○		직무과제 #3: 본체 조립	○		○		
	○	직무과제 #4: 옮기기		○		○	
○		직무과제 #5: 상자담기	○		○	○	

4. 작업 조건: 다음 항목의 작업조건들이 내담자에게 적절한지 아닌지를 예, 아니요로 표시하시오.

예	아니요	
	○	직장건물은 내담자가 접근가능한가?
○		작업스케줄(교대, 근무시간 등)은 내담자에게 적절한가?
○		먼지와 소음 등 작업환경은 내담자에게 적절한가?
○		내담자에게 적절한 감독과 훈련기회가 주어질 것인가?

예	아니요	
○		초기 임금과 근로혜택은 내담자가 수용할 만한가?
	○	지역사회에 이와 같은 류의 직장이 현재 유용한가?

5. 개인적 특성

예	아니요	
○		현재의 직업에 내담자의 용모, 복장, 외모, 청결은 적절한가?
○		내담자는 이 직업에 적절한 사회적 기술을 가졌는가?
○		내담자는 이 직업에 적절한 태도(상사에 대한 존경과 시간준수 등)를 가졌는가?

6. 의사결정

다음의 항목을 우측의 고용가능성 및 직무조정과 관계하여 평가하시오.

	적절하다.	직무조정에 의해 적절하다.	부적절하다.
(1) 견습공 자격		○	
(2) 직무과제 수행능력	○		
(3) 작업조건	○		
(4) 개인적 특성		○	

참고문헌

김기원, 김승아(1995). 장애인 근로자 장기근속요인에 관한 연구. 한국사회복지학, 26, 9-50.

김남현(1978). 조직 행동의 관리. 서울: 도서출판 경문사.

김동연, 최외선(1994). 성인 미술치료. 대구: 도서출판 동아문화사.

김성환(1997). K연봉제와 목표관리 평가시스템. 서울: 한국능률협회.

김승국(1994). 장애학생의 직업평가. 서울: 도서출판 특수교육.

남용현, 최종철, 류정진(2010). 장애인고용차별 체크리스트 개발. 경기도: 장애인고용공단 고용개발원.

박희찬 외(1999). 장애인재활. 서울: 특수교육.

서광윤 (1992). 미국장애인법(Americans with Disabilities Act)의 이해. 서울: 재활연구소.

안병즙, 강위영, 박석돈(1994). 직업평가. 대구: 문창사

윤현숙(1995). Sickness impact profile을 이용한 신체질환자의 삶의 질에 관한 연구. 한국사회복지학, 26, 105-128

이달엽(1997). 재활과학론. 서울: 형설출판사.

임안수(2004). 우리나라와 미국의 특수교육법에 나타난 평가규정에 관한 연구. 특수교육저널: 이론과 실천, 5(4), 43-62.

장애인복지신문, 1990. 3. 2일자

장애인신문, 1996년 10월 14일자, 1면.

황운성(1998). 현직훈련을 통한 정신지체인들의 직업적응 과정연구. 서울대학교 사회복지학과 1998학년도 석사학위 청구논문.

Arthur, J. K. (1967). *Employment for the handicapped: A guide for the disabled, their families, and their counselors*. Nashville, Tennessee: Abingdon Press.

Baker, C. (1971). Therapeutic recreation for exceptional children. *Journal of Rehabilitation, 37*(1), 32-34.

Baker, L. D. (1978). St Louis, MO: Missouri State Office of Manpower Planning. Proceedings: *Affirmative action forum on the handicapped* (Eds.).

Bellamy, T., O' Conner, G., & Karan, O. (1979). *Vocational rehabilitation of severely handicapped* (Eds.). Baltimore, Maryland: University Park Press.

Corthell, D. W., & Boone, L. (1982). *Marketing: An approach to placement.* Menomonie, Wisconsin: Ninth Institute on Rehabilitation Issues.

Coven, A. B. (1977). The Gestalt approach to rehabilitation counseling. *Rehabilitation Counseling Bulletin, 20*(3), 167-174.

Cull, J. G., & Hardy R. E. (1973). *Adjustment to Work: Springfield.* IL: Charles C. Thomas Publisher.

Darley, J. G., & Hagenah, T. (1995). *Vocational interest measurement.* Minneapolis, MN: University of Minnesota Press.

DissonneHe, Dermise, Pimental, & Richard (1989). *Performance based placement manual: Job development techniques that work!* Northridge: California: Milt Wright and Associates Inc.

Gannaway, T. W., & Wattenbarger, W. (1982). The relationship of vocational evaluation and vocational and vocational placement functions in vocational rehabilitation. In D. Vandergoot, & J. D. Worral (Eds.), *Placment in rehabittation: A Career development perspective* (pp. 43-58). Austin, Texas: Pro-ed.

Geist, C. S. (1982). *Placement handbook for counseling disabled persons*, Springfield, IL: Charles C. Thomas Publisher.

Gozali, J., & Killian, J. J. (1972). Projects with industry. *Journal of Rehabilitation, 38*, 28-29.

Greenspan & Shoultz (1981). Why mentally retarded adults lose their jobs: Social competence as a factor in work adjustment. *Applied Research in Mental Retardation, 2*, 23-38.

Guinn, S. L. (1989). Objective placement through job analysis. *Worklife, 7*, 7-9.

Hershenson, D. B. (1979). *Work behavior development and placement.* In Gannaway

& Wattenbarger, 59-70.

Hesketh, B. (1993). Toward a better adjusted theory of work adjustment. *Journal of Vocational Behavior, 43,* 75-83.

Holland, J. L. (1992). *Making vocational choices* (2nd ed.). Odessa, FL: Psychological Assessment Resources, Inc.

Housman & Smith (1975). *Journal of Rehabilitation, 38*(3).

Joseph B. Moriarty PDQ Coordinator. *West Virginia Rehabilitation and Training Center,* One Dunber Plaza Suite E, Dunber, West Virginia 25064 USA.

Kramer, E. (1977). *Art therapy in a childreń s community.* Springfield, Illinois: C. C. Thomas.

Laski, F. J. (1979). Legal strategies to secure entitlement to services for severely handicapped persons. In T. Bellamy, G. Oconner, & O. Karan (Eds.), Vocational rehabilitation of severely handicapped persons: Contemporary service strategies(pp. 1-32). Baltimore, Maryland: University Park Press.Lofguist, L. H., & *Mans problem in a work-oriented society.* New York, New York: Meredith Corporation.

McGowan, J. F., & Porter, T. L. (1967). *An introduction to the vocational rehabilitation process.* Washington, D. C.: US Department of Health, Education, and Welfare.

McGowan, J. F., & Porter, T., L. (1978). *An introduction to the vocational rehabilitation process.* Vocational Rehabilitation Administration, United States Department of Health, Education and welfare.

Moriarty, J. B., Walls, R. T., & McLaughlin, D. E. (1987). The Preliminary Diagnostic Questionnaire(PDQ): Functional Assessment of Employability. *Rehab Psychology, 32*(1), 5-15.

Muklewicz, C., & Bender, M. (1988). *Competitive job-finding guide for persons with handicaps.* Boston: Little, Brown and Company.

National Occupational Information Coordinating Committee (1986). Using labor market information career exploration and decision making: A resource Guide, 39.

Newnam, R. D. (1973). Personal polarity and placement problems. *Journal of Rehabilitation, 39*(6), 20-25

Nosek, M. A., Howland, C. A., & Young, M. E. (1997). Abuse of women with disabilities: Policy implications, *Journal of Disability Policy Studies, 8*(1 & 2), 157-175.

Obermann, C. E. (1965). *A history of vocational rehabilitation in America.* Minneapolis, Mn: T. S. Denison & Company, Inc.

Payne, J. S. (1984). *Rehabilitation techniques.* New York: Human Sciences Press, Inc.

Pimentel, R., Bissonnette-Lamendella, D., & Wright, A. L, (1987). *Job placement for the industrially injured worker.* Northridge, California: Milt Wright and Association, Inc.

Pooner, F., Algorring, B., and Saxon, J. P. (1980). The efficacy of vocational rehabilitation with mental ill persons, *Journal of Rehabilitation, 46*(4), 62-66.

Prurtt, W. A. (1983). *Work adjustment.*, Stout-Wisconsin: Walt Pruitt Associates.

Reiff, R. & Scribner, S. (1970). Rehabilitation and community mental health employment and disability issues. *Journal of Rehabilitation. 36*(3), 11-15.

Riggar, T., Maki, & Wolf (1986). *Applied rehabilitation counseling.* New York: Springer Publishing Company, Inc.

Roe, A., & Siegelman, M. (1964). *The origin of interests.* Washington D.C.: APGA Inquiry Studies. Number one.

Roessler, R. T., & Rubin, S. E. (1998). *Case management and rehabilitation counseling,* Texas, Pro-ed, 137-157.

Roessler, R. T., & Rubin, S. E. (1979). Knowledge of the world of work; A necessity for rehabilitation counselors. *Journal of Rehabilitation, 45*(4), 55-58.

Rubin, S. E., & Rossler, R. T. (1995). Austin Texas PRO-ED, lnc.

Sands, H. S., & Radin, J. (1978). *The mentally disabled rehabilitant: Post employment service* (2nd ed.). New York: Postgraduate Center for Mental Health.

Schoenberger, L. & Braswell, C. (1971). Music therapy in rehabilitation. *Journal of Rehabilitation, 37* (1), 30-31.

Spooner, F., Algozzine, B., & Saxon, J. P. (1980). The efficacy of vocational rehabilitation with psychotic persons. *Journal of Rehabilitation, 46*(2), 62-66.

The Revised Handbook for Analysing jobs (Reprint 13). (1972). *A manual developed by the U.S. Department of labor, Manpower Administration.* Available from the Materials Development Center, Stout Vocational Rehabilitation Institute, University of Wisconsin, Menomonie, Wisconsin.

Toburen, J., & Atkins, B. J. (1982). Art as a rehabilitation counseling tool for use with persons who are mentally retarded. *Journal of Rehabilitation, 48*(2). 53-72.

Twomey, W. F. (1975). *Placement of the severely handicapped: Report from the study group on.*

Vandergood, D, Jacobsen, R., & Worrall, J. D. (1979). *New directions for placement practice in vocational rehabilitation In D.* Vandergood & J. D. Worrall(Eds). Placement in rehabilitation: A career development perspective(pp.1-41). Austin, Texas: Pro-ed.

Wehmen (1992). Transition for young people with disabilities: Challenges for the 1990' s. *Education and Training in Mental Retardation, 27*(2), 112-118.

Zandy, J. J. (1979). Planning for job placement. In D. Vandergood & J. D. Worrall(Eds). *Placement in rehabilitation: A career development perspective*(pp.71-82). Austin, Texas: Pro-ed.

▣ 참고사이트

http://www.lcinst.com/naa.htm
http://www.diabetes.or.kr(당뇨학회)
http://www.gcc.go.kr(정부대표)
http://econo.metro.seoul.kr(서울산업경제망)
http://www.global.ebscohost.com/cgi-bin/epwtop/key=uK7azLx
http://www.pcepd.gov/pubs/fact/analysis.htm
http://www.toolkit.cch.com//text/P05_0210.stm
http://www.erlbaum.com/2310.htm
http://harvey.psyc.vt.edu/ja_progs.html
http://harvey.psyc.vt.edu/ja_reports.htm
http://www.emporia.edu/n/www/ibed/hrclass/ch4-jr.htm
http://www.aimmconsult.com/JAreference.html
http://www.eeoc.gov/welcome.html(동등고용위원회)
http://www.mcor.org.hk(홍콩사회복지부 취업행동)
http://www.doleta.gov/programs/onet(미국노동부 자료)
http://www.ncip.org(보조공학)
http://www.hsv.tis.net/dymedias
http://www.eskimo.com/~jlubin/disabled.html

http://weber.u.washington.edu/~doit/Other/org.html
http://www.trace.@wisc.edu(보조공학)
http://www.ataccess.org(보조공학)
http://www2.atra.com/atra(보조공학)
http://www.disserv.stu.umn.edu/COL(보조공학)
http://www.janweb.icdi.wvu.edu(보조공학)
http://www.ajb.dni.us(진로지도)
http://www.jobweb.org(진로지도)
http://www.jobbankusa.com(진로지도)
http://www.careermosaic.com(진로지도)
http://www.auburn.edu/~mcdanrs
http://www.stern.nyu.edu/~nroubini/AsiaHomepage.html(뉴욕상대)
http://www.nei.nih.gov(미국립보건원)
http://www.aimmconsult.com/JAreference.html(Size 5.4K) Document date: 1 Mar 1998
http://www.toolkit.cch.com//text/P05_0210.stm(Size 9.8K) Document date: 24 Jun 1998
http://www.recruitmentsolutions.com/job_analysis.html(Size8.7K)Document date: 27 Jan 98
http://cji.net/rlec.htm(Size 6.2K) Document date: 13 Apr 1998
http://www.metricanet.com
http://metricanet.com/IJOA/brochure.html
http://www.erlbaum.com/2310.htm
http://www.careerhelp.net/staff.html
http://www.ded.state.ne.us/newkprof.html
http://www.ded.state.ne.us
http://www.pcepd.gov/pubs/fact/analysis.htm
http://johan.sprintlink.co.za/~osp/books/2310.htm

찾아보기